Brigitte Rollett • Lernen und Lehren

WUV STUDIENBÜCHER
Psychologie • Band 2

Brigitte Rollett

Lernen und Lehren

Eine Einführung in die Pädagogische Psychologie
und ihre entwicklungspsychologischen Grundlagen

WUV-Universitätsverlag

Die Deutsche Bibliothek - CIP-Einheitsaufnahme

Rollett, Brigitte:
Lernen und Lehren : eine Einführung in die pädagogische Psychologie und ihre entwicklungspsychologischen Grundlagen / Brigitte Rollett. - 5., rev. und erg. Aufl. - Wien : WUV-Univ.-Verl., 1997
(WUV-Studienbücher Psychologie ; Bd. 2)
4. Aufl. u.d.T.: Rollett, Brigitte: Einführung in die pädagogische Psychologie und ihre entwicklungspsychologischen Grundlagen
ISBN 3-85114-341-8

5. überarb. Auflage 1997

Umschlaggestaltung: A + H Haller
Satz und Druck: WUV-Universitätsverlag
Printed in Austria

ISBN 3-85114-341-8

Vorwort zur 5. Auflage

Die „Einführung in die Pädagogische Psychologie und ihre entwicklungspsychologischen Grundlagen“, ursprünglich als Vorlesungsskriptum für Lehramtsstudierende veröffentlicht, erscheint nun in revidierter und ergänzter Fassung unter einem neuen Obertitel, um das Buch einem größeren Leserkreis zugänglich zu machen. Bestimmte grundlegende Informationen, die dadurch notwendig wurden, mußten daher hinzugefügt, einige zu spezielle Teile weggelassen werden. Vor allem wurden Abschnitte neu aufgenommen, die sich mit der veränderten Diskussionslage in der wissenschaftlichen Psychologie und in der pädagogischen Praxis auseinandersetzen.

Wie in den anderen Auflagen wurde besonders auf die Praxisbezogenheit Wert gelegt und jene theoretischen Positionen ausführlicher beschrieben, die unter diesem Gesichtspunkt wesentlich sind.

Für die Unterstützung bei der Erstellung dieses Textes danke ich meiner Mitarbeiterin, Frau Camilla Hermann. Frau Ass. Mag. Gabriele Ehrenstrasser besorgte die Überprüfung der Zitate, Herr Henrik Ploetz übernahm das Korrekturlesen. Auch ihnen sei dafür gedankt. Für die gute Zusammenarbeit danke ich Herrn Verlagsleiter Dr. Huter und Frau Dr. Neulinger als zuständige Lektorin.

Wien, im August 1997 — o. Univ.Prof. Dr. B. Rollett

Inhaltsverzeichnis

1. Einleitung: Das schulische Aufgabenfeld

Die meisten Menschen sind der Meinung, daß ihnen der Lehrberuf wohl vertraut sei. Sie haben schließlich durch eine lange Schulzeit hindurch die verschiedensten Lehrkräfte bei ihrer Arbeit beobachten können. Trotzdem gehört das wirkliche Tätigkeitsfeld des Lehrers zu den am wenigsten bekannten, die es gibt.

Der englische Humorist und Ehrendoktor der Universität Oxford, P. G. WODEHOUSE (1974), drückte dies in seinem Schulroman „The little Nugget" sehr anschaulich aus. Er beschreibt dort die Erfahrungen eines jungen Mannes, der sich als Hilfslehrer in einem Internat verdingt.

In seiner eigenen Schulzeit hatte er seine Lehrer immer für eine höchst beneidenswerte Gruppe von Menschen gehalten, die ihr Geld durch Reden und Herumspazieren auf dem Schulhof verdienten. Als er jedoch das erste Mal Pausenaufsicht hat, wird er eines Besseren belehrt: „Was der Schüler nicht ahnt, der den Lehrer in herrlicher Untätigkeit herumstehen sieht, ist nämlich, daß der Unglückliche in Wirklichkeit ein Stück außergewöhnlich harter Arbeit leistet. Er ‚hat Aufsicht' – und ‚Aufsichthaben' ist eine Sache, die man erlebt haben muß." Pausenaufsicht haben heißt nämlich: „Er muß Fragen beantworten; Schlägereien unterbinden; verhindern, daß große Buben kleine Buben ärgern; verhindern, daß kleine Buben noch kleinere Buben ärgern; dafür sorgen, daß keine Steine geworfen werden, nicht auf dem nassen Rasen herumgetrampelt wird, …" (vgl. WODEHOUSE, 1974, S. 54). Manche Eltern bekommmen eine Ahnung davon, welche Arbeit Lehrende aller Schulstufen Tag für Tag leisten, wenn sie einmal eine größere Gruppe von Kindern zu einer Geburtstagsparty einladen.

Je weniger ein Lehrer oder eine Lehrerin scheinbar tut, desto mehr und bessere Arbeit verrichtet sie in Wirklichkeit. Bei der guten Lehrerin scheint alles wie von selbst zu laufen. Die Konflikte werden abgefangen, noch bevor sie ausbrechen. Eine solche Lehrperson entdeckt, daß ein Schüler Hilfe braucht, noch ehe dieser gefragt hat und gibt sie ihm gleichsam nebenbei; sie bemerkt, daß einige Kinder schon fertig sind und gibt ihnen zusätzliche Arbeitsanweisungen, so daß sie gar nicht auf die Idee kommen, die Schulstunde mit einem Kaffeehaus zu verwechseln. Sie schlichtet Streitereien, ohne sich im Ton vergreifen zu müssen und vieles andere mehr. Ein wichtiges Kennzeichen ist, daß sie nicht versucht, alles allein zu machen, sondern, wo immer es geht, Aufgaben der Klasse zu übertragen: Sie verfügt über jene Managementqualitäten, für die in der Wirtschaft hohe Gehälter bezahlt werden. Sie versteht es außerdem, ihre Schülerinnen und Schüler weder zu über-, noch zu unterfordern. Eine Voraussetzung dafür ist, daß sie in ihren Unterrichtsgegenständen wirklich zu Hause ist. Wenn man gezwungen ist, ständig in seinen Notizen herumzulesen, weil man seinen Stoff selbst nicht richtig beherrscht, kann man sich nicht auf die Arbeit in der Klasse konzentrieren.

Eine interessante Untersuchung über den guten Lehrer berichtete David C. BERLINER (Professor für Pädagogik an der University of Arizona) in seinem Festvortrag auf dem Kongreß der American Educational Research Association 1986 in San Francisco. In seiner Studie zum Thema „In Pursuit of the Expert Pedagogue" (Auf der Suche nach dem pädagogischen Experten) zeigte er, daß sich erfahrene Lehrerinnen und Lehrer, die von Schulleitern, Kindern und Eltern als besonders gut eingeschätzt wurden, von wenig erfahrenen Lehrkräften bereits in der Art unterscheiden, wie sie ihre Schulklasse wahrnehmungsmäßig auffassen.

Er entwickelte eine Diaserie, in der typische Szenen aus dem Schulalltag dargestellt wurden. Diese ließ er die beiden Gruppen ganz kurz mit Hilfe eines Tachistoskops (Apparat zur Kurzexposition von Dias) betrachten. Jedes Dia wurde dreimal gezeigt. Eine typische Antwort eines Experten war z. B.: „Dies ist eine komische Situation. Die Schüler schauen alle nicht zur Tafel" (bei der ersten Betrachtung). Beim zweiten Mal „ach, sie haben ja ihre Sachen schon weggeräumt", beim dritten Ansehen: „das könnte das Ende einer Stunde sein". Dies war tatsächlich die richtige Interpretation.

Wie man sieht, bildete diese Lehrperson eine sinnvolle Hypothese darüber, um welche Unterrichtssituation es sich wohl handeln könnte. Sie sah sie mit den Augen des Kenners an. Die „Nicht-Experten" reagierten ganz anders. Sie beschrieben einfach die Personen und Gegenstände, die sich auf dem Bild befanden: „Mehrere Schüler, Bänke, auf denen Bücher liegen". Sie sahen die Situation gleichsam nur von außen.

Es leuchtet ein, daß diese Art der Hypothesenbildung, wie sie bei den Experten vorgenommen wurde, richtige Entscheidungen während der Unterrichtsarbeit wesentlich erleichtert.

Die entscheidende Frage ist nun, ob sich diese Art des Eingehens auf Erziehungs- und Unterrichtssituationen lernen läßt. BERLINER ist der Meinung, daß dies wohl der Fall sei. Zwar ist das Interesse an Kindern und an der Arbeit mit ihnen sicher eine Voraussetzung; eine gute Ausbildung und vor allem eine ständige, engagierte Weiterarbeit kann Lehrerinnen und Lehrer zu „pädagogischen Experten" machen.

2. Die Bedeutung der Pädagogischen Psychologie für den Unterricht

Der Pädagoge Johann Friedrich HERBART (1776–1841) war der Meinung, daß die Pädagogik aus dem Zusammenwirken von Ethik und Psychologie hervorgeht. Die Ethik schreibt dabei der Erziehung das Ziel vor, die Psychologie gibt die Mittel an, um dieses Ziel zu erreichen.

Wenn auch dieser extreme Standpunkt schon lange nicht mehr vertreten wird, stellt die Pädagogische Psychologie nach wie vor eine wichtige Grundlagenwissenschaft der Pädagogik dar. Eine klassische Definition ihres Aufgabenbereiches von HEHLMANN besagt, daß die Pädagogische Psychologie „die psychischen Bedingungen des Lehrens, Bildens, Erziehens" untersucht (1971, S. 442). Sie stützt sich ihrerseits auf die Forschungsergebnisse eines anderen Teilgebietes der Psychologie, nämlich der Entwicklungspsychologie.

WEIDENMANN und KRAPP schreiben der Pädagogischen Psychologie insgesamt wie folgt ihr Aufgabengebiet vor: „Die Pädagogische Psychologie befaßt sich mit pädagogischen Situationen" (1986, S. 6) und differenzieren außerdem zwischen einem **Kernbereich** der Pädagogischen Psychologie und **Randbereichen**.

Der Kernbereich wird so definiert (a.a.O. S. 7): „Er umfaßt pädagogische Situationen, in denen ein Erzieher eine zentrale Rolle spielt – vor allem als Arrangeur der Situation – und in denen pädagogisch relevante Effekte zustande kommen, die gesellschaftlich als wünschenswert normiert sind (z. B. gängige Erziehungs- und Unterrichtsziele)".

Als Randbereiche werden folgende Gebiete bezeichnet: „Pädagogische Situationen ohne Erzieher; pädagogisch relevante Effekte, die nur der Lerner als wünschenswert erachtet; Einflüsse des Lerners auf die pädagogische Situation (vor allem auf den Erzieher), die wiederum pädagogisch relevante Effekte auf den Lerner nach sich ziehen".

In der Pädagogik werden Unterrichtssituationen im einfachsten Fall in die drei Bereiche Lehrer, Schüler und Lehrstoff („Pädagogisches Dreieck", vgl. Abb. 1) unterteilt. Analog gibt es zu jedem der drei Bereiche relevante Untersuchungen im Rahmen der Pädagogischen Psychologie, die für die konkrete Unterrichtsarbeit wichtig sind. Selbstverständlich lassen sich noch weitere Differenzierungen des Forschungsfeldes vornehmen. Eine zunehmende Bedeutung gewinnt z. B. heute das Gebiet der **Unterrichtsmedien**, das unter dem Titel „Medienpädagogik" ein eigenes Feld ausmacht.

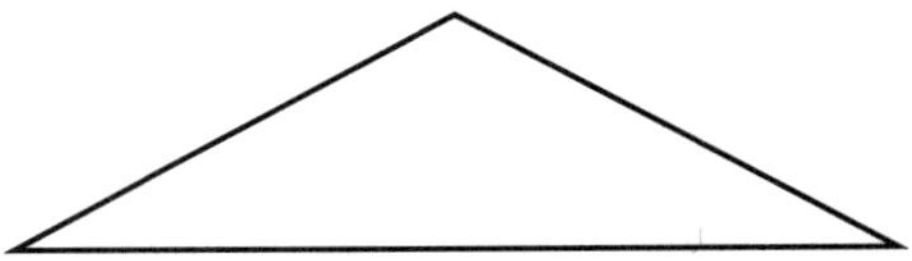

Abb. 1

Beim **Selbstunterricht** („independent study"), der vor allem im akademischen Studium und u. a. auch bereits in der weiterführenden Schule einen wichtigen Teilbereich bildet, fehlt die Lehrperson. Ihre Rolle wird von Lehrbehelfen verschiedenster Art (Skripten, Bücher, Videos, Lehrfilme, Computerlehrprogramme usw.) übernommen. In einer Zeit, in der das Wissen nicht nur ständig zunimmt, sondern auch rasch veraltet, da neue Erkenntnisse an die Stelle der alten treten, haben diese Formen des Selbstlernens eine besondere Bedeutung bekommen.

Durch die besondere Betonung kommunikationspsychologischer Elemente entstehen neue Zugangsweisen, durch welche die Kommunikation zwischen Lehrenden und Lernenden aber auch zwischen Lehrmedium allgemein und Lernenden effizienter gestaltet werden kann. Auf diese Weise haben sich in der letzten Zeit neue Gebiete konstituiert, die nicht nur für den pädagogischen Bereich von Belang sind, sondern auch für kommunikative Prozesse, die im Rahmen der Wirtschaftswissenschaften untersucht werden. Heute ist nicht mehr der **Zugang** zur Information das Problem, wie das noch Anfang der 80er Jahre das Problem war, sondern die intelligente, zielbezogene **Auswahl** von Informationen. Durch das Internet ist eine ungeheure, ständig wachsende Menge an Informationen allgemein zugänglich. Menschen müssen daher die Fähigkeit entwickeln, zunächst einmal für sich zu entscheiden, welche Informationen sie für die Lösung eines bestimmten Problems brauchen und welche als irrelevant beiseite gelassen werden müssen. Auch die im Internet angebotenen Such- und Ordnungsprogramme können nur dann vernünftig eingesetzt werden, wenn die Benutzer bereits ungefähr wissen, welche Informationen sie benötigen. In der Pädagogik und in der Wirtschaftswissenschaft hat sich daher als neues Gebiet das **Wissensmanagement** etabliert, das sich mit der Untersuchung dieser Prozesse der vom Vorwissen geleiteten Informationsauswahl und vor allem der Wissensnutzung befaßt.

3. Empirische pädagogische Forschung und das Konzept „Lehrer als Forscher"

Bereits um die Jahrhundertwende erkannte man, daß pädagogische Entscheidungen zu wichtig sind, um sie auf subjektive Eindrucksurteile zu gründen. Im deutschen Sprachraum waren es Forscherpersönlichkeiten wie MEUMANN und Peter PETERSEN, die die sogenannte „Pädagogische Tatsachenforschung" begründeten.

Einen besonderen Aufschwung erlebte die empirische Unterrichtsforschung, wie sie heute bezeichnet wird, in den USA. Es entstanden große Zentren der Unterrichtsforschung, die die pädagogische Forschung weltweit maßgeblich beeinflußten. Von besonderer Bedeutung sind zum Beispiel das „Pittsburgh Learning Research and Development Center" oder das „Educational Testing Service" (ETS). Ebenso wichtig sind die verschiedenen Fachverbände. Die „American Educational Research Association" (AERA) hat etwa 20.000 Mitglieder.

Die europäische Schwesterorganisation wurde 1985 unter dem Namen „European Association for Research in Learning and Instruction" (EARLI) gegründet. Sie hat sich in kurzer Zeit zu einer Plattform der an empirischer erziehungswissenschaftlicher und pädagogisch-psychologischer Forschung Interessierten entwickelt.

Im deutschen Sprachraum ist die „Arbeitsgemeinschaft für empirische pädagogische Forschung" (AEPF) der „Deutschen Gesellschaft für Erziehungswissenschaft", die zweimal jährlich Fachtagungen abhält, das Forum für die empirisch arbeitende pädagogische Forschung.

Daneben gibt es für jedes Schulfach Fachorganisationen, die die spezielle, fachdidaktische Forschung fördern. In allen diesen Organisationen sind auch in der Schulpraxis Tätige aktiv. Auf diese Weise kommt es zu einem intensiven Erfahrungsaustausch zwischen Wissenschaft und Praxis. Wesentliche Weiterentwicklungen im Bereich der fachdidaktischen Forschung gehen auf Lehrer und Lehrerinnen zurück, die ihren eigenen Unterricht zum Gegenstand der forschenden Reflexion machten.

In einer in den siebziger Jahren erschienenen UNESCO-Studie über den „Naturwissenschaftlichen Unterricht in dreißig Ländern" wurde die interessante Feststellung gemacht, daß jene Lehrkräfte, die die Schülerinnen und Schüler mit den besten Ergebnissen (geprüft mit einem standardisierten Schulleistungstest) hatten, am häufigsten Fachtagungen besuchten und sich forschend betätigten. Lehrerinnen und Lehrer, die sich an der forschenden Weiterentwicklung der Erziehungswissenschaft beteiligen, bringen durch ihre berufliche Praxis neue kreative Ansätze in die pädagogische und pädagogisch-psychologische Theorienbildung mit ein. Umgekehrt bietet das Konzept „Lehrer als Forscher“ den Lehrkräften selbst neue Anregungen, um die Praxis fruchtbar zu gestalten. In der Zukunft wird es verstärkt darauf ankommen, in Zusammenarbeit mit den Universitäten und den außeruniversitären Forschungseinrichtungen Projekte zu initiieren, die von Lehrkräften getragen werden, die ihre schulische Praxis forschend hinterfragen. Zu diesem Zweck ist es notwendig, Grundkenntnisse in der empirischen Unterrichtsforschung zu vermitteln. Im nächsten Abschnitt soll daher kurz skizziert werden, wie man eine Untersuchung aufbaut und durchführt.

4. Datenerhebung und -auswertung in der empirischen Unterrichtsforschung

Ohne eine sorgfältige Planung können empirische Untersuchungen zu keinen eindeutig interpretierbaren Ergebnissen führen.

Die Versuchsplanung (engl. design) hat sich daher, ausgehend von den Pionierarbeiten R. FISHERS, zu einem eigenen, umfangreichen Forschungszweig entwickelt.

Erst die ausgearbeitete, in prüfbaren Hypothesen vorliegende Theorie ermöglicht es, gezielte Fragen an die Wirklichkeit zu stellen, die sich durch eine entsprechend geplante Untersuchung entscheiden lassen. Das theoretische System muß dabei so weitgehend expliziert sein, daß es sich falsifizieren läßt, anders ausgedrückt, daß falsche Hypothesen durch die Ergebnisse der Untersuchung ausgeschlossen werden können

4.1 Ein Demonstrationsversuch

Zunächst soll ein einfaches Experiment beschrieben werden, das sich auch als Demonstrationsversuch eignet, da die Stadien der Planung eines Versuches daran gezeigt werden können.

Bei Bewerbungsschreiben, Stipendiengesuchen u. ä. wird gern ein Photo des Interessenten verlangt. Es soll nun nachgeprüft werden, ob es möglich ist, nach dem Photo bestimmte Qualifikationsmerkmale zu beurteilen. Damit ist als erster Schritt die Zielfrage festgelegt. Die erste Präzisierung und damit Einschränkung erfährt der Versuch durch die **Auswahl des Versuchsmaterials**.

Als objektives Kriterium der Begabung läßt sich z. B. das Ergebnis eines Intelligenztests des Dargestellten verwenden. Nehmen wir an, wir hätten uns entschlossen, für den Versuch zehn Fotos von Schülern des 7. Schuljahres auszuwählen, die sich nach der Intelligenz deutlich unterscheiden. Als Intelligenztest wird das Leistungsprüfsystem (LPS) von HORN (1962) verwendet.

Als nächstes sind die **Versuchspersonen**, die die Beurteilung der Fotos vorzunehmen haben, zu bestimmen: Soll die Befähigung von Lehrern, Schüler nach Fotos zu beurteilen, untersucht werden? Soll ein Vergleich in der Beurteilungsleistung von Lehrerstudenten des ersten mit jenen des sechsten Semesters angestrebt werden? Oder interessiert die Beurteilungsleistung schlechthin, d. h. müssen wir uns um Versuchspersonen bemühen, welche die Gesamtbevölkerung möglichst repräsentieren?

Sind diese Entscheidungen getroffen, die meist wieder eine Einschränkung der Zielfrage bedeuten, dann ist die **Anlage des Versuches** selbst zu diskutieren: Einzel- oder Gruppenversuch, Ausschaltung oder systematische Variation von störenden Einflüssen wie Lärm, Beleuchtungsunterschiede, Ermüdungserscheinungen u. ä., die Art der Vorlage der Fotos (simultan oder sukzessiv, mit oder ohne Variation der Anordnung) usw.

Schließlich ist festzulegen, in **welcher Form die Daten erhoben** werden sollen. Von der Beantwortung dieser letzten Frage hängt es mit ab, welche **statistischen Verfahren** angewendet werden können.

Haben die Versuchspersonen die Aufgabe, einfach die fünf Intelligentesten auszusuchen, dann erhalten wir richtige und falsche Zuordnungen. In diesem Fall kann mit Hilfe des Binomaltests bestimmt werden, ob die Trefferzahl der Versuchspersonen nur dem Zufall entspricht oder so hoch ist, daß die Frage, ob es möglich ist, die Intelligenz nach Fotos zu beurteilen, positiv zu beantworten wäre.

Eine andere Versuchsanordnung sähe so aus, daß die Versuchspersonen die Bilder in die richtige Reihenfolge vom Intelligentesten zum Unintelligentesten zu bringen haben: Es entsteht eine **Rangreihe** der Bilder.

Die statistische Auswertung könnte in der Errechnung einer Rangkorrelation zwischen der von der Versuchsperson angegebenen Anordnung mit der „wahren" Anordnung bestehen und so die Enge des Zusammenhanges zwischen Urteil der Versuchspersonen und tatsächlicher Intelligenz des Beurteilten feststellen: Eine Korrelation von „+ 1" bedeutet dabei vollständige Übereinstimmung, 0 keine Übereinstimmung, – 1 vollständige Nichtübereinstimmung, die Versuchspersonen halten den Intelligentesten für den Unintelligentesten und umgekehrt. (In der Realität werden meist Werte zwischen diesen Angaben gefunden.)

Bei der zuletzt erwähnten Versuchsanordnung sind noch eine Reihe weiterer interessanter Fragen beantwortbar: Für die Aufklärung des Problems, das zur Formulierung der Zielfrage führte, ist es unter Umständen von Bedeutung, ob eine mangelhafte Übereinstimmung zwischen Beurteilung und tatsächlichem Intelligenztestwert auf die Fehleinschätzung bestimmter Kinder zurückgeht. Wir werden daher nachprüfen, welche Fotos von den Versuchspersonen überwiegend richtig, welche falsch eingestuft wurden, um so auf die Beurteilungskategorien der Versuchspersonen schließen zu können. (Hohe Stirn wird z. B. gern als Zeichen von Intelligenz, „verschlafener" Blick als Symptom der Unintelligenz gewertet.)

Wie das Beispiel zeigt, kann dieselbe Fragestellung auf sehr unterschiedliche Weise untersucht werden. In diesem Zusammenhang taucht die Frage auf, nach welchen Gesichtspunkten entschieden wird, welchen Versuchsplan wir im Einzelfall zu wählen haben. Die Antwort kann nur sein, daß einzig und allein die interessierende Problemstellung, d. h. die Detailfragen, die die Versuchsanordnung beantworten soll, entscheidet, welches Vorgehen am sinnvollsten ist.

Zusammenfassend ergeben sich folgende **Stadien der Planung einer empirischen Untersuchung**:

1. Entwicklung der Problemstellung, Präzisierung der Zielfragen der Untersuchung
2. Auswahl und möglichst weitgehende Standardisierung des bei der Untersuchung verwendeten Materials
3. Definition der zu untersuchenden Population, Auswahl der Versuchspersonen bzw. -objekte
4. Festlegung der äußeren Versuchsbedingungen
5. Auswahl des Versuchsplanes:
   a) Bestimmung der Form der Datenerhebung
   b) Umwandlung der Zielfragen in statistischen Hypothesen
   c) Zuordnung der Versuchspersonen zu den einzelnen Versuchsbedingungen
   d) Wahl eines geeigneten statistischen Verfahrens.

Jede auf einem bestimmten Planungsstadium getroffene Entscheidung kann eine Revision der bereits erfolgten Festsetzungen notwendig machen.

4.2 Experiment und Erhebung

Es gibt mehrere typische Formen der Datensammlung im Rahmen von empirischen Studien.

Charakteristisch für die **Erhebung** ist es, daß von einer aktiven Manipulation des Untersuchungsfeldes abgesehen wird. Die wirklichkeitsgetreue, auch durch die Erhebungsverfahren selbst möglichst wenig beeinflußte Erfassung des untersuchten Bereiches ist Ziel der Bemühungen.

Selbstverständlich wird man, je nach Untersuchungsgegenstand, die verschiedensten methodischen Ansätze wählen, um die Daten zu sammeln: Interview- und Fragebogenmethoden, Beobachtungs- und Beurteilungsverfahren, Tests, Sammlungen von inhaltlichem Material wie Aufsätzen, schriftlichen Lebensläufen u. a. m.

Im Gegensatz dazu soll das **Experiment** Aufschlüsse über bestimmte Probleme mit Hilfe von bewußt herbeigeführten Situationen und deren Veränderungen geben. Bereits WUNDT nennt als Kriterien des Experiments:

1. Willkürliche Herstellbarkeit der Versuchssituation
2. Wiederholbarkeit

3. Variierbarkeit

Je nach Strenge der Kontrolle der Versuchsbedingungen unterscheidet man das gut kontrollierte, dafür wirklichkeitsfremdere **Laboratoriumsexperiment** von dem **Feldexperiment**, das in der natürlichen Situation durchgeführt wird.

Eine Zwischenstellung zwischen Erhebung und Experiment nimmt das sogenannte **Ex-post-facto-Experiment** ein. Hier handelt es sich eigentlich um eine bloße Erhebung, da die drei Merkmale des Experiments nicht gegeben sind. Man hält die Situation vor und nach einem Ereignis, dessen Auftreten zwar beobachtet, nicht aber ohne weiteres willkürlich hergestellt werden kann, fest und interpretiert Unterschiede in den Ergebnissen als Folge dieses Ereignisses. So könnte man z. B. die Verteilung der Schulnoten und anderer Indikatoren nach der Verlegung einer Schulklasse in eine Mittelpunktschule mit derjenigen vergleichen, die vorher gegeben war, um z. B. den Einfluß der Belastung durch einen längeren Schulweg festzustellen.

Eine andere Möglichkeit besteht darin, die Erhebungsdaten so anzuordnen, daß vergleichbare Gruppen von Versuchspersonen entstehen, die sich nur nach dem oder den Merkmal(en), die untersucht werden sollen, unterscheiden („indirektes Experiment"). Weichen die Resultate voneinander ab, so wird dies auf die unterscheidenden Merkmale zurückgeführt. Ein berühmt gewordenes Beispiel hierfür bietet die klassische Untersuchung von Sh. und E. GLUECK (1950) über verwahrloste Jugendliche: 500 delinquente wurden mit 500 nichtdelinquenten Jugendlichen verglichen, um auslösende Bedingungen der Verwahrlosungserscheinungen zu ermitteln. Für die Analyse der Ergebnisse wurde jeweils einem delinquenten ein nichtdelinquenter Jugendlicher zugeordnet. Die beiden zu einem Paar Gehörenden hatten die gleiche Intelligenz und Nationalität, waren gleich alt und lebten in einer ähnlich schlechten Wohngegend.

Durch dieses Verfahren erreichte man, daß sich alle weiteren Unterschiede zwischen den beiden Gruppen als mögliche Bedingung für die Entstehung der Verwahrlosung interpretieren ließen: aggressiver oder zwischen Extremen schwankender Erziehungsstil der Eltern, mangelhafte Versorgung der Familie durch den Vater, Vernachlässigung der Aufsichtspflicht, Schuleschwänzen als Folge schlechter Schulerfolge u. a. m.

4.3 Die Versuchseinheiten

Unter „Versuchseinheiten" versteht man jene Personen oder Objekte, an welchen der Versuch durchgeführt wird.

Im übertragenen Sinn kann man den Begriff auch im Rahmen von Erhebungen verwenden. Bei erziehungswissenschaftlichen Untersuchungen wird es sich meistens um Personen handeln. Es sind jedoch auch Experimente denkbar, in denen die kleinste Einheit, die in den Versuch eingeht, eine ganze Schulklasse, eine Jugendgruppe oder eine Familie dargestellt wird.

4.4 Die Grundgesamtheit oder Population

Als Grundgesamtheit oder Population bezeichnet man die Menge aller Versuchseinheiten, für die die Ergebnisse der empirischen Untersuchung gelten sollen. Sie kann endlich oder unendlich sein.

Sollen Untersuchungsbefunde „den“ Schulanfänger kennzeichnen, so zielt man eine unendliche Population an, da man niemals sämtliche Schulanfänger – diejenigen der vergangenen Jahre wie die der künftigen Generationen – wird erfassen können. Die Kinder einer bestimmten Schulklasse oder Schule zu einem definierten Zeitpunkt sind dagegen Glieder einer endlichen Population.

4.5 Formen der Stichprobenerhebung

Im ersten Fall muß man, im zweiten Fall kann man mit der Technik der **Stichprobenerhebung** arbeiten, um die Versuchseinheiten auszuwählen: Für eine konkrete empirische Untersuchung oder für ein bestimmtes Experiment werden nicht alle Versuchseinheiten verwendet, sondern man begnügt sich mit einer Auswahl.

Diese soll so getroffen werden, daß die Stichproben die Grundgesamtheit möglichst getreu widerspiegeln: Stichproben müssen **repräsentativ** für die Population sein, da sonst die Ergebnisse der Untersuchung nicht verallgemeinert werden können.

Dies wird durch eine strenge **Zufallsauswahl** der Versuchseinheiten gesichert: Jede Versuchseinheit muß die gleiche Chance haben, in die Versuchsgruppe aufgenommen zu werden. Man entscheidet mit dem Los oder einem anderen Zufallsverfahren, welche Schüler einer Schule an der Untersuchung teilnehmen sollen.

Die gern geübte Technik, Versuchspersonen nach dem Alphabet zu bestimmen, z. B. Schüler, deren Namen mit den ersten fünf Buchstaben des Alphabets beginnen, ist nicht brauchbar, da dann Geschwister häufiger, als es dem Zufall entsprechen würde, in die Stichprobe aufgenommen werden. Die Kinder in der Versuchsgruppe wären einander ähnlicher, als dies den Verhältnissen in der Population entspricht.

Außerdem sind Kinder am Anfang des Alphabets meist daran gewöhnt, bei Examen früher als ihre Mitschüler geprüft zu werden. Man könnte sich Untersuchungen denken, bei denen dies einen störenden Einfluß auf die Beobachtungsdaten ausübt. Derartige Fehler in der Auswahl der Versuchseinheiten bezeichnet man als „systematische Fehler“.

Eine andere, gern gebrauchte Stichprobentechnik besteht in der Erhebung von sogenannten **stratifizierten oder Quotenstichproben**. Gerade bei kleineren Untersuchungen kann hierdurch die Repräsentativität der Stichprobe eher gesichert werden. Aus vorhandenen statistischen Unterlagen muß bekannt sein, in welchem Verhältnis bestimmte, für die Untersuchung wichtige Unterpopulationen in der Grundgesamtheit vertreten sind: z. B. 80 % Volksschüler, 16 % Schüler höherer Schulen, 4 % Sonderschüler. Danach wird der Anteil, den die betreffenden Gruppen in der entnommenen Stichprobe bilden sollen, vorher festgelegt. Aus den Unterpopulationen selbst werden die Versuchseinheiten nach dem Zufallsverfahren ausgewählt.

Eine problematische Technik soll wenigstens genannt sein: Die gezielte Stichprobe (engl.: purposive sample). Hat es sich bei vorangegangenen Untersuchungen zum selben Problem herausgestellt, daß eine bestimmte Unterpopulation nach ihren wichtigen Merkmalen typisch für die Gesamtpopulation ist, so wird die Untersuchung nur an dieser Teilpopulation durchgeführt. Dieses Verfahren wird z. B. bei den Untersuchungen zur Wahlvorhersage in den USA angewandt.

Allerdings ist dagegenzuhalten, daß bei der Auswahl nicht berücksichtigte Faktoren wie die geographische Lage, lokale Ereignisse u. ä. für bestimmte Fragestellungen einmal doch entscheidend werden können, ohne daß der Untersuchungsleiter sich dessen bewußt wird. Die Aussagekraft der Ergebnisse wird darunter leiden.

Das Verfahren, wenn man es überhaupt als solches bezeichnen kann, das aber in den meisten empirischen Arbeiten Verwendung findet, besteht darin, die Untersuchung mit den am leichtesten zugänglichen Versuchseinheiten durchzuführen: mit der Schulklasse, deren Lehrer man gerade kennt; an der Schule, deren Leiter empirischen Untersuchungen gegenüber aufgeschlossen ist; mit der Belegschaft eines Betriebes oder den Mitgliedern einer Jugendgruppe, die an dem geplanten Unternehmen Interesse haben. Es muß kaum betont werden, daß die Resultate einer solchen Untersuchung nur mit größter Vorsicht interpretiert werden können.

Gewöhnlich bezeichnet man derartige Stichproben als „anfallende Stichproben“. Um dem Leser auch in diesem Fall die Möglichkeit zu geben, die Tragweite der Resultate wenigstens annähernd abzuschätzen, empfiehlt es sich, im Untersuchungsbericht die Untersuchungsgruppe genau zu beschreiben. Handelt es sich um Schulklassen, dann wird man gewöhnlich Angaben über Geschlecht, Alter, Schulleistung, den soziökonomischen Status (zumindest Beruf des Vaters und der Mutter), Alter und Geschlecht der Geschwister der Schüler, sowie über die Schule (vollausgebaut, nicht vollausgebaut, unterrichtliche Hilfsmittel, die zur Verfügung stehen, Einzugsgebiet) u. ä. beifügen.

Eine weitere wichtige Stichprobentechnik, die Bildung von sogenannten „Blöcken gleichartiger Versuchspersonen“, wird an späterer Stelle unter „Versuchsfehler“ abgehandelt.

4.6 Abhängige und unabhängige Variablen

In jeder empirischen Untersuchung kommt es darauf an, Beobachtungen bestimmter Merkmale der Versuchseinheiten aufzuzeichnen. Sind es Schulkinder, dann könnten die interessierenden Merkmale ihr Wissensstand in den einzelnen Fächern, ihre Intelligenz, ihr Fleiß, ihr Geschlecht, der Beruf des Vaters oder ihre Schichtzugehörigkeit usw. sein.

Wenn ein Merkmal mehrere mögliche Beobachtungswerte annehmen kann, bezeichnet man es als **Variable**.

Die Beobachtungen müssen **genau** sein, d. h. dem wahren Wert des beobachteten Merkmals bei der betreffenden Versuchsperson möglichst nahekommen. Voraussetzung dafür ist unter anderem, daß die Beobachtungen **zuverlässig** sind: Bei Wiederholung der Beobachtung soll die Abweichung möglichst klein sein. Bei leicht zu beurteilenden Merkmalen, wie etwa dem Geschlecht, ist dies immer der Fall, während bei einem Merkmal wie der Schulleistung Genauigkeit und Zuverlässigkeit nicht von vornherein gesichert sind.

Die Variablen, die in empirischen Untersuchungen auftreten, werden in zwei Gruppen eingeteilt:

4.6.1 Unabhängige Variablen

Variablen, die durch den Versuchsleiter systematisch variiert werden, bezeichnet man als die experimentellen oder unabhängigen Variablen in dem betreffenden Experiment. (Sinngemäß gilt dies auch für die Gruppierungsgesichtspunkte in einem indirekten Experiment.)

In einer Studie über den Einfluß des täglichen Übungsausmaßes auf die Fortschritte in der Lesefähigkeit von Schulkindern im zweiten Schuljahre ist der Faktor „Übungsausmaß“ die unabhängige Variable. Man könnte ihn z. B. in folgender Weise variieren: Eine Gruppe übt täglich 15, eine zweite 30, eine dritte 45 Minuten.

Der Faktor Übungsausmaß wäre hier in drei „**Stufen**“ oder „**Ausprägungen**“ vertreten. Die drei Stufen stellen die drei experimentellen „**Behandlungen**“ oder „**Verfahren**“, wie der Fachausdruck dafür lautet, dar, die in der Untersuchung zur Anwendung kommen. Selbstverständlich können in eine Untersuchung auch mehrere unabhängige Variablen eingeführt werden.

4.6.2 Abhängige Variablen

Die Lesefähigkeit stellt in unserem Beispiel ebenfalls eine Variable dar. Da sie, nach der Hypothese, die der Untersuchung zugrunde liegt, vom Übungsausmaß abhängen soll, wird sie als abhängige oder Kriteriumsvariable bezeichnet.

„Lesefähigkeit" ist noch ein sehr vager Begriff. Um verläßliche Beobachtungen sammeln zu können, müssen wir eine eindeutige Definition der Operationen, die zur Erhebung der Daten führen, beifügen.

Wir könnten Lesefähigkeit etwa als Sinnverständnis definieren und dieses mit Hilfe eines Tests „Verständiges Lesen" erheben. Andere Möglichkeiten bestünden im Festhalten der Lesegeschwindigkeit oder im Auszählen der Lesefehler, die u. U. noch nach verschiedenen Gesichtspunkten kategorisiert werden könnten, oder in der Benotung der Leseleistungen durch die Lehrkraft. (Um verläßliche Daten zu erhalten, würde man im letzteren Fall allerdings besser ein Beurteilungsteam einsetzen.)

Wie das Beispiel zeigt, ist die Aussagekraft der Daten je nach Erhebungsmethode recht unterschiedlich. Für die statistische Verarbeitung ist nicht nur die Anzahl der unabhängigen und abhängigen Variablen, sondern auch die Aussagekraft der Beobachtungswerte, die sich nach dem Niveau der ihnen zugrundeliegenden Skalen richtet, von ausschlaggebender Bedeutung.

4.7 Skalierung der Beobachtungswerte

Nach STEVENS (1951) lassen sich vier Kategorien von Skalen unterscheiden:

4.7.1 Nominalskala (kategoriale oder qualitative Skala)

Die Variable „Geschlecht" kann nur zwei Werte annehmen: „Junge" bzw. „Mädchen". Dasselbe gilt für Merkmale, bei welchen wir nur ihr Vorhandensein oder Nichtvorhandensein feststellen können: z. B. „Mitglied eines Sportvereins", ja oder nein. Das Merkmal „Schichtzugehörigkeit" umfaßt bereits mehrere Unterklassen, ebenso die Variable „Beruf des Vaters".

Man nennt Daten, die in dieser Form gegeben sind, **nominalskalierte, kategoriale** oder **qualitative** Daten. Gefordert wird lediglich, daß die in eine Unterklasse eingeordneten Versuchseinheiten sich bezüglich des jeweiligen Beobachtungsmerkmales gleichen und daß sie von jenen in den anderen Teilklassen verschieden sind.

4.7.2 Ordinal- oder Rangskala

Differenziertere Aussagen sind möglich, wenn sich die Beobachtungswerte in eine **Rangordnung** bringen lassen. Die 20 Schüler einer Klasse können z. B. nach ihrem Fleiß in eine derartige Rangordnung gebracht werden. Der Fleißigste erhält den Rangplatz 1, der Schüler, der den geringsten Fleiß aufweist, den Rangplatz 20.

Rangplätze sind keine echten Meßwerte, wie unser Beispiel zeigt: Weder ist ausgesagt, an welchem objektiven Skalenpunkt die Rangreihe beginnt – der Fleißigste einer wenig motivierten Klasse könnte ohne weiteres den letzten Platz in einer sehr arbeitsfreudigen Klasse bekommen –, noch sind die Abstände zwischen den Rangplätzen gleich. Es herrscht zwischen ihnen nur die Beziehung „größer – kleiner“ als definitorisches Merkmal.

4.7.3 Intervallskala

Echte Meßwerte liegen vor, wenn die **Intervalle** alle gleich groß sind. Bei Schulnoten z. B. ist dies nie der Fall: Der Unterschied zwischen einer 1 und einer 2 ist kleiner als der zwischen einer 4 und einer 5.

Ein Größenunterschied von 1 cm dagegen bedeutet immer dasselbe, ob es sich nun um die Differenz zwischen 150 und 151 oder zwischen 180 und 181 handelt. Die Variable Intelligenz kann, falls man einen standardisierten Intelligenztest einsetzt, in einer Intervallskala gemessen werden. Dasselbe gilt für standardisierte Schulleistungstests, die ebenfalls echte Meßwerte liefern.

4.7.4 Verhältnisskala

Sind nicht nur die Intervalle alle gleich groß, sondern besitzt die Skala einen echten Nullpunkt, so bezeichnen wir sie als **Verhältnisskala.** Sie ist dadurch ausgezeichnet, daß auch die Verhältnisse der einzelnen Intervalle zueinander gleich sind. Was dies im konkreten Fall bedeutet, soll ein Beispiel erhellen: Zwar sind zehn Minuten doppelt so lang wie fünf Minuten, zehn Grad Celsius jedoch nicht doppelt so warm wie fünf Grad.

Kategoriale und Rangdaten werden mit Hilfe der sogenannten **parameterfreien statistischen Verfahren** ausgewertet, bei welchen keine Voraussetzungen bezüglich der Verteilung der Werte in der Grundgesamtheit gemacht werden.

Für **intervall- und verhältnisskalierte Daten** stehen sowohl parameterfreie wie **parametrische Verfahren** zur Verfügung. Letztere dürfen allerdings nur angewendet werden, wenn bestimmte Voraussetzungen – meist Normalverteilung der Populationswerte – erfüllt sind. Anspruchsvollere Versuchspläne können nur in diesem Fall eingesetzt werden.

4.8 Versuchsfehler

Empirische Untersuchungen haben das Ziel, die Auswirkungen der Behandlungen (bzw. im indirekten Experiment, die Auswirkungen der besonderen Gruppierung der Untersuchungseinheiten) zuverlässig zu bestimmen. Dies wäre recht einfach, wenn Unterschiede in den Ergebnissen nur Folge der Behandlung oder Gruppierungen wären. Tatsächlich haben wir jedoch immer mit inneren und äußeren unkontrollierten Variationsursachen zu rechnen, die die Ergebnisse mitbeeinflussen und dadurch verzerren. Man bezeichnet sie zusammenfassend als den „Versuchsfehler".

Es leuchtet ein, daß ein Behandlungseffekt bedeutsam (= signifikant) größer sein muß als der Versuchsfehler, um interpretiert werden zu können. Unser Bestreben wird daher sein, den Versuchsfehler so klein wie möglich zu halten. Außerdem ist es notwendig, ihn zuverlässig zu bestimmen. In der Versuchsplanung werden wir immer wieder drei Prinzipien begegnen, die dies gewährleisten.

4.8.1 Prinzip der Wiederholung

Hätten wir drei Lehrmethoden zu untersuchen (z. B. Lehrervortrag, programmierten Unterricht und Unterrichtsfilme zum selben Thema) und würden nur einen Schüler pro Methode einsetzen, dann ergäben sich höchstwahrscheinlich Unterschiede in den Resultaten, auch wenn die Lehrmethoden alle gleich erfolgreich wären.

Wir könnten in diesem Falle nicht entscheiden, ob die unterschiedlichen Ergebnisse auf Verschiedenheiten der Schüler oder der Methoden beruhen. Wir werden daher nicht nur einen, sondern je Methode eine ganze Reihe von Schülern auf ihren Wissensstand nach dem Unterricht hin testen, um durch die Wiederholung des Planes eine zuverlässige Schätzung des Anteiles unkontrollierter Einflüsse auf die Ergebnisse zu erhalten.

4.8.2 Zufällig zuordnen

Es wäre, um bei dem Beispiel zu bleiben, durchaus möglich, daß für einige Kinder auf Grund ihrer besonderen Interessen oder anderer Eigenschaften eine der drei Lehrmethoden tatsächlich geeigneter ist als die andere. Diese Tatsache könnte die Versuchsergebnisse verfälschen, wenn wir nicht Vorkehrungen treffen: Die Schüler werden den Methoden daher nach einem Zufallsverfahren zugeteilt. Für jeden Schüler wird z. B. ausgelost, nach welchem Verfahren er Unterricht erhält. So ist die Gewähr gegeben, daß in jeder Versuchsgruppe einige Schüler sind, für die das dort angewandte Lehrverfahren besonders günstig ist, andere, die dadurch benachteiligt werden. Die störenden Effekte heben sich auf.

4.8.3 Einteilung in Blöcke gleichartiger Versuchseinheiten

Bei dieser sehr wichtigen Technik werden die Versuchseinheiten zu möglichst gleichartigen Gruppen, sogenannten Blöcken, zusammengestellt. Innerhalb der Gruppen sollen die individuellen Unterschiede so gering wie möglich sein. Jede Gruppe besteht aus so vielen Versuchseinheiten, als Behandlungen vorgesehen sind. In unserem Beispiel würden wir pro Block drei Schüler benötigen, da drei Unterrichtsverfahren vorgesehen sind.

Zwischen den Blöcken können die Unterschiede beliebig groß sein. Es gibt mehrere Methoden, um diese Blöcke zusammenzustellen. Sind die Versuchseinheiten Personen und haben wir nur zwei Behandlungen durchzuführen, dann können wir versuchen, eineiige Zwillingspaare für das Experiment heranzuziehen.

Ein anderes Vorgehen besteht darin, durch einen oder mehrere Vortests die Gleichartigkeit der Versuchspersonen zu sichern. Auf diese Weise könnte in unserem Beispiel die Intelligenz, der Arbeitsstil, die Schulnoten u. a. mehr erhoben werden, um danach die Schüler in Dreiergruppen zu ordnen. Je mehr Merkmale zur Parallelisierung verwendet werden, desto schwieriger wird es, Personen zu finden, die sich in allen Merkmalen ähneln.

Der Vortest kann durch die Erhebung bestimmter relevanter Merkmale der Versuchspersonen ersetzt werden: Alter, Geschlecht, sozio-ökonomischer Status u. a. Ein Beispiel dafür bot die Untersuchung von Sh. und E. GLUECK (1950).

Am ähnlichsten ist jeder Mensch sich selbst – falls gesichert ist, daß die experimentellen Behandlungen einander nicht beeinflussen, kann der Versuch daher so angeordnet werden, daß jede Versuchsperson jedes Verfahren mitmacht. Selbstverständlich ist diese Methode, „Parallelgruppen“ zu gewinnen, bei Untersuchungen zu Unterrichtsmethoden nicht brauchbar: Man kann eine Sache schließlich nur einmal neu lernen; jeder weitere Lernversuch wird durch den vorhergegangenen beeinflußt. Die Versuchsanordnung könnte aber ohne weiteres in einem Experiment Anwendung finden, in dem die Lesegeschwindigkeit bei verschieden großen Schrifttypen untersucht werden soll.

4.9 Die statistische Auswertung

4.9.1 Beschreibende Statistik

Die statistische Auswertung einer Untersuchung betrifft zunächst die adäquate Beschreibung der Daten (zur Einführung in die statistische Auswertung s. z. B. BORTZ, 1993, in die Versuchsplanung BORTZ & DÖRING, 1995).

Um einen Überblick über die Deutschnoten einer Schulklasse mit 34 Kindern zu bekommen, genügt es nicht, sich die Liste der Noten durchzulesen, da das Material dafür schon zu umfangreich ist. Wir werden daher ein „Maß der zentralen Tendenz“, einen Mittelwert, berechnen, um eine Bezugszahl zu haben, die es uns erlaubt, den mittleren Wissensstand der Klasse mit einem Blick zu überschauen. Ebenso werden wir, um ein weiteres Beispiel zu nennen, irgendein „Streuungsmaß“ berechnen, um uns über das Ausmaß der Niveauunterschiede in der Klasse orientieren zu können. Als Beschreibungsmaß von Zusammenhängen wurde oben bereits die Korrelation erwähnt.

Streuungsmaße, Mittelwerte, Korrelationsmaße und ähnliche Kennzahlen, die aus Stichproben stammen, bezeichnet man als „Statistiken“. Wurden diese Kennzahlen aus Populationen berechnet, nennt man sie „Parameter“.

4.9.2 Beurteilende Statistik

Mit Hilfe der bisher erwähnten Berechnungen haben wir erreicht, daß sich uns die Ergebnisse der Untersuchung leicht überschaubar darstellen lassen. Die Verfahren der „beurteilenden Statistik“ gestatten es darüber hinaus, Folgerungen aus dem Beobachtungsmaterial zu ziehen. Sie lassen sich nach zwei Gesichtspunkten zusammenfassen: Will man zum Beispiel die Lesefertigkeit einer Gruppe ganzheitlich unterrichteter mit jener einer Gruppe synthetisch unterrichteter Kinder vergleichen, können folgende Fragen interessieren:

1. Wir möchten nur feststellen, ob **überhaupt ein signifikanter, d. h. interpretierbarer Unterschied** in den Resultaten besteht.
   Dies geschieht durch Aufstellen einer sogenannten Nullhypothese („Zwischen den beiden Verfahren gibt es **keinen** Unterschied“) und Durchführen eines den Daten und der Problemstellung angemessenen Signifikanztests. Je nach Ergebnis des Signifikanztests wird die Nullhypothese „beibehalten“ oder mit einer bestimmten Restwahrscheinlichkeit „verworfen“. Üblich sind dafür die folgenden Werte: 5 % = „signifikant“, 1 % = „sehr signifikant“, 0,1 % = „höchst signifkant“.) Im letzteren Fall haben wir für die betreffende Untersuchung das Bestehen eines Unterschiedes zwischen den beiden Lehrmethoden mit einer angebbaren Wahrscheinlichkeit festgestellt.

2. Wir wollen außerdem den **wahren Wert** der Größe des Unterschiedes zwischen den beiden Unterrichtsmethoden schätzen; – in diesem Fall errechnen wir sogenannte „Vertrauensgrenzen“, innerhalb derer der gesuchte Wert liegt. Von praktischer Bedeutung kann die Ermittlung des wahren Wertes des Unterschiedes sein, wenn wir zwar einen statistisch signifikanten Unterschied zwischen ganzheitlicher und synthetischer Methode bezüglich des sinnverstehenden Lesens feststellen konnten, der wahre Wert des Unterschiedes aber nur 2–3 Punkte zugunsten der ganzheitlichen Leselehrmethode beträgt. In diesem Fall würden sich die Anschaffungskosten für neue Lehrbücher kaum lohnen, das Ergebnis besitzt zwar eine statistische, aber keine praktische Signifikanz.

5. Das Problem der Lernmaße

Ein äußerst schwieriges Problem in der empirischen Unterrichtsforschung stellt die Wahl eines angemessenen Lernfortschrittsmaßes dar. Häufig werden einfach Differenzwerte (z. B. zwischen dem Kenntnisstand vor und nach dem Unterricht) erhoben. Dieses Vorgehen hat einige Nachteile: Kinder, die aus irgendeinem Grund bereits vor dem Unterricht den Stoff beherrschten (was z. B. schon durch einen Fernsehfilm erreicht werden kann, den sie mit Interesse verfolgt haben), können nichts mehr dazulernen (sogenannter Deckeneffekt), ihr Lernzuwachs durch den Unterricht beträgt Null. Differenzmaße sind außerdem um so weniger reliabel (zuverlässig), je höher Anfangs- und Endzustand miteinander korrelieren, was praktisch immer der Fall ist (vgl. GUILFORD, 1974, S. 393 f).

MCGUIGAN & PETERS (1965) machten den Vorschlag, den relativierten Lernzuwachs mit folgender Formel zu berechnen:

$$L_{rel.} = \frac{X_{\text{Nachtest}} - X_{\text{Vortest}}}{X_{\text{Maximal erreichbar}} - X_{\text{Vortest}}}$$

Ihre Anwendung ist allerdings in den seltensten Fällen gerechtfertigt, da sie voraussetzt, daß das gemessene Merkmal Rationalskalenniveau besitzt: Es muß sich um eine echte Meßskala mit konstanten Intervallen und echtem Nullpunkt handeln. Klassenarbeiten und informelle Tests genügen beiden Kriterien nicht; standardisierte Schulleistungstests weisen meist keinen echten Nullpunkt auf, da Vorkenntnisse meist nur bis zu einem gewissen Grad in der Punktwertung berücksichtigt werden.

Ein anderer Vorschlag geht davon aus, als Lernfortschrittsmaße die jeweiligen Abweichungen der Lerntestwerte von der Regressionsgeraden vom Vortest auf den Nachtest zu berechnen. Bei allen aus den Rohwerten abgeleiteten Maßen besteht jedoch der Einwand, daß durch die Transformation die unmittelbare Interpretierbarkeit leidet. Gerade in einem Wissenschaftsbereich, der die systematische **Anwendung** der Ergebnisse in das Forschungskonzept einbezieht, wie das in der pädagogisch-psychologischen Forschung der Fall ist, sollte der Zugang zur Interpretation nicht zu schwierig werden. Unter diesem

Gesichtspunkt ist es günstiger, Ausgangsniveau und Lernzuwachs als unabhängige Variablen, d. h. als Gruppierungsgesichtspunkte zu benützen und die weiteren Analysen entweder getrennt für die einzelnen Gruppen oder simultan in einem multivariaten Versuchsplan durchzuführen. Allerdings setzt dies voraus, daß die untersuchte Stichprobe groß genug ist, um solche Unterteilungen zuzulassen. Aus den Resultaten können dann unmittelbar Konsequenzen für die Praxis abgeleitet werden, wie dies SCHRETTENBRUNNER bereits 1976 a, (S. 235 ff) für das von ihm entwickelte Konzept einer experimentellen Grundlegung des Unterrichtens forderte.

Ein anderer Weg, um in den Daten vorhandene Untergruppen mit unterschiedlichem Lernverhalten feststellen zu können, besteht in der Berechnung von Clusteranalysen (s. BORTZ, 1993[4]).

5.1 Von der Lernerfolgsmessung zur Lernprozeßanalyse

In der empirischen Unterrichtsforschung besteht ein grundsätzliches Problem in der Analyse längerfristiger Lernprozesse. Gewöhnlich stehen als Analysedaten nur die Endergebnisse eines Lernprozesses in Form von Abschlußarbeiten bzw. -tests zur Verfügung. Daß diese nicht ausreichen können, um ein differenziertes Bild des Lernablaufs zu vermitteln, wird z. B. durch die klassische Untersuchung von FLEISHMAN und HEMPEL (1956) bei motorischen Lernaufgaben nahegelegt, die ergab, daß sich die Faktorenstruktur der gemessenen Leistungen auf verschiedenen Ebenen des Übungsfortschritts ändert: Anfangs ist vor allem bewußtes, intelligentes Handeln notwendig, während mit zunehmendem Übungsfortschritt die motorischen Fertigkeiten für eine gute Leistung wichtiger sind. BAUER und VITOUCH (1996) konnten zeigen, daß dieser Unterschied auch im Hirnstrombild nachweisbar ist. Je nachdem, auf welchem Kenntnisstand der Abschlußtest für einen bestimmten Schüler erfolgt, kommt ein unterschiedliches Faktorenmuster bei der Bewältigung der Aufgaben zum Tragen, er mißt jeweils Verschiedenes.

Es ist daher notwendig, für komplexe Analysen des Lernvorganges Prozeßinformationen zu erheben, d. h. zumindest den Ausgangszustand und, je nach Fragestellung, weitere Zwischenmessungen zu erfassen, wenn man differenzierte Aufschlüsse über den Ablauf erhalten möchte.

Dazu kommt ein weiteres Erfordernis: Schulische Lernprozesse sind langdauernde Lernprozesse. Die gewählten Zeitstichproben müssen daher so angeordnet sein, daß sie relevante Ausschnitte aus dem Lernprozeß mit zureichender Genauigkeit erfassen. Im Lehrerunterricht ist der empirische Zugriff zu den Ablaufphasen eines Lernprozesses schwierig, da eine schriftliche Fixierung fehlt. Hier eröffnen Computerprogramme neue Wege, da in diesem Fall die Feinstruktur des Erarbeitungsprozesses dokumentiert wird. Der Grundlagenforschung ist es damit möglich geworden, z. B. Lernzieltaxonomien auf ihre psychologische Fundierung in zugeordneten Lernprozessen hin zu überprüfen.

5.2 Effektstärken

Um den Einfluß von Lern- und Trainingsprogrammen abschätzen zu können, empfiehlt sich die Berechnung von Effektstärken. Sie geben an, um wieviel sich die trainierte Gruppe im Vergleich zur nicht trainierten Gruppe verbessert hat, wobei als Maß Standardeinheiten verwendet werden. Mit Hilfe von Effektstärken lassen sich auch die Ergebnisse aus Metaanalysen, das heißt aus Analysen, denen eine große Anzahl von Studien zugrundeliegen, die dieselben Wirkzusammenhänge untersuchten, anschaulich zusammenfassend beschreiben.

6. Der Beitrag der Entwicklungspsychologie

Eine Voraussetzung für einen guten Unterricht ist, daß er dem **Prinzip der Entwicklungsgemäßheit** folgt. Die Informationen müssen so vermittelt werden, wie es dem Entwicklungsstand der Schülerinnen und Schüler entspricht. Die Entwicklungspsychologie stellt daher eine Grundlagenwissenschaft der Pädagogik und der Pädagogischen Psychologie dar.

Die Entwicklungspsychologie ist ein Teilgebiet der Psychologie. Wie die wissenschaftliche Psychologie selbst, ist sie eine recht junge Disziplin. Ihre Anfänge liegen im 19. Jahrhundert. Den entscheidenden Impuls für die Beschäftigung mit der Psychologie von Kindern und Jugendlichen lieferte das berühmte Buch von Charles DARWIN „On the Origin of Species" (1859), in welchem er die Entwicklung der Arten von den einfachsten Formen bis zu den höchstentwickelten und zum Menschen darstellte. Es lag nahe, auch im seelischen Bereich nach ähnlichen Entwicklungslinien zu suchen. DARWIN beobachtete zwei Jahre lang seinen eigenen Sohn und legte ein genaues Tagebuch an. Er hatte damit eine wichtige Methode der Entwicklungspsychologie entdeckt: Die **biographische Methode.**

Den nächsten Schritt stellte die systematische Untersuchung von größeren Gruppen von Kindern dar. G. Stanley HALL zum Beispiel, einer der Begründer der Psychologie, entwickelte die Fragebogenmethode, um vergleichende Angaben von großen Gruppen von Kindern zu erhalten (vgl. HALL, 1883). Damit war es möglich, Unterschiede zwischen verschiedenen Personen zu entdecken und nach Ursachen für sie zu suchen. Von der bloßen **Beschreibung** konnte man zur **Erklärung** entwicklungspsychologischer Befunde vorstoßen.

Den ersten Schritt in Richtung einer modernen Entwicklungspsychologie stellte die Erkenntnis dar, daß Kinder nicht einfach kleine Erwachsene sind. So entscheidend dies war, bedeutete es andererseits, daß zunächst von der Vorstellung ausgegangen wurde, daß der Heranwachsende eines Tages „fertig" sei. Es wurde übersehen, daß sich Veränderungen auch jenseits des Jugendalters vollziehen und daß Entwicklung in der Kindheit und im Jugendalter nur verstehbar ist, wenn man miteinbezieht, was aus dem Heranwachsenden geworden ist. Die ersten Veröffentlichungen betonten daher die Eigenständigkeit des Kindes- und Jugendalters. Ein bekanntes Beispiel war W. PREYERS Buch „Die Seele des Kindes" (1881).

Ein weiterer, noch heute gelesener und zitierter Autor, der in dieser Tradition steht, war W. STERN. Seine „Psychologie der frühen Kindheit" erschien

1914. An mehreren Universitäten entstanden Forschungsstätten, die sich speziell der Kinder- und Jugendpsychologie widmeten:

- Die „Wiener Schule" (Ch. BÜHLER, H. HETZER, L. SCHENK-DANZINGER),
- die „Genfer Schule" (J. PIAGET, B. INHELDER),
- die Schule der Yale-Universität (A. GESELL).

In den Anfängen der Kinder- und Jugendpsychologie spielte die biographische Methode und die Beobachtung von Kindern in ihren natürlichen Lebensumwelten eine große Rolle, ein Vorgehen, das heute mit verbesserten Methoden wieder an Bedeutung gewinnt. Sowohl an der Yale-Universität als auch an der Universität Wien wurden Forschungskindergärten zum Studium des kindlichen Verhaltens eingerichtet, die heute noch bestehen. Durch den Einfluß der **Experimentellen Psychologie** erfolgte eine gewisse Abkehr von diesen Methoden. Die freie Beobachtung wurde durch die systematische Beobachtung und das stärker kontrollierte Laborexperiment ersetzt.

Einen zweiten Einbruch bedeutete der **Behaviorismus** mit seiner Betonung der Steuerbarkeit des Verhaltens von außen. Komplexe Erklärungsmodelle, die auch innerpsychische Bedingungen des Verhaltens anerkannten, wurden als „unwissenschaftlich" abgetan. Erst in den sechziger Jahren führte die Auseinandersetzung mit den informationstheoretischen Konzepten und vor allem die Rezeption der Arbeiten PIAGETS in den USA zu einem Abgehen von den einfachen Modellen der behavioristischen Psychologie. Es erfolgte eine sprunghafte Zunahme von Forschungsarbeiten über die kognitive Entwicklung und die Sprachentwicklung (**„Kognitive Wende"**, s. dazu HOFFMAN, 1997). Bereits zu Beginn dieses Jahrhunderts hatte die **Psychoanalyse** (S. FREUD) die Theorienbildung in der Entwicklungspsychologie mitgeprägt. Besonders der Gedanke, daß Beziehungen zwischen frühen Erfahrungen und späteren Entwicklungen bestehen, geht auf ihren Einfluß zurück.

Neueren Datums ist der Einfluß der Theorien zum **sozialen Lernen** (BANDURA, 1976). Parallel zu diesen Entwicklungslinien erfolgte zu Beginn der siebziger Jahre die Rezeption der Forschungsarbeiten der russischen Entwicklungspsychologie, besonders zur Sprach- und Denkentwicklung (vgl. SCHMIDT, 1977). Mit der zunehmenden Differenziertheit der Forschungsansätze zeigte es sich, daß eine Beschränkung entwicklungspsychologischer Untersuchungen auf das Kindes- und Jugendalter nicht möglich ist. Die Entwicklung der Intelligenz ist nicht, wie man zunächst glaubte, mit etwa 16 Jahren abgeschlossen. Krisen in der Lebensmitte erwiesen sich als mitbestimmt durch Erfahrungen in der Kindheit und im Jugendalter. Die wechselnden Anforderungen der Berufs- und Lebenswelt spielen eine entscheidende Rolle für die gesamte Entwicklung. Diese und ähnliche Untersuchungsergebnisse führten dazu, daß man den Gedanken einer eigenen Kinder- und Jugendpsychologie zugunsten einer Entwicklungspsychologie fallen ließ. Entwicklung muß als Veränderung des Verhaltens und Erlebens von der embryonalen Entwicklung an bis zum Tode begriffen werden.

Allerdings muß man festhalten, daß besonders, was die Untersuchung der Entwicklung im **mittleren Lebensalter** betrifft, der Ansatz derzeit noch in erster Linie als Forschungsprogramm aufgefaßt werden muß: Konkrete Untersuchungsergebnisse fehlen weitgehend. Dies ist besonders bei der Darstellung des Jugendalters problematisch, da sich z. B. Auswirkungen der beruflichen Sozialisation nur dann zureichend erklären lassen, wenn man Ergebnisse über die weitere Entwicklung in den folgenden Lebensabschnitten vorliegen hat. Einen weiteren wichtigen Schritt stellte die Erkenntnis dar, daß es nicht genügt, Entwicklung **allgemein** zu untersuchen, sondern daß sie durch Forschungsarbeiten zur **individuellen** Entwicklung ergänzt werden muß (vgl. TRAUTNER, 1977, S. 251).

Bei WOHLWILL (1977, S. 59 ff) wurde daher die Untersuchung **individueller Differenzen** in der Entwicklung als eine der bedeutenden Aufgaben der Entwicklungspsychologie genannt. Der Problemkreis der Entwicklungspsychologie wird heute daher wie folgt definiert: **Die Entwicklungspsychologie beschäftigt sich mit den Veränderungen des Verhaltens und Erlebens des Menschen im Laufe seines gesamten individuellen Lebens und versucht die Gesetze, die diese steuern, zu entschlüsseln.** Diese Definition ist absichtlich sehr weit gehalten, damit alles, was heute von Entwicklungspsychologen an Forschungsarbeit geleistet wird, darunter gefaßt werden kann.

6.1 Vererbung oder Milieueinfluß?

In der älteren entwicklungspsychologischen Literatur beherrschte vor allem die Frage nach der Erb- oder Umweltbestimmtheit der Intelligenz beziehungsweise allgemein der „Begabung“, das Feld (vgl. z. B. JENSEN, 1969; zur Diskussion siehe AMELANG & BARTUSSEK, 1994, S. 463 ff). Einseitig wurde dabei eher die Milieukomponente oder die Vererbungskomponente betont, wobei weniger die Befundlage, als die politische Einstellung dafür ausschlaggebend war, welcher Erklärungsmöglichkeit man den Vorzug gab. Auf einen Fehlschluß muß in diesem Zusammenhang verwiesen werden. In der Diskussion wird Umweltabhängigkeit in der Regel mit „veränderlich“ gleichgesetzt, Erbdetermination mit „unveränderlich“. Hier handelt es sich um eine ungerechtfertigte Festlegung: Bereits in den fünfziger Jahren konnte v. HARNACK (1958) in einer Vergleichsuntersuchung bei Grundschulkindern zeigen, daß ein eindeutig durch Vererbung weitergegebenes Merkmal, nämlich die Körpergröße, durch Umwelteinflüsse dauerhaft veränderlich ist: Einzelkinder sind größer und schwerer als älteste Kinder aus einer Geschwisterreihe. Auf der anderen

Seite sind eindeutig durch die Umwelt hervorgerufene Schädigungen, wie zum Beispiel Unfallfolgen, oft nicht mehr rückgängig zu machen.

Zum Studium des Einflusses von Erbfaktoren wurden vor allem Zwillingsstudien durchgeführt. Eineiige Zwillinge haben die gleichen genetischen Erbanlagen. Um einen Eindruck von den Auswirkungen auf die Intelligenz- und Persönlichkeitsentwicklung zu erhalten, sind Ergebnisse aus Studien von Zwillingspaaren besonders interessant, die bei der Geburt getrennt wurden und in verschiedenen Milieus aufwuchsen. AMELANG & BARTUSSEK stellten dazu eine Übersichtstabelle für das Merkmal Intelligenz zusammen:

Tab. 1

Autor	Anzahl der Zwillingspaare	Mittlerer Intelligenzquotient (IQ)	Streuung	Unterschied zwischen den Paaren	Korrelation
NEWMAN, FREEMAN & HOLZINGER (1937)	19	95,7	13,0	8,21	.67
SCHIELDS (1962)	38	93,0	13,4	6,72	.78
JUEL-NIELSEN (1965)	12	106,8	9,0	6,64	.68
LYKKEN & BOUCHARD (1983, 1984)	32	102,2	14,9	-	.74
Zusammen	101	99,4	12,6	7,09	.72

(adaptiert nach AMELANG & BARTUSSEK, 1994, S. 473)

Dies entspricht einer Erblichkeitsschätzung der Intelligenz von etwa 70 %. Kritisch muß allerdings angemerkt werden, daß viele der Zwillingspaare in einem ähnlichen familiären Milieu aufwuchsen und damit vergleichbaren Anregungsbedingungen ausgesetzt waren. Was außerdem oft nicht genügend berücksichtigt wird, ist, daß eineiige Zwillinge durch ihr identisches Aussehen die Umwelt in gleicher Weise beeindrucken. Die Rückmeldungen, die sie für ihr Verhalten bekommen, sind einander sehr ähnlich. Auch der konkordante Anteil der Intelligenz geht daher auf Anlage- **und** Umwelteinflüsse zurück. Zu den Einflüssen auf das eigene Verhalten gehört z. B. die Antwort der Umgebung auf das eigene Aussehen. Menschen leben in völlig verschiedenen sozialen Umwelten, je nachdem, ob sie als „attraktiv“ oder „weniger attraktiv“ eingestuft werden. Schon im Kindergarten sind attraktive Kinder populärer als weniger attraktive, wie DION, BERSCHEID und WALSTER 1972 feststellen konnten. In einer weiteren Studie von DION wurde Frauen die Beschreibung einer aggressiven Handlung eines Kindes gegeben (1972). Die Hälfte der Frauen erhielt außerdem das Foto eines hübschen Mädchens, die andere das eines weniger attraktiven vorgelegt. Die Ergebnisse waren eindeutig: Bei dem schönen Kind meinten die Frauen, daß es sich bei dem aggressiven Akt um einen „Ausrutscher" gehandelt habe, und daß man dem Kind helfen müßte, während bei dem unattraktiven Kind vermutet wurde, daß es egoistisch, antisozial und aufsässig sei. Derartige Rückmeldungen müssen, langfristig gesehen, ihre Auswirkungen haben (vgl. KAGAN, 1990; TAL & BABAD, 1990). Eineiige Zwillinge erleben daher, selbst wenn sie getrennt aufwachsen, daß ihnen ihre soziale Umwelt in emotioneller Hinsicht ähnlichere Angebote macht, als dies bei zweieiigen Zwillingen der Fall ist (s. dazu PLOMIN, 1994).

Die Attraktivitätsforschung der Sozialpsychologie hat eine Reihe weiterer, wichtiger Resultate erbracht. Nicht nur, daß Attraktiven mehr Toleranz entgegengebracht wird, man hält sie auch für intelligenter, hilfsbereiter und interessanter und man nimmt an, daß sie im Berufs- und Privatleben mehr Erfolg haben. In eigenen Untersuchungen (ROLLETT, 1986) konnten wir nachweisen, daß – zum Glück – Attraktivität kein stabiles Merkmal darstellt. Wir ließen vier Dias junger Mädchen im „Normalzustand" herstellen und vier weitere, nachdem sie eine zu ihrem Typ passende Frisur und ein entsprechendes Make-up bekommen hatten. Dann mischten wir die Fotos und legten sie zur Beurteilung nach acht Kategorien (geschickt, intelligent, entschlossen, einfallsreich, zielstrebig, flexibel, einsatzfreudig, aktiv) sechzehn- bis achtzehnjährigen Schülerinnen und Schülern vor. Die Ergebnisse waren eindeutig: Attraktiv hergerichtet, wurden die jungen Frauen wesentlich besser beurteilt.

Für den Pädagogen ergeben sich hieraus Konsequenzen: Jeder Mensch hat das Recht auf die Wertschätzung. Wem es gelingt, jedes Kind so zu behandeln, als hätte es die blonden Locken, blauen Augen und das strahlende Lächeln eines populären Kinderstars, wird nicht nur leichter Kontakt zu Kindern finden, sondern ihnen auch in Leistungssituationen wirksamer die nötige emotionelle Unterstützung geben können.

Wichtiger als die Frage nach der genetischen oder Milieubedingheit eines Merkmals ist für die pädagogische Praxis jedoch die Frage, welchen **Veränderungsspielraum** es besitzt (vgl. BALTES, 1990). Schätzungen des Veränderungsspielraumes der Intelligenz gehen davon aus, daß er mindestens 25 IQ-Punkte beträgt: Dies kann aber den Unterschied zwischen Hauptschuleignung und Eignung für die weiterführende Schule repräsentieren (vgl. HOFFMAN et al., 1988[5]). Diese Erkenntnisse führten in den 60er- und 70er-Jahren zur Entwicklung einer Vielzahl von Förderprogrammen für benachteiligte Kinder.

6.2 Förderprogramme für Kinder

Die Erarbeitung kompensatorischer Förderungsprogramme zum möglichst frühen Ausgleich ungenügender oder ungeeigneter häuslicher Anregungsbedingungen, vor allem für Kinder der Unterschicht, wurde in den USA und einigen westeuropäischen Ländern als Folge des „Sputnik-Schocks" mit großzügigen finanziellen Mitteln bedacht. Da es russischen Forschern gelungen war, den ersten Weltraumsatelliten zu entwickeln, wurde das amerikanische Bildungssystem scharf kritisiert. Als Folge wurden Milliarden in die pädagogisch-psychologische Forschung investiert, um eine bessere naturwissenschaftliche Ausbildung zu garantieren. Besonders nachhaltige Folgen hatte dieser Trend im Bereich der Förderung benachteiligter Kinder.

Zwei Förderungsprogramme, welche in den USA entwickelt wurden, sind hier besonders zu nennen:

6.2.1 Sesamstraße

Dieses Programm stellt ein Bildungsprogramm für Kleinkinder dar, das über das Fernsehen ausgestrahlt wird. Dadurch wurden Kinder für einen regelmäßigen Vorschulunterricht erreichbar, die keinen Kindergarten besuchten. Das Programm war ein Erfolg.

In phantasievolle, bunte und eindrucksvolle Geschichten ist ein Lernprogramm verpackt, das folgende Komponenten umfaßt:
- Erweiterung des Wortschatzes,
- Begriffserklärung,
- Zählen lernen,
- Kreativitätsförderung,
- Auseinandersetzung mit der Umwelt,
- Einüben von Buchstaben.

6.2.2 Head-Start-Programm

Bei diesem Programm sollte in jeder Gemeinde ein Zentrum mit Bildungsangeboten entstehen. Es sollten hiermit vor allem die ungünstigen Startbedingungen unterprivilegierter Kinder verbessert werden. Als Teil des proklamierten „Kampfes gegen die Armut" geplant, wurden im Rahmen von Head-Start bald mehr als 600.000 Kinder betreut.

6.2.3 Ergebnisse

Evaluationsstudien konnten zeigen, daß gute Förderprogramme tatsächlich zu beachtlichen Leistungsverbesserungen führen (vgl. SCHENK-DANZINGER,

1980). Kinder aus benachteiligten Elternhäusern hatten zunächst auch einen Intelligenzzuwachs von bis zu 10 IQ (Intelligenz-Quotient)-Punkten. Bei späteren Nachuntersuchungen wurde allerdings festgestellt, daß dieser Zuwachs nicht bestehen blieb, wenn das Förderungsprogramm endete. Man lernte daraus, daß die Förderung nicht aufhören darf; es ist daher unerläßlich, die Eltern für die weitere Unterstützung der Arbeit zu gewinnen.

Wenn auch die Intelligenzsteigerung nicht immer von Dauer war, stellte man doch fest, daß die so geförderten Kinder bessere Schulabschlüsse erreichten, als die nicht geförderten. SCHENK-DANZINGER erklärt dies damit, daß sich durch Vorschulförderungsprogramme die sogenannten „Stützfunktionen der Intelligenz" entwickelt hatten. Die Kinder hatten **„Lernen gelernt".**

Sie unterscheidet zwei Gruppen von Stützfunktionen:

a) Stützfunktionen, die die Art der Durchführung von Handlungsabläufen bestimmen: Arbeitshaltungen, Konzentration und Ausdauer
b) Stützfunktionen, die Handlungsimpulse setzen: Motivationen.

Die amerikanischen Psychologen WEIKART und SCHWEINHART untersuchten Erwachsene, die als Kinder Vorschulförderprogramme mitgemacht hatten und konnten feststellen, daß sie weit bessere Berufe und stabilere eigene Familien hatten, als andere, die nicht an solchen Programmen teilgenommen hatten. Ein Volkswirtschaftler, der in dieser Forschungsgruppe mitarbeitet, errechnete, daß die zusätzlichen Steuern, die diese Erwachsenen aufgrund ihrer guten Berufe bezahlen konnten, die Kosten für das Vorschulprogramm zum Zeitpunkt der Nachuntersuchung bereits eingebracht hatten. Den besten Erfolg hatten Programme, die nicht nur intellektuelle Fähigkeiten trainierten, sondern auch die emotionalen und sozialen Bereiche mit einbezogen. Wichtig war es auch, daß die Familien zur Mitarbeit motiviert wurden (vgl. SCHWEINHART & WEIKART, 1987).

7. Faktoren des Entwicklungsprozesses

7.1 Drei Paradigmen zur Erklärung von Entwicklung

Wie im Abschnitt 6.1 bereits angedeutet wurde, läßt sich das Zustandekommen der menschlichen Entwicklung auf verschiedene Weise erklären. Paradigmatisch unterscheidet man drei Erklärungsansätze:

1. Die **reifungstheoretische** Erklärung:
   Das Kind wird als vorprogrammiertes Reifungsprodukt angesehen.
2. Die **milieutheoretische** Erklärung:
   Das Kind wird als passiver Empfänger aufgefaßt.
3. Die **interaktionstheoretische** Erklärung:
   Das Kind wird als aktiver Erkunder begriffen.

Neben diesen allgemeinen theoretischen Erklärungsansätzen gibt es eine Vielzahl von inhaltlich bestimmten Entwicklungstheorien, die bestimmte Prinzipien zur Grundlage ihrer Erklärung der menschlichen Entwicklung machen: Beispiele sind die Psychoanalyse Freuds und die tiefenpsychologischen Schulen allgemein, die strukturalistischen Ansätze, die behavioristischen und die lerntheoretischen Konzeptionen, die kognitiven Theorien und insbesonders Theorien der Informationsverarbeitung, ethologische und entwicklungsbiologische Ansätze, soziokulturelle Theorien, die Kontexttheorien und viele andere mehr.

Gemeinsam ist allen diesen Theorien, daß sie versuchen, die Fülle der beobachtbaren und erschließbaren Entwicklungsphänomene übersichtlich zu ordnen und verstehbar zu machen, indem sie Zusammenhangsmuster identifizieren. Sie stellen unterschiedliche Beschreibungssysteme und Systeme der Ursachenerklärung dar, aber sie beziehen sich alle auf ein und dieselbe Wirklichkeit.

Es ist in diesem Rahmen nicht möglich, auf die verschiedenen theoretischen Positionen im Detail einzugehen, doch sollen im folgenden jene Ansätze kurz skizziert werden, die zur Stützung der oben aufgeführten drei Erklärungsansätze herangezogen werden (einen detaillierten Überblick über die wichtigsten Entwicklungstheorien gibt das Buch von MILLER, 1993; die allgemeinpsychologischen Grundlagen werden z. B. in den Einführungen von ZIMBARDO, 1995[6], oder HERKNER, 1992 ausführlich dargestellt).

7.2 Entwicklung als Reifeprozeß (vererbungstheoretischer Ansatz)

Unter „Reifung" versteht man Entwicklungsveränderungen, die sich aufgrund *biologischer* Wachstumsprozesse vollziehen.

Eine reifungstheoretische Erklärung ist immer dann wahrscheinlich, wenn folgende Bedingungen gegeben sind:

1. Universelles Auftreten: Kulturkreisübergreifende Untersuchungen zeigen, daß die Entwicklung bei allen Kindern erfolgt.
2. Zeitliche Begrenztheit: Die Entwicklung ist an einen bestimmten, zeitlich begrenzten Lebensabschnitt gebunden.
3. Nachholbarkeit: Wird durch äußere Umstände die Entwicklung unmöglich gemacht, so kann sie nachgeholt werden, wenn diese wegfallen.
4. Nichtumkehrbarkeit: Es bestehen aufeinander folgende Entwicklungssequenzen; spätere Entwicklungsschritte können nicht vorweggenommen werden.

Beispiele für Entwicklungsphänome, die vor allem durch Reifung bestimmt werden, sind die Geschlechtsreifung in der Pubertät oder das Erlernen des Gehens im Kleinkindalter: Wie DENNIS & DENNIS (1940) berichteten, werden bei den Hopi-Indianern die Kinder im ersten Lebensjahr auf einem Wiegenbrett festgebunden. Auch während der Fütterung werden sie nicht von dem Wiegenbrett befreit. Nur zur gelegentlichen Säuberung werden sie für kurze Zeit losgebunden. Krabbeln, Sich-Hochziehen u. ä. können daher nicht zu dem Zeitpunkt stattfinden, zu dem dies bei Kindern zu beobachten ist, die sich frei bewegen können. Sobald sie jedoch mit etwa einem Jahr aus ihrer Umwicklung befreit werden, holen sie die motorische Entwicklung innerhalb von Stunden und Tagen nach. Nach kurzer Zeit sind keine Unterschiede mehr zu Kindern zu beobachten, die die ganze Zeit hindurch sich ungehindert bewegen konnten.

7.3 Entwicklung als Lernprozeß (milieutheoretischer Ansatz)

Im Gegensatz zur reifungstheoretischen Erklärung, bei der Verhaltensentwicklung durch innere Vorgänge gesteuert wird, sieht die milieutheoretische Erklärung den heranwachsenden Organismus als abhängig von Außeneinflüssen an. An die Stelle von Reifungsprozessen treten Lernprozesse als Determinanten der Entwicklung (s. dazu auch Kap. 12).

Unter **Lernen** versteht man die Veränderung des Verhaltens und Erlebens durch Erfahrung.

Der milieutheoretische Forschungsansatz ist vor allem dem Behaviorismus verpflichtet. Sein Begründer, John WATSON (1929, S. 14 f) formulierte seinen Standpunkt folgendermaßen:

> „Die Behavioristen glauben, daß nichts gegeben ist, das von innen her entwickelt werden müßte. Wenn ein gesunder Körper die richtige Anzahl Finger, Zehen und Augen und die wenigen ursprünglichen Bewegungen, die gleich bei der Geburt vorhanden sind, aufweist, bedarf es weiter keines Rohmaterials, um einen Menschen zu formen, sei er ein Genie, ein feingebildeter Herr, ein Radaubruder oder ein Lump."

PAWLOW entwickelte die Theorie des klassichen Konditionierens. Angeborene Reiz-Reaktionsmuster können durch Ersetzen des die Reaktion auslösenden Reizes durch einen neuen, zunächst mit ihm zusammen auftretenden, verändert werden. Der neu gelernte Reiz hat dann dieselbe Signalwirkung wie der ursprüngliche, angeborene Reiz.

Großen Einfluß auf die entwicklungspsychologische Theorienbildung hatte die Lernpsychologie SKINNERS (1953), der Lernen als „operante Konditionierung" beschrieb. Verhaltensweisen werden durch die positiven oder negativen Folgen des Verhaltens verändert. Erstere erhöhen, letztere senken die Wahrscheinlichkeit ihres Auftretens. Das Sprechenlernen vollzieht sich nach SKINNER z. B. wie folgt: Das Kind hält zunächst einmal spielerisch bedeutungslose „Lallmonologe". Dabei kann es durch Zufall z. B. die Lautbildung „Mama" äußern. Erfolgt daraufhin eine erfreute Reaktion der Mutter, so wird diese Lautbildung „bekräftigt". Langsam wird sie für das Kind bedeutungsträchtig; es verwendet sie schließlich, um die Mutter zu einer ähnlich freundlichen Reaktion zu veranlassen.

Der Ansatz des **sozialen Lernens** des Psychologen BANDURA (1976) geht von einem anderen Modell des Lernens aus: Sein „Imitationslernen" oder „Lernen am Modell" erklärt Lernvorgänge als direkte Nachahmung von beobachteten Verhaltensmustern der sozialen Umwelt. Bei der Entwicklung neuer Verhaltensweisen und Kompetenzen wirken die verschiedenen Lernformen zusammen. Eine für den Menschen besonders wichtige Lernform ist das verbale Lernen.

7.4 Die interaktionstheoretische Erklärung

Die meisten Entwicklungspsychologen gehen heute von einer interaktionistischen Erklärung aus: Beides, Anlage und Umwelt, Reifen und Lernen beeinflussen die Entwicklung. Dies gilt selbst für Forscher wie PLOMIN, der in seinen Untersuchungen zum Zusammenwirken von Erbanlagen und Umwelteinflüssen besonders den genetischen Anteil betont. Er unterscheidet drei Formen der Interaktion zwischen „genetics“ (genetisch bedingte Anlagen) und „environment“ (Erfahrungswelt), die er als „GE-correlation“ bezeichnet (vgl. PLOMIN, 1994, S. 176 ff).

Passive GE-Korrelation wird durch die Tatsache bewirkt, daß bestimmte Anlagen, wie z. B. die Musikalität, nicht selten auch bei den Eltern zu finden sind, die dann ein musikalisch besonders anregungsreiches Milieu schaffen.

Reaktive GE-Korrelation wird durch Reaktionen der Umwelt auf bestimmte Eigenschaften des Kindes bewirkt. So bekommen „pflegeleichte“ Säuglinge, die wenig schreien, wesentlich mehr soziale Zuwendung, die ihrerseits wieder ihr aufgeschlossenes, freundliches Verhalten unterstützt.

Aktive GE-Korrelation schließlich entsteht durch das aktive Bemühen des Kindes, sich selbst eine Umwelt zu schaffen oder Umwelten aufzusuchen, die seinen Eigenschaften besonders entsprechen. In der Pädagogik und der Pädagogischen Psychologie wird diese Form der Wechselwirkung den verschiedenen Ansätzen des Konstruktivismus zugrunde gelegt.

PIAGET erarbeitete als erster eine konsequente interaktionistische Entwicklungstheorie (vgl. PIAGET, 1948). Er zählt auch heute noch zu den einflußreichsten Entwicklungspsychologen. Zunächst untersuchte er vor allem die Entwicklung der Intelligenz des Kindes, weitete jedoch seine Theorie anschließend auf eine Vielzahl anderer Gebiete aus: Die Entwicklung des Zahlbegriffs, des Zeitbegriffs, des moralischen Urteils, der Kausalität usw. usw.

PIAGET hat wie kein anderer die Fachdidaktik vieler Unterrichtsgegenstände beeinflußt. Sein Ansatz geht konsequent von einer Integration von angeborenen und Umgebungseinflüssen aus. Das Kind wird als „aktiver Erkunder“ angesehen, das unablässig bemüht ist, sich weiter und höher zu entwickeln. Um es mit einem Goethe-Wort auszudrücken, sieht er das Ineinandergreifen beider Einflußgrößen in der Entwicklung als „geprägte Form, die lebend sich entwickelt“.

7.5 Konstruktivismus, soziokultureller Ansatz und Situationismus

Die Interaktion von Genetik und Erfahrung, Reifen und Lernen in der menschlichen Entwicklung läßt sich in sehr unterschiedlicher Weise theoretisch beschreiben: Entweder betont man besonders 1. die konstruierende Aktivität des Individuums selbst (Konstruktivismus), 2. die Vermittlung der sozialen Umwelt beim Wissenserwerb (sozio-kultureller Ansatz), oder 3. die situativen Gegebenheiten in der Umwelt als primären Auslöser geistiger Entwicklungsprozesse (Situationismus).

PIAGET wird als der Begründer der neuen Richtung der Pädagogik und Pädagogischen Psychologie in Anspruch genommen, die als **Konstruktivismus** bezeichnet wird, obwohl die radikale Vereinseitigung, die der Ansatz erfahren hat, seiner Konzeption widerspricht. Mittlerweile gibt es eine Vielzahl von Schulen des Konstruktivismus, die einander zum Teil heftig bekämpfen (vgl. COBB, 1994).

In einem 1980 erschienenen Artikel beschreibt PIAGET seine Auffassung des Aufbaus von Sachstrukturen in der aktiven Auseinandersetzung mit der Realität: ...„Wissen entsteht nicht durch eine bloße Wiedergabe von Beobachtungen ohne strukturierende Aktivität des Subjekts. Es existieren auch keine a priori oder angeborenen kognitiven Strukturen im Menschen; einzig und allein die Funktionsweise der Intelligenz ist angeboren und schafft Strukturen nur durch die Organisation von aufeinander folgenden Aktionen, die an Objekten durchgeführt werden. Infolgedessen kann eine Erkenntnistheorie, die den Gegebenheiten der psychischen Entwicklung gemäß ist, weder empirizistisch noch präformatorisch, sondern nur konstruktivistisch sein" (S. 23, Übers. v. d. Verf.).

In der dem Konstruktivismus verpflichtenden Pädagogik wird Wissenserwerb als ein Prozeß der Rekonstruktion der Wirklichkeit durch das erkennende Subjekt angesehen. Die Beachtung der geistigen Prozesse des Kindes beim Wissenserwerb stellt eine wichtige Forderung des Konstruktivismus an die Pädagogik dar. Ein häufig zitiertes Schlagwort der Konstruktivisten lautet: „Das Kind konstruiert sein eigenes Wissen". Nimmt man diese Formulierung allerdings zu wörtlich, schließt sie die Möglichkeit einer Korrektur falscher Konstruktionen aus, da einseitig die geistige Tätigkeit des Kindes betont wird.

Schulunterricht, der diesem Prinzip folgt, führt leicht zu nicht endenden Diskussionen, wenn Kinder sich über ihre unterschiedlichen „Konstruktionen" eines Problems nicht einig werden können. Ein illustratives Beispiel dafür findet sich in einem 1992 veröffentlichten Artikel von LAMPERT (1992). Schüler und Schülerinnen der 5. Schulstufe hatten die Aufgabe, die Beziehung zwischen zwei Wertereihen x und y zu finden (vgl. S. 296):

Tab. 2:

x	y
8	4
4	2
2	1
0	0

Die Schülerin Elli schlug zwei Lösungen vor: „dividiert durch zwei“ und „minus einhalb“. Auf den Einwurf Lamperts „und acht minus einhalb ist?“ antwortete Elli „4“, worauf sich eine lange Diskussion zwischen verschiedenen Kindern anschloß, von denen einige die Formulierung „einhalb“ als 0,5 und die anderen als x/2 verstanden, ohne daß diese Diskrepanz von der Lehrerin aufgeklärt wurde. Dies führte zwar zu einer engagierten und in dieser Form von LAMPERT auch beabsichtigten Diskussion, für die sicher spricht, daß sie das Interesse an mathematischen Fragen wecken kann, doch zu keiner Lösung. LAMPERTS letzte Bemerkung zu Elli und zur Stunde war daher auch „Okay. But I think you raised a lot of interesting questions by your idea of taking away a half. Okay?“ (S. 314). Ein reiner Konstruktivismus, der jedem seine eigene Konstruktion ohne Realitätskontrolle bzw. Wahrheitskriterium erlaubt, endet in der Beliebigkeit (vgl. dazu die Kritik am radikalen Konstruktivismus von ANDERSON et al., 1996).

Die Theoretiker des **sozialen Konstruktivismus bzw. des soziokulturellen Ansatzes**, die sich auf den russischen Psychologen WYGOTSKY (1974, 1978) berufen, betonen im Gegensatz dazu die Notwendigkeit einer sozialen Vermittlung der Rekonstruktionen der Wirklichkeit, die das Kind im Laufe seiner Entwicklung vornimmt. Ähnlich wie PIAGET dies sieht, wird die geistige Entwicklung als Stufenfolge angesehen, wobei aber die soziale Umwelt die wichtige Rolle übernehmen muß, dem Kind sozusagen ein „Gerüst“ anzubieten, dessen lenkende Funktion es ihm ermöglicht, die nächste Entwickungsstufe zu erreichen. Unterweisung muß daher immer auf die „Zone der proximalen (nächsten) Entwicklung“ ausgerichtet sein. Der Hinweis auf die steuernde Rolle der sozialen Umwelt und der Kultur, in der Lernen stattfindet, verdient sicher Beachtung.

Der **Situationismus** legt dem gegenüber noch stärkeres Gewicht auf die soziale Umwelt beim Wissensaufbau und als Motor der kognitiven Entwicklung. Die Forscher, die diesem Ansatz verpflichtet sind, legen vor allem die Situationsspezifität des Gelernten Wert (LAVE, 1988; LAVE & WENGER, 1991; GREENO et al., 1992; RESNICK, 1994). Sie gehen davon aus, daß Aktivitäten in der Situation selbst das beste Modell und den besten Lehrmeister für die Entwicklung kognitiver Strukturen darstellt. Beeinflußt wurde diese Auffassung z. B. durch Untersuchungen bei brasilianischen Kindern, die nie eine Schule besucht hatten, aber sehr erfolgreich als Straßenverkäufer arbeiteten und in diesem Zusammenhang die kompliziertesten Rechnungen erfolgreich durchführten, zu denen sie im schulischen Kontext nicht fähig waren (CARRAHER et al., 1985; SAXE, 1988). Von dieser Richtung werden daher auch die Möglichkeiten der Übertragung von Gelerntem auf neue Situationen eher skeptisch beurteilt. Das situationsgebundene Lernen (situated learning) stellt sicher eine wichtige Kategorie von Lernerfahrungen dar. Der Hinweis, daß das schulische Lernen sich stärker an Situationen des realen Lebens orientieren sollte, ist ebenso zutreffend. Kritisch ist jedoch anzumerken, daß sich nicht alle Unterrichtsziele in praktische Situationen umsetzen lassen. Im Mathematikunterricht der Grundschule ist das situationsgebundene Lernen jeder anderen Zugangsweise überlegen. Die höhere Mathematik läßt sich jedoch kaum in entsprechende Alltagssituation überführen.

8. Entwicklung in der Lebensspanne und die Voraussetzungen schulischen Lernens

Die meisten Kinder und Jugendlichen, die in Erziehungsberatungsstellen vorgestellt werden, kommen wegen verschiedener Schulschwierigkeiten. Im folgenden sollen kurz die Entwicklungsschritte angesprochen werden, die in diesem Zusammenhang von Bedeutung sein können. Im Rahmen der Anamnese stellen die darauf bezogenen Informationen wichtige Hinweise für die Diagnose dar.

8.1 Frühe Einflüsse: Das Säuglings- und Kleinkindalter

Die interaktionistische Erklärung der Entwicklung zeigt das Ineinandergreifen angeborener und erworbener Komponenten auf. Neben den angeborenen Dispositionen zu einem kompetenten Verhalten („Begabung“) sind weitere Einflußfaktoren dafür verantwortlich, ob die Person ihre Möglichkeiten in bester Weise entwickeln kann oder Beeinträchtigungen in Kauf nehmen muß: Die **körperliche und seelische Unversehrtheit** und die individuelle Belastbarkeit stellen derartige Gruppen von Entwicklungseinflüssen dar. Die **Belastbarkeit** ist die weitgehend angeborene Befähigung, sich nach kräfteverbrauchenden Aktivitäten rasch erholen zu können und auch bei Ermüdung oder unter Streßbedingungen noch zu einem geordneten Problemlösungsverhalten in der Lage zu sein. Kinder, die diese Fähigkeit in besonders hohem Maße besitzen, werden als „Invulnerable“ (Unverletzliche) bezeichnet, da sie sich selbst unter sehr eingeschränkten Lebensbedingungen gut entwickeln können

Von besonderer Wichtigkeit ist das **Ausmaß an Förderung**, das ein Kind erhält. Einen schematischen Überblick gibt die folgende Abbildung:

Abb. 2:

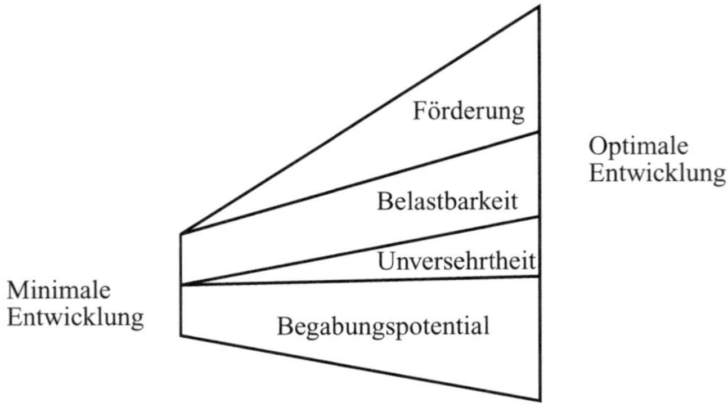

Bereits vor der Geburt können gewisse Weichenstellungen erfolgen, die für die spätere Entwicklung von Bedeutung sind. So stellt z. B. die **Erwünschtheit** des Kindes eine Vorbedingung für das Gelingen der Interaktion zwischen Eltern und Kind dar. Streß der Mutter während der Schwangerschaft, aber auch Krankheiten und erbbedingte Schädigungen können zur Risikobelastung des Kindes beitragen.

Schädigungen während des Geburtsvorganges, z. B. durch Verletzungen oder durch Sauerstoffmangel können ebenfalls eine Beeinträchtigung der späteren Lernfähigkeit des Kindes mitbedingen. Kinder, die vor dem Geburtstermin geboren wurden, haben, besonders, wenn sie ein sehr geringes Geburtsgewicht aufweisen, ebenfalls ein vermehrtes Entwicklungsrisiko. Wenn keine größeren Ausfälle vorhanden sind, fällt dies den Eltern zunächst oft nicht auf, da die Sprachentwicklung meist normal verläuft. Erhebliche Rückstände ergeben sich jedoch unter anderem bei der sogenannten „**Visumotorik**", die durch das Auge gesteuerte Motorik, die für das Lesen- und Schreibenlernen von besonderer Bedeutung ist. Bei Kindern, die später Teilleistungsstörungen entwickeln (Legasthenie, d. h., Lese- und Rechtschreibschwäche bei normaler Intelligenz und/oder Dyskalkulie, d. h. Rechenschwäche), ist dieser Bereich in der Regel beeinträchtigt. Durch entsprechende spielerisch angebotene Trainingsmaßnahmen, die möglichst früh einsetzen sollen, aber auch durch die Förderung des Zeichnens und Malens, lassen sich diese Störungen jedoch gut in den Griff bekommen.

Schon kurz nach der Geburt zeigen Kinder unterschiedliche **Temperamentseigenschaften**: THOMAS u. a. (1968, 1970) unterschieden vier Gruppen: Die sogenannten „pflegeleichten Kinder" sind reaktionsbereit, fröhlich und ausgeglichen und können sich gut auf neue Situationen einstellen; die „langsamen Reagierer" fallen durch ihre Lethargie auf, sie brauchen eine gewisse

Zeit, bis sie mit ihrer Umgebung interagieren und z. B. Spielangebote annehmen können; die „schwierigen Babys" schreien viel, leiden vermehrt unter Bauchschmerzen, sind meist negativ gestimmt und wehren alles Neue heftig ab. Eine weitere Gruppe wurde von den Autoren als „unauffällig" bezeichnet. In Untersuchungen bei 175 drei Monate alten Säuglingen (ROLLETT & WERNECK, 1993, 1994) konnten zwar die ersten drei Typen, nicht aber diese letztere Gruppe gefunden werden.

Das Temperament des Kindes beeinflußt die Art und Weise, wie die Eltern auf es reagieren. Bei den „langsamen Reagierern" besteht die Gefahr, daß die Eltern sich zu wenig mit ihnen beschäftigen, da sie offenbar zufrieden sind und sie daher nicht genügend mit Anregungen versorgen.

Schwierige Kinder werden früh autoritäreren Erziehungsmaßnahmen ausgesetzt. In der Studie von ROLLETT & WERNECK konnten bei einer Wiederholung der Untersuchung bei denselben Kindern, als diese drei Jahre alt waren, festgestellt werden, daß die meisten der zuvor schwierigen Kinder nun durch ihre Zurückgezogenheit besonders auffielen. Wie Erfahrungen aus der schulpsychologischen Beratung zeigen, kann das „schwierige" Verhalten aber auch in Einzelfällen überdauern und zu verschiedenen Formen von hyperaktiven und aggressiven Störungen führen (vgl. DÖPFNER, 1995; PETERMANN & WARSCHBURGER, 1994², 1995).

Eine zweite Entwickungslinie, die das spätere Lernverhalten mitbeeinflussen kann, stellt das **Bindungsverhalten** zwischen dem Kind und seinen Hauptbezugspersonen dar. Die einschlägigen Untersuchungen stammen von BOWLBY (1982) und AINSWORTH und Mitarbeitern (AINSWORTH, 1978; AINSWORTH, 1982). Mit einem speziellen Beobachtungsverfahren, der Erfassung des Kindes in der sogenannten „fremden Situation", konnte AINSWORTH feststellen, daß bereits zu Beginn des 2. Lebensjahres typische Bindungsformen existieren. Dabei werden Mutter und Kind (bzw. Vater und Kind) in ein Spielzimmer gebracht und zunächst das Spielverhalten des Kindes mit der Mutter, anschließend das Verhalten des Kindes während einer kurzfristigen (2–3 minütigen) Abwesenheit der Mutter und bei deren Rückkehr erfaßt. „Unsicher gebundene" Kinder („A-Kinder") reagieren auf die Abwesenheit der Mutter mit Gleichmut, nehmen das Spielangebot einer fremden Person an und kümmern sich kaum um die Mutter, wenn diese zurückkehrt. „Sicher gebundene" Kinder („B-Kinder") dagegen versuchen, der Mutter nachzukrabbeln oder -laufen, zeigen Trauer, gehen auf das Spielangebot der fremden Person nicht ein und freuen sich, wenn die Mutter zurückkehrt. „Ambivalent gebundene" Kinder („C-Kinder") haben ein Mischverhalten: Einerseits zeigen sie alle Zeichen, daß sie die Mutter vermissen; wenn diese jedoch zurückkehrt, verhalten sie sich ihr gegenüber ablehnend bis hin zu aggressiv. Wie GROSSMANN & GROSSMANN (1991) nachweisen konnten, beeinflußt das Bindungsverhalten die Bereitschaft des Kindes, sich angstfrei mit seiner Umgebung auseinanderzusetzen und auf diesem Umweg das spätere Sozial- und Lernverhalten.

Jungen sind in ihrer **körperlichen Entwicklung** gegenüber den Mädchen verzögert; sie sprechen etwas später und werden z. B. auch später sauber. Ihre Feinmotorik entwickelt sich langsamer als bei den Mädchen. In der Pubertät sind die Mädchen entwicklungsmäßig den Jungen bereits 1 $^1/_2$ bis 2 Jahre voraus. Eltern, die zuerst eine Tochter und dann einen Sohn bekommen haben, neigen deshalb gelegentlich dazu, den Sohn zu unterschätzen. In der Beratung sprechen sie dann vom „begabten Mädchen" und „unbegabten Sohn". Ein derartiges negatives Vorurteil stellt eine wesentliche Belastung dar, so daß man versuchen sollte, es auszuräumen. Oft kann nur ein Entwicklungs- (im Kleinkindalter) bzw. Intelligenztest (im Schulalter) Klarheit schaffen. Aber selbst wenn die Etikettierung zutreffen sollte, müssen die Eltern darauf hingewiesen werden, das mangelndes Zutrauen in die Leistungsfähigkeit des Kindes es entmutigen kann und damit seine Bereitschaft beeinträchtigt, durch besonderen Leistungseinsatz gute Resultate zu erzielen.

Ein wesentlicher Teil der schulischen Fähigkeiten wird durch eine **gute Förderung** im Säuglings- und Kleinkindalter vorbereitet. Neben dem Malen und Zeichnen ist die Förderung der Sprachentwicklung und der Mengen- und Zahlenauffassung besonders wichtig. Kinder, denen wenig vorgelesen und erzählt wird, die selten Gelegenheit haben, mit Erwachsenen Bilderbücher zu betrachten und ihre Umwelt zu erkunden, fallen bei Testuntersuchungen im Schulalter durch schlechte Leistungen in Wortschatztests und anderen verbalen Testleistungen auf. Geringe Übung im Umgang mit Mal- und Zeichenmotivation beeinträchtigt die Schreibmotorik.

Ein weiterer Bereich, der für das Verhalten in der Schule von Bedeutung sein kann, betrifft die **sozialen Fähigkeiten** und ihre Förderung. Kinder sind frühestens mit etwa drei Jahren in der Lage, selbständig gute Beziehungen zu anderen Kindern aufrecht zu erhalten. Vor dieser Zeit benötigen sie bei ihren Kontakten die Aufsicht und die Unterstützung Erwachsener, da es sonst zu Konflikten kommt, die sie selbst nicht lösen können. Mit ein Grund dafür ist, daß sie noch nicht über die Sprache als Mittel der Verständigung aber auch der gewaltfreien Konfliktaustragung verfügen. Erst zwischen drei und vier Jahren, wenn die Kinder sicher über die Alltagssprache verfügen, werden sie daher „in der Gruppe bildbar", wie der Fachausdruck lautet. Diese Fähigkeit entwickelt sich nicht von selbst, sondern braucht die Anregung durch entsprechende soziale Situationen. Kinder, die keine Gelegenheit hatten, einen Kindergarten zu besuchen, müssen die zugeordenten Fähigkeiten und Fertigkeiten erst in der Schule lernen. Ein gutes Gruppenverhalten ist daher immer auch ein Erziehungsergebnis. Ohne erzieherische Intervention von Erwachsenen kommt es zu einer unerwünschten Rollenteilung: Die Stärkeren lernen, sich aggressiv durchzusetzen, die Schwächeren, immer und überall nachzugeben.

Im Kindergartenalter sind Kinder nur zu einer **interessegeleiteten Konzentration** fähig. In der Schule wird jedoch verlangt, daß sie sich auch mit Aufgaben beschäftigen, die keinen Spielcharakter haben und die von den Kindern daher auch nicht unbedingt als ansprechend empfunden werden. Es bedeutet einen beträchtlichen Aufwand, sich länger, als man Lust hat, mit einer Sache zu beschäftigen. Die Fähigkeit zur **willkürlichen Konzentration** ist jedoch an bestimmte Entwicklungen gebunden.

In den meisten Ländern werden Kinder zwischen 5 und 7 Jahren eingeschult. Dies hat unter anderem einen entwicklungspsychologischen Grund: Mit etwa 6 Jahren tritt nämlich erstmals der sogenannte Alpha-Rhythmus im Gehirn auf. Er entspricht dem Ruherhythmus. Konzentriertes Arbeiten erfordert die Fähigkeit, sich einerseits anspannen, andererseits aber auch gezielt entspannen zu können. Mit dem Auftreten des Alpha-Rhythmus wird willkürliche Entspannung möglich. Gute Lernleistungen sind nur unter diesen Bedingungen erzielbar. Kein Erwachsener und schon gar nicht ein Kind kann sich stundenlang konzentrieren. Es ist daher notwendig, die Fähigkeit zu entwickeln, mit der eigenen Aufmerksamkeistszuwendung in sparsamer, der Aufgabenstellung entsprechender Weise umzugehen, das heißt, intensive Arbeitsphasen mit Erholungsphasen wechseln zu lassen. Bei Schulkindern mit Konzentrationsstörungen sollte man daher abtesten, ob sie zu diesem gezielten Umgang mit der eigenen Konzentrationsbereitschaft fähig sind und notfalls ein entsprechendes Trainingsprogramm anbieten (s. dazu ROLLETT, 1993).

8.2 Das Grundschulalter

8.2.1 Der Schuleintritt

Ein weiterer Markstein in der Entwicklung schulischer Leistungsfähigkeit ist der **Schuleintritt**. Er stellt ein sogenanntes „**kritisches Lebensereignis**" dar, dessen positive Bewältigung das weitere Lernverhalten beeinflussen kann. Neben Voraussetzungen, wie einem gut entwickelten Wortschatz (etwa 2.500 Worte), einem ersten Zahlenverständnis (Zählen bis etwa 10–20, Rechnen bis 5) sind eine entwickelte Graphomotorik (detailgetreues Zeichnen) und die oben geschilderten sozialen Kompetenzen hilfreich.

Bei der häufig gestellten Frage nach der Ratsamkeit einer früheren Einschulung sogenannter „Dispenskinder" („Kann-Kinder"), d. h. von Kindern, die noch nicht dem gesetzlichen Alter für die Einschulung entsprechen, sollte man sich nicht nur vom Eindruck und dem Wunsch der Kinder und Eltern leiten lassen, sondern jedenfalls einen Schulfähigkeitstest und einen Intelligenztest durchführen. Außerdem ist durch ein gründliches Explorationsgespräch festzustellen, ob das Kind noch ein großes Spielbedürfnis hat. Selbst bei guter Begabung sollte man ihm in diesem Fall noch ein weiteres Kindergarten- oder Vorschuljahr gönnen. Auf der anderen Seite sollte man gut begabte Kinder, die durch ihren „Lernhunger" auffallen, nicht aufhalten. In beiden Fällen können durch eine falsche Entscheidung spätere Lernstörungen begründet werden. Kinder, die ihr Spielbedürfnis nicht genügend stillen konnten und daher trotz guter intellektueller Leistungsfähigkeit schlechte Schulleistungen bringen, fallen selbst in der Sekundarstufe noch durch ihre Verspieltheit auf. Es nützt dann auch wenig, sie ein Jahr wiederholen zu lassen, da es ihnen nicht an potentieller Lernfähigkeit mangelt. In diesem Fall sollte man eine kompetente Spieltherapie anbieten. Auf der anderen Seite würden sich begabte lernbegierige Kinder in der Vorschule oder im Kindergarten nur langweilen. Nicht selten entwickeln sie die verschiedensten Formen von Störverhalten, da es immer noch amüsanter ist, andere zu ärgern, als unter Langeweile zu leiden, weil man gezwungen ist, bei Spielen oder Vorübungen mitzumachen, die einen nicht mehr interessieren bzw. die man bereits beherrscht.

Eine Rückstellung von Kindern, deren Schulfähigkeit fraglich ist, hat nur Sinn, wenn ein entsprechendes Förderangebot bereitgestellt wird. Wenn keine Vorschulklassen zur Verfügung stehen, sollten wenigstens Förderangebote im Kindergarten gemacht werden.

In den ersten Wochen in der Grundschule sollten Lehrerinnen und Eltern vor allem darauf achten, daß **ein guter Arbeitsstil** aufgebaut wird. Ein fast vergessenes Gesetz der Lernforschung besagt, daß sich die Art und Weise, wie man eine neue Tätigkeit in einer neuen Situation erstmals durchführt, besonders fest einprägt und nur mehr schwer zu ändern ist. Ein schlechter Arbeitsstil bei der Hausaufgabendurchführung, Schlamperei, Unordentlichkeit am Arbeitsplatz, sich darauf verlassen, daß die Mutter dafür sorgt, daß die Schultasche richtig gepackt ist u.a.m. kann sich sehr leicht festigen. Derartige ungünstige Arbeitsgewohnheiten können bis ins Erwachsenenalter bestehen bleiben und die Leistungsfähigkeit beeinträchtigen. (Bei lerntherapeutischen Interventionen stellt daher der Abbau derartiger ungünstiger Verhaltensweisen und die Entwickung eines guten Arbeitsverhaltens einen wichtigen ersten Schritt dar.)

8.2.2 Lesen, Schreiben, Rechnen

In der Neurophysiologie werden die Kulturtechniken Lesen, Schreiben und Rechnen als „**sekundäre Hirnfunktionen**" bezeichnet. Dies ist damit begründet, daß es sich zwar um erlernte Kompetenzen handelt, diese aber jeweils in bestimmten Hirnzentren verortet werden. Bei Rechtshändern und den meisten

Linkshändern ist dies in der linken, der „dominanten“ (vorherrschenden) Hirnhälfte in der Nähe der beiden Sprachzentren der Fall. Das Lesezentrum findet sich z. B. im Gyrus Angularis. Da der Aufbau der Kulturtechniken mit einer Neustrukturierung des Gehirns einhergeht, leuchtet es ein, daß dieser Prozeß leicht störbar ist, wenn ungünstige unterrichtliche oder entwicklungsbezogene Umstände einen geordneten Aufbau dieser Zentren und der Strukturierung ihres Zusammenspiels beeinträchtigen. Vor allem Zeitdruck und Überforderung wirken sich negativ aus.

Bestimmte Lernaufgaben haben in diesem Zusammenhang eine besondere Funktion, da sie sozusagen das Gerüst für diese neuen, mit dem Erwerb der Kulturtechniken zusammenhängenden Fähigkeiten darstellen. Zu jedem dieser Bereiche muß eine zugeordnete „**Sachstruktur**“ (ROTH, 1971[7], S. 85) entwickelt und im Laufe der Bildungsjahre vervollkommnet werden. So ist es z. B. ohne Buchstabenkenntnis nicht möglich, Schreiben oder Lesen zu lernen. Ohne Kenntnis der Zahlenreihe und ihrer Eigenschaften sind Rechenoperationen nicht durchführbar. Werden diese Grundvoraussetzungen mangelhaft und ohne ausreichende Zeit für ihre Konsolidierung eingelernt, kommt es zu langfristig wirkenden Lernbeeinträchtigungen. Dazu ein Beispiel: Für viele Rechenoperationen ist eine gute Beherrschung des Einmaleins notwenig. Nicht selten wird jedoch angenommen, daß dafür ein Verständnis der Operation des Vervielfältigens ausreiche, die man beim Erlernen der Zweiermalreihe zu vermitteln hofft. Für das Erlernen der weiteren Malreihen wird daher zunehmend weniger Zeit angesetzt. Außerdem gibt man Schülern und Schülerinnen oft den Hinweis, daß man sich Lernarbeit durch „Umdrehen“ der Malaufgabe ersparen kann, so daß aus 3 x 7 die Aufgabe 7 x 3 wird. Dies führt dazu, daß die höheren Malreihen schlechter beherrscht werden. Charakteristischerweise haben daher viele Erwachsene Schwierigkeiten mit der Multiplikation 7 x 8, die auch durch Vertauschung nicht „leichter“ wird.

Bei der Lerntherapie von Kindern mit einer Dyskalkulie müssen regelmäßig die auf das Rechnen bezogenen Sachstrukturen verbessert, ergänzt oder neu aufgebaut werden. Analoges ist bei anderen Teilleistungsstörungen notwendig.

Dieser Überblick ist keineswegs vollständig, gibt aber Hinweise auf jene Entwicklungen im Kleinkindalter, die für die spätere Entwicklung des Lernverhaltens von besonderer Bedeutung sind.

8.2.3 Die Entwicklung kognitiver Stile

Ein weiterer wichtiger Schritt im Laufe der Entwicklung der „erwachsenen“ Art, zu denken und zu lernen, ist die Herausbildung der sogenannten **ko-**

gnitiven Stile. Da kognitive Pläne für Handlungen von großer Bedeutung sind, beeinflußt diese Entwicklung Verhalten und Lernen in entscheidender Weise.

8.2.3.1 Impulsivität und Reflexivität

Diese kognitive Stilvariable wurde von J. KAGAN, 1966, entdeckt. Er konnte nämlich feststellen, daß die Zeit, die Kinder verschiedener Altersstufen beim Lösen anschaulich dargebotener Denkaufgaben benötigen, bei älteren Kindern, beginnend mit etwa 8 Jahren, **länger** ist, als bei jüngeren Kindern. Erwarten würde man genau das Gegenteil. Die **Ergebnisse** jedoch waren bei älteren Kindern **besser** als bei den jüngeren. Die Jüngeren neigten zu einem vorschnellen, impulsiven kognitiven Stil, während die Älteren reflexif (überlegt) vorgingen. Die älteren Kinder hatten offenbar gelernt, daß es wichtig ist, sich genügend Zeit zu nehmen, wenn man eine Aufgabe richtig lösen will.

Jüngeren Kindern fällt es außerordentlich schwer, sich selbst gleichsam Befehle zu geben, langsamer zu arbeiten. Sie müssen daher von ihrer Umgebung Unterstützung bekommen, wenn es bei einer Aufgabe darauf ankommt, daß man sie sorgfältig und genau erledigt. Ohne diese Kontrolle von außen verfallen sie wieder in ihren impulsiven Stil.

Erst mit etwa 10 bis 11 Jahren beginnt der reflexive Arbeitsstil deutlich vorzuherrschen. Dies heißt aber nicht, daß Kinder ihn immer benützen, auch wenn sie dazu in der Lage sind. Aus diesem Grunde hat WAGNER, 1976, für den deutschen Sprachraum Trainingsprogramme erstellt, die den Aufbau eines **reflexiven Stils** unterstützen. Reflexivität stellt eine wichtige Voraussetzung für die Bewältigung schwieriger Problemlösungsaufgaben dar. Eine Einschränkung muß allerdings gemacht werden. Es gibt Situationen, wo langes Überlegen nicht angebracht ist, da es auf rasches, sicheres Reagieren ankommt. Dies ist z. B. bei Gefahrenssituationen der Fall. Damit es nicht zu Verhaltensweisen kommt, die die Gefahr noch vergrößern, sollte man für derartige Situationen ein Repertoire von gut beherrschten, den spezifischen Gefahrensituationen angepaßten Reaktionsweisen aufbauen. Die Fähigkeit entscheiden zu können, ob eine Situation reflexives, sorgfältiges Vorgehen erfordert, oder ob eher rasches, hochautomatisiertes Handeln problemangemessen ist, ist in der Regel erst im Jugendalter, da sie formales Denken voraussetzt.

8.2.3.2 Ganzheitlicher und analytischer kognitiver Stil und die Stilvariable Feldabhängigkeit und Feldunabhängigkeit

Jüngeren Kindern fällt es schwer, aus einem Ganzen Teile in Gedanken herauszulösen. Die Fähigkeit, zu analysieren und Teile unabhängig vom Ganzen zu betrachten, wird erst im Laufe der Grundschulzeit erworben.

Der Grazer Gestaltpsychologe BENUSSI beschrieb bereits um die Jahrhundertwende den ganzheitlichen „Gamma-Typ“ und den analytisch denkenden „Alpha-Typ“ (vgl. BENUSSI, 1904, 1914).

Ausführlich wurde die Stilvariable „Feldabhängigkeit“ im Gegensatz zu „Feldunabhängigkeit“ von WITKIN u. a., 1967, dargestellt, der auch auf den Entwicklungsverlauf dieser Stilvariable einging.

Jüngere Kinder neigen eher zu einer feldabhängigen Sichtweise; ältere Kinder sind bei Problemlösungen eher in der Lage, sich vom Kontext zu lösen.

Auch der feldunabhängige, analytische Stil ist durch geeignete Trainingsprogramme förderbar, wie LOMPSCHER (1972) bei Grundschulkindern gezeigt hat.

8.2.4 Die Entwicklung der Raumorientierung

Die Orientierung im Raum folgt ebenfalls einer Entwicklungslinie, die in Stufen vor sich geht und durch zunehmende Differenzierung gekennzeichnet ist (SIEGEL & WHITE, 1975): Auf der ersten Stufe werden in einer Umgebung bestimmte **Orientierungspunkte** (englisch: „landmarks“) gelernt. Dies sind einige markante Stellen, die den Raum in einer ersten Annäherung strukturieren. Sie sind bereits bei Vier- bis Sechsjährigen zu beobachten.

Auf der zweiten Stufe erhalten die Orientierungspunkte den Charakter von Entscheidungspunkten für das Verhalten; zwischen den Orientierungspunkten werden Verbindungslinien (**Routen**) gezogen, auf denen man sich sicher bewegen kann. Je häufiger das Kind Gelegenheit hat, sich frei in der Umwelt zu bewegen, desto früher können derartige Routen ausgeformt werden. Die einzelnen Routen stehen aber noch isoliert nebeneinander. Dem Kind ist es noch nicht möglich, von einem anderen Punkt aus zu einem bestimmten Orientierungspunkt zu gelangen. Nachvollziehbar ist dieses Stadium für Erwachsene, wenn sie versuchen, einen Weg, den sie als Beifahrer im Auto kennengelernt haben, wiederzufinden, wenn sie selbst am Steuer sitzen.

Im nächsten Stadium, dem **Muster lernen** (englisch: pattern learning) entstehen zunächst Inseln, die besser durchstrukturiert und miteinander verbunden sind. Sie sind anfangs noch recht widersprüchlich aufgebaut, vor allem dann, wenn sie zu **verschiedenen Bezugssystemen** (z. B. Schule, Wohnung, Freizeit usw.) gehören: Bereiche, die man gut kennt und die für einen wichtig sind, werden größer erlebt und besser durchgegliedert, andere Bereiche sind nur schemenhaft angedeutet. Allmählich verbinden sich die Bereiche zu **Netzwerken**. Erst im letzten Stadium werden realitätsbezogene Abbilder der Umwelt möglich.

Entsprechend bereitet auch das **Kartenlesen** lange Zeit große Schwierigkeiten; es ist erst mit durchschnittlich 131 Monaten (SOROHAN, 1962) ohne größere Probleme möglich: In diesem Alter entstehen funktionsfähige, der **Wirklichkeit entsprechende Vorstellungsschema** der Raumumwelt, in deren Rahmen flexibel operiert werden kann. Auch Erwachsene machen diese Stadien, wenn auch sehr verkürzt, in einer **fremden Umgebung** durch, in der sie sich neu orientieren müssen: Erst merkt man sich einige Orientierungspunkte und verbindet sie anschließend durch Routen; besser bekannte Bereiche beginnen sich zu Inseln, schließlich zu Netzwerken auszuformen, bis ein einigermaßen getreues Schema der Umgebung entsteht.

Die mangelhafte Berücksichtigung der **Stadien der Intelligenzentwicklung** beim schulischen Lernen kann zu Lernproblemen führen. Die grundlegenden Einsichten über die qualitativen und quantitativen Veränderungen der Intelligenz im Entwicklungsverlauf gehen auf Jean PIAGET zurück. Wegen ihrer Bedeutung soll diese Entwicklungstheorie im folgenden ausführlich dargestellt werden.

9. Die Entwicklung der Intelligenz nach Jean PIAGET

9.1 Grundlagen der Theorie

Wie bereits ausgeführt, faßt PIAGET (1948) Entwicklung allgemein als einen Vorgang strukturierenden Lernens auf. Dieser Prozeß beginnt bereits in den ersten Lebensmonaten und wird durch die Notwendigkeit in Gang gehalten, sich laufend neuen Aufgaben zu stellen. Sobald zwischen den Problemlösungsmöglichkeiten des Kindes und den Aufgaben, die ihm von der Umwelt präsentiert werden, ein Ungleichgewicht entsteht, bemüht es sich, durch die Entwicklung neuer Problemlösungsmethoden ein Gleichgewicht herzustellen.

Die „**Äquilibration**", das Gleichgewicht zwischen Organismus und Umwelt, stellt den Grundbegriff seiner Intelligenztheorie dar. Die Intelligenz umfaßt als Gesamtbegriff alle höheren Organisations- und Gleichgewichtsformen der Erkenntnisstrukturen. Er sieht in ihr die höchste Form geistiger Anpassung an die Umwelt. Die Intelligenz hat somit eine biologische Anpassungsfunktion und eine logische Funktion. Alle Anpassungsprozesse münden in der Entwicklung der höchsten Intelligenzformen.

PIAGET unterscheidet zwei Austauschprozesse zwischen Organismus und Umwelt:

1. **Die Assimilation** – PIAGET versteht darunter die Tätigkeiten und Wirkungen des Subjekts auf die Umwelt. Der Umwelt werden die **Schemata** des Subjekts aufgedrängt, das Subjekt verändert die Umwelt.
2. **Die Akkomodation** – Unter Akkommodation versteht PIAGET die Wirkung der Umwelt auf das Subjekt. Dieses stellt ein Ungleichgewicht zwischen seinen Denk- bzw. Handlungsschemata und den Umweltanforderungen fest und verändert sie. Wer z. B. gelernt hat, eine Dose durch Linksdrehung zu öffnen, die sich nur durch Rechtsdrehung öffnen läßt, muß sein Handlungsschema „Linksdrehung" durch das Schema „Rechtsdrehung" erweitern.

   Unter Anpassung versteht PIAGET das Gleichgewicht zwischen Assimilation und Akkomodation.

Eine grundlegende Unterscheidung nimmt PIAGET zwischen Wahrnehmung und Intelligenz vor. Viele Probleme, die uns die Außenwelt stellt, lassen sich durch direkte Veränderung der wahrgenommenen Welt lösen: Türen lassen sich öffnen und schließen, gewünschte Gegenstände heranholen usw.

Wenn das Kind geboren wird, lebt es zunächst im Hier und Jetzt. Seine Anpassungsformen beziehen sich auf die direkte, motorische Manipulation seiner Umwelt und auf die Veränderung seiner Wahrnehmungswelt. Erst mit der Entwicklung des Denkens kann es sich von den unmittelbaren Einflüssen seiner Umwelt lösen und in Gedanken Probleme durchspielen. Ein Erwachsener kann sich vorstellen, wie sein Zimmer aussehen würde, wenn er alle Möbel umstellt. Er muß dies nicht tatsächlich durchführen. Das Kind ist auf die direkte Manipulation der Umwelt angewiesen.

Die Wahrnehmungswelt hat außerdem die Eigenschaft, daß sie durch die Wirkung der Wahrnehmungsgesetze in bestimmter Weise strukturiert ist. Hierdurch wird die Orientierung erleichtert, die denkende Manipulation aber erschwert. Das Kind kann sich lange Zeit von den Diktaten der Wahrnehmungswelt nicht lösen. Ein quergestreiftes Kleid erscheint breiter als ein längsgestreiftes Kleid, ein weißer Kreis auf einem dunklen Hintergrund heller als auf einem hellen Hintergrund. Erst langsam lernt das Kind, diese Wahrnehmungsillusionen denkend zu berichtigen. PIAGET nennt diesen Vorgang „Dezentrierung".

Das Denken ist im Gegensatz dazu flexibel und anpassungsfähig. Es folgt dabei bestimmten **Operationsregeln:**

1. **Die Komposition:** Zwei beliebige Einheiten können miteinander verbunden werden und erzeugen dann ein neues Element derselben Gruppe (Beispiel: $2 + 2 = 4$).
2. **Die Reversibilität:** Zwei miteinander kombinierte Einheiten können wieder getrennt werden (Beispiel: $4 - 2 = 2$). Im Gegensatz dazu können Veränderungen der äußeren Umwelt nicht mehr rückgängig gemacht werden: Eine zerbrochene Fensterscheibe bleibt zerbrochen.
3. **Die Assoziativität:** Zwei Einheiten können auf verschiedene Weise miteinander verbunden werden: $a + b = b + a$. Im übertragenen Sinn bedeutet dies, daß es möglich ist, ein Ziel auf verschiedene Wege zu erreichen, Alternativen durchzuspielen.
4. **Allgemeine identische Operationen:** Die Kombination eines Elementes mit seinem Gegensatz hebt dieses auf.
5. **Besondere identische Operationen oder Tautologien:** Der Nachweis von Tautologien stellt eine wichtige Form der Beweisführung in der Logik dar. Hat man eine Aussage als wahr nachgewiesen und stellt fest, daß eine zweite Aussage mit der ersten identisch ist, dann kann man den Schluß ziehen, daß auch sie wahr ist.

Diese Denkoperationen kann das Kind erst durchführen, wenn es sich von den Diktaten der Wahrnehmungswelt gelöst hat. Logisches Denken ist daher im Kleinkindalter noch nicht möglich.

9.2 Entwicklungsstufen der Intelligenz

Nach PIAGET gibt es fünf Stufen der Intelligenzentwicklung:
1. Die sensumotorische Intelligenz (0; 0 bis 1; 6 Jahre)
2. Das vorbegrifflich-symbolische Denken (1 bis 4 Jahre)
3. Das anschauliche Denken (4 bis 7 Jahre)
4. Die konkreten Operationen (8 bis 11 Jahre)
5. Die formalen Operationen (ab etwa 11 Jahren)

9.2.1 Die sensumotorische Assimilation und die Geburt der Intelligenz beim Kinde[1]

Die Intelligenzakte der 1. Periode beruhen auf Koordinierung von Bewegung und Wahrnehmung und vollziehen sich ohne jede vermittelnde Vorstellung. Die sensumotorische Intelligenz ist noch nicht logisch, da ihr jede Reflexion fehlt. Von der Geburt bis zum Vollzug eigener Intelligenzakte unterscheidet PIAGET sechs Stufen:

1. Stufe: **Üben angeborener Reflexmechanismen,** z. B. Saugen; der Säugling wird nach einigen Lebenstagen das Saugen auch zwischen den Stillzeiten üben. Das Üben funktionsbereiter Reflexmechanismen ist gewissermaßen das erste Anzeichen geistiger Tätigkeit.

2. Stufe: **Die primären Kreisreaktionen** (Gewohnheiten). Beginn: 0–0;3 – Es bilden sich erste sensumotorische Gewohnheiten (auf den eigenen Körper bezogen) aus dem Reflexschema; z. B. das Kind beginnt bereits zu saugen, wenn sich die Mutter über das Bett beugt. Die Saugbewegung führt zu weiterem Saugen. Es handelt sich um Formen klassischer Konditionierung nach PAWLOW.

3. Stufe: **Sekundäre Kreisreaktionen** (auf die Außenwelt bezogen). Beginn: 0;3 – 0;6 – Das Kind entdeckt, daß ein einmal angewandtes Mittel immer wieder seinen Zweck erfüllen kann. Beispiel: Es entdeckt, daß es klappert, wenn man an der Schnur zieht. Es zieht immer wieder, um das Geräusch zu erzeugen. (Lernen am Erfolg, operantes Konditionieren nach SKINNER)

---

1 Die folgenden Zitate entstammen dem Buch von Jean PIAGET, „Psychologie der Intelligenz". Rascher Verl., 1948.

4. Stufe: **Koordinierung der erworbenen Handlungsschemata** – und deren Anwendung auf neue Situationen, wobei die einen als **Mittel,** die anderen als **Zweck** benutzt werden (z. B. Wegstoßen eines Hindernisses, um einen Gegenstand ergreifen zu können). Beginn: 0; 8–0; 10. Auf dieser Stufe kann man bereits von einem ersten Erwachen der Intelligenz sprechen. Erste, absichtlich auf ein Ziel gerichtete Handlungsschemata werden beobachtet. Bei Auftauchen eines neuen Gegenstandes werden sämtliche bekannten Schemata an ihm durchprobiert.

5. Stufe: **Die Entdeckung neuer Handlungsschemata** (Beginn um 1;0) – durch aktives Experimentieren oder **tertiäre Kreisreaktionen.** Es ist dies die Zeit der Variationen und Abwandlungen. Ein Kind, das etwas erreichen will, setzt dazu alte Schemata ein; es läßt sich aber auch bereits durch den Gegenstand führen. Es findet neue Umgangsformen durch aktives Experimentieren mit dem Objekt, die dem Gegenstand angepaßt sind, und entdeckt dabei zufällig neue Schemata. Mittel und Zweck lösen einander ab. Die erreichten Ziele sind zufällig. Es handelt sich um Versuch-Irrtum-Lernen.

6. Stufe: **Übergang von sensumotorischen Intelligenzakten zur Vorstellung** (etwa 1;3–1;6) – viele Möglichkeiten des Umgangs mit den Dingen werden nun durch Verstehen von Zusammenhängen entdeckt. Das Kind löst Probleme nicht mehr durch Herumprobieren, sondern durch Einsicht, wozu es durch die Verinnerlichung seiner gelernten Handlungsschemata fähig geworden ist.

Es kann sich neuen Situationen anpassen und lernt auch durch **mittelbare** Nachahmung, d. h. das wahrgenommene Vorbild kann bereits verschwunden sein, wenn nachgeahmt wird, da nunmehr Vorstellungen des Modells gebildet werden können. Einfache Formen symbolischen Spiels werden möglich. Ab etwa einem Jahr beginnt das Kind, zu sprechen.

9.2.2 Das vorbegrifflich-symbolische Denken

Jedes Denken und auch jede erkenntnismäßige oder motorische Tätigkeit, von der Wahrnehmung bis zum begrifflichen Denken, besteht darin, „daß man Bedeutungen miteinander verbindet und jede Bedeutung setzt eine Beziehung zwischen einer Bezeichnung und einer bezeichneten Wirklichkeit voraus“ (a.a.O. S. 175). Erst mit Ende des 2. Lebensjahres beginnt das Kind, die Sprache **systematisch** zu erlernen. Beobachtungen haben gezeigt, „daß die systematische Benützung der Sprache die Tätigkeit einer allgemeineren ‚symbolischen Funktion' voraussetzt, die es erlaubt, die Wirklichkeit durch Zeichen auszudrücken, die von den ‚bezeichneten' Gegenständen verschieden sind" (a.a.O. S. 175). Diese Periode beginnt zwischen 1;6 und 2 Jahren und endet mit 4 Jahren.

PIAGET definiert „Symbol" wie folgt: Das Symbol impliziert eine Ähnlichkeit mit dem bezeichneten Gegenstand, im Gegensatz zum Zeichen, das willkürlich gesetzt ist und notwendigerweise auf Konvention beruht. „Das Zeichen kann also nur vom sozialen Leben erzeugt werden, während das Symbol schon vom isolierten Individuum geschaffen werden kann" (a.a.O. S. 176).

Bereits auf der 6. Stufe der sensumotorischen Intelligenz treten **symbolische Handlungen** auf, d. h. Handlungen, die aus ihrem Zusammenhang herausgerissen sind und eine gespielte Situation bezeichnen, z. B. wenn ein Kind so tut, als ob es schliefe. PIAGET macht hier nun aber eine Unterscheidung und sagt, daß das eigentliche Symbol erst mit der Vorstellung beginnt, die von der eigenen Tätigkeit **getrennt** ist; z. B. eine Puppe schlafen legen. Die Vorstellung ist also eine Voraussetzung für die Bildung der Symbole.

Unter Vorstellung versteht PIAGET eine innere Nachahmung, die die Akkomodation der Schemata der Wahrnehmungstätigkeit fortsetzt. Durch diese Akkomodation werden Bezeichnungen geschaffen, die das Spiel oder die Intelligenz des Kindes auf verschiedenen Wirklichkeiten anwendet. Auf diese Weise werden Symbole gebildet.

Oben war gesagt worden, daß das Erlernen der Sprache – das durch **Nachahmung** geschieht – mit der Erfindung der Symbole zusammenfällt. „Der Grund dafür liegt in der Tatsache, daß die Verwendung von Zeichen als Symbole eine gänzlich neue Fähigkeit voraussetzt, jene, irgendetwas durch etwas anderes darzustellen" (a.a.O., S. 178 f).

Das entstehende Denken macht also Fortschritte, „indem es die Entwicklung der sensumotorischen Intelligenz fortsetzt" (a.a.O. S. 179), und dadurch, daß es mehr und mehr zwischen Bezeichnungen und bezeichneten Gegenständen differenziert. Dabei dienen die **Erfindung der Symbole** und die **Entdeckung der Zeichen** als Grundlage.

Das Kind wird so lange Symbole benutzen, solange die Zeichen, die es langsam erlernt, nicht ausreichen, „das Individuelle, auf welches das Subjekt noch zentriert ist, auszudrücken" (a.a.O. S. 179): Daß die Katze „miau" macht, symbolisiert sie weit treffender als die konventionelle Bezeichnung „Katze".

Das Kind denkt noch **egozentrisch** und assimiliert die Wirklichkeit an die eigenen Interessen, es gibt der Wirklichkeit Ausdruck durch Bilder, die sein Ich selbst schafft. Es ist also noch weit davon entfernt, eigentliche Begriffe zu benutzen. PIAGET nennt diese Zeit auch die „Periode des vorbegrifflichen Denkens". **Vorbegriff** ist definiert als die bildliche Vorstellung, die das Kind an die ersten, erlernten sprachlichen Zeichen knüpft.

> Beispiel: „Das zwei- bis dreijährige Kind wird ohne Unterschied ‚die Schnecke' oder ‚die Schnecken' sagen und ebenso ‚der Mond' oder ‚die Monde', ohne zu entscheiden, ob die auf einem Spaziergang angetroffenen Schnecken oder die immer wieder am Himmel gesehenen Scheiben eine einzige Schnecke oder ein einziger Mond oder eine Klasse von Individuen sind" (a.a.O. S. 180).

Dieses vorbegriffliche Denken bewegt sich zwischen der allgemeinen Wirklichkeit und der eigenen Vorstellung, zwischen dem eigentlichen Begriff und den sensumotorischen Vorstellungen.

9.2.3 Das anschauliche Denken

Piaget macht über diese Stufe folgende Aussagen: In diesem Alter findet eine „wachsende" Begriffsbildung statt, „die das Kind bis an die Schwelle der Operationen führt" (a.a.O. S. 183). Allerdings bleibt diese Intelligenz stets auf der vorlogischen Stufe. Sie ersetzt die noch unvollkommenen Operationen „durch eine halbsymbolische Denkform: den anschaulichen Schluß" (a.a.O. S. 183).

> Beispiel: Zwei kleine Gläser A und A 1, gleich groß und von gleicher Form, werden mit einer gleichen Anzahl von Perlen gefüllt. Dadurch, daß das Kind die Gläser selber füllt – es legt jeweils gleichzeitig in beide Gläser eine Perle – weiß es um die Äquivalenz der Perlenanzahl. Danach wird der Inhalt des einen Glases A 1 in ein anderes Glas B von verschiedener Form geschüttet, während A als Beweisstück unverändert bleibt.
> Das Kind behauptet nun, daß sich die Anzahl der Perlen verändert habe, obwohl es sicher ist, daß keine Perle weder dazugefügt noch weggenommen wurde. Ist das Glas B hoch und schmal, so behauptet es, daß jetzt mehr Perlen darin seien „weil es höher ist" (vgl. a.a.O. S. 183 f).

In diesem Alter ist das Kind noch nicht in der Lage, zu begreifen, daß Form und Inhalt zwei voneinander unabhängige Qualitäten sind. Das Kind läßt sich also von der Wahrnehmung irreführen. Diesen vorlogischen Schematismus, der die Gegebenheiten der Wahrnehmung noch in so hohem Maße einbezieht, nennt Piaget „das anschauliche Denken". Die Denkoperation wird also von der irreführenden Wirkung der Anschauung überspielt. Diese bleibt phänomengebunden, „da sie die Umrisse der Wirklichkeit wiederholt, ohne sie zu berichtigen“, sie bleibt egozentrisch, weil ihre Zentrierung immer von der augenblicklichen Tätigkeit abhängt. Es fehlt ihr daher das Gleichgewicht zwischen Assimilation der Gegenstände der Umwelt an die gedanklichen Schemata und der Akkomodation dieser Schemata an die Wirklichkeit.

> Beispiel: „Wir legen in eine Schachtel etwa 20 Perlen. Das Kind stellt fest, daß alle aus Holz, die größere Anzahl braun, einige weiß sind. Die Klasse (B) der Holzperlen setzt sich zusammen aus den Teilklassen (A) braune Holzperlen, und (A') weiße Holzperlen. Um zu erkennen, ob das Kind die Operation (A + A' = B) vollziehen kann, fragen wir: „Wenn du eine möglichst große Holzperlenkette machen willst, nimmst du dazu lieber alle braunen Holzperlen oder alle Perlen?“ Die Frage kann auch einfach so gestellt werden: „Gibt es in dieser Schachtel (die Perlen sind sichtbar) mehr Holzperlen oder mehr braune Perlen?“ Das Kind soll also die Teilklasse (A) mit der Gesamtklasse (B) vergleichen. Bis zum siebten Lebensjahr antwortet das Kind regelmäßig: „Es gibt mehr braune Perlen.“ Selbst wenn man dem Kind zeigt, daß sowohl die braunen wie die weißen Perlen aus Holz sind, beharrt das Kind zumeist auf seiner ursprünglichen Idee. Es kann noch nicht zugleich an das Ganze und an die Teile denken; es überlegt überhaupt noch nicht: (A = B – A'), (A' = B – A), folglich (B = A + A') und (A < B).
> Die Unfähigkeit, die Teile in das Ganze einzuschließen und als Teil des Ganzen zu betrachten, ist ein Kennzeichen der Irreversibilität des kindlichen Denkens. Erst nach dem 7. Lebensjahr gelingt die Inklusion der Teile in das Ganze, was in der mühelosen Lösung des geschilderten Versuchs zutage tritt. Das Kind behauptet nun mit größter Selbstverständlichkeit, ja wundert sich, daß man überhaupt so etwas infrage stellen könnte. ‚Mit den Holzperlen kann man eine größere Kette als mit den braunen allein machen.‘ Es begründet sein Urteil auf folgende Weise: ‚Nicht nur die braunen, sondern auch die weißen sind aus Holz.‘“ (vgl. a.a.O. S. 188 f)

Diese Versuche zeigen eindeutig den Unterschied zwischen dem anschaulichen und dem operativen Denken. „Sowie das anschauliche Denken die wirklichen Handlungen durch bildliche Gedankenexperimente nachahmt, stößt es sich an dem Hindernis, daß man tatsächlich nicht zwei Ketten mit denselben Perlen machen kann; während das operative Denken“ … „kein Hindernis darin sehen kann, gleichzeitig beide Hypothesen aufzustellen“ und in Gedanken zu vergleichen (a.a.O. S. 189).

9.2.4 Die konkret-logischen Operationen

Die Tätigkeiten des Zusammensetzens, Trennens, Ordnens und Inbeziehungbringens werden jetzt reversibel, betreffen aber noch immer nur auf konkrete Objekte bezogene Operationen. Die Wendung vom anschaulichen Denken zu den konkreten Denkoperationen äußert sich durch eine immer stärker werdende Gleichgewichtsherstellung, welche die Gesamtheit der Ideen und Begriffe umfaßt.

Die Operationen können dadurch entstehen, daß die intuitiven Strukturen lockerer werden, und eine plötzliche Beweglichkeit einsetzt. Es tritt mehr und mehr ein Gefühl des Zusammenhangs auf; die gedankliche Vorstellung und die Wirklichkeit gelangen zu einem „gleichzeitig geschlossenen und unbeschränkt ausdehnbaren System“ (a.a.O. S. 198).

> Beispiel: Während Kinder der vorher beschriebenen Altersstufe (Versuch mit den Perlen im Glas) sicher behaupteten, die Anzahl der Perlen sei nicht gleichgeblieben, wechselt das Kind seine Einstellung und entscheidet sofort, daß die Anzahl der Perlen erhalten sei (auch bei verschieden großen Gefäßen). Fragt man nach dem Grund, so ist die Antwort: „Es wurde doch nichts weggenommen bzw. dazugetan.“ Obwohl diese Feststellung auch auf der zweiten Stufe vorhanden war, schlossen die Kinder doch auf Nichterhaltung. Oder eine andere Antwort ist, daß Umschütten von Glas A 1 in Glas B durch Zurückschütten berichtigt werden kann. Diese Reversibilität hält PIAGET für wesentlich für das Erfassen der **Mengeninvarianz.**

Mit 9 bis 10 Jahren wird das Kind eine **Gewichtskonstanz** annehmen, aber erst mit 11 bis 12 Jahren ist es in der Lage, zu begreifen, daß auch das **Volumen** gleich bleibt. Wenn man nun vor den Augen des Kindes eine Plastilinkugel zu einer Walze formt, wird es richtig aussagen, daß sich weder Gewicht noch Volumen geändert haben. Es gelingt nun auch das Erkennen der **Mengeninklusion** (Holzperlenbeispiel): Natürlich sind mehr Holzperlen da, die weißen sind ja auch aus Holz.

Logische Operationen sind aber immer noch von konkreten Anwendungsgebieten anhängig. Logische Klassen und Relationen lassen sich **nur mit Hilfe konkreter Gegenstände** konstruieren.

> Die Aufgabe: Edith hat dunklere Haare als Lili; Edith ist heller als Susanne. Wer ist am dunkelsten? ist ohne Anschauung noch nicht zu lösen. (Daher ist noch keine höhere Mathematik in diesem Alter möglich). Erst nach dem 12. Lebensjahr können Kinder diese Aufgaben lö-

> sen, d. h. Wertbegriffe an die Stelle konkreter Gegenstände setzen und diese zu einem reversiblen System verbinden.

Das Neue dieser Stufe liegt in der Tatsache, daß das Denken „nicht mehr an besonderen, bevorzugten Zuständen des Gegenstandes“ haftet, sondern sich bemüht, den Veränderungen zu folgen. Es „geht nicht mehr von einem besonderen Standpunkt des Subjekts aus, sondern koordiniert alle besonderen Gesichtspunkte zu einem objektiven System“ (a.a.O. S. 201 f). Es fehlt dieser Stufe jedoch noch ein letzter Schritt zum formalen Denken, nämlich die Loslösung der Operationen von konkreten Ideen oder Tätigkeiten. Die Kinder, die die oben beschriebenen Denkoperationen ausführen können, sind unfähig, dies zu tun, sobald sie aufhören, Gegenstände zu handhaben. „Die Operationen, um die es sich hier jetzt handelt, sind also noch ‚konkret‘ und nicht ‚formal‘: Immer eng mit der konkreten Tätigkeit verbunden, geben sie dieser eine logische Struktur, in welche die sie begleitenden, sprachlichen Ausdrücke mit einbezogen sind, was aber noch nicht die Fähigkeit einschließt, einen logischen Schluß unabhängig von der Tätigkeit zu entwickeln“ (a.a.O. S. 207).

9.2.5 Die formalen Operationen

Das Entstehen der formalen Operationen, welches mit 11–12 Jahren beginnt, erfordert eine völlige Neukonstruktion des Denkens. Es bezieht sich nun nicht mehr auf die Gegenwart, sondern das Kind entwickelt **Theorien** und stellt Betrachtungen an, die sich nicht auf gegenwärtige Situationen zu beziehen brauchen. Dieses bewußte Denken, welches dem Heranwachsenden zu eigen ist, beginnt sich von dem Augenblick an zu entwickeln, in dem der Jugendliche fähig ist, hypothetisch deduktiv zu denken: a) „aufgrund von einfachen Annahmen, welche mit der Wirklichkeit oder mit dem, was das Subjekt wirklich glaubt, in keinen notwendigen Beziehungen stehen, und b) indem es der Kraft des Schließens als solches, im Gegensatz zur Übereinstimmung seiner Schlußfolgerungen mit der Erfahrung, vertraut (a.a.O. S. 210).“ Dieses formale Denken besteht darin, daß man mit Operationen oder mit ihren Ergebnissen operiert und dadurch Operationen 2. Ordnung schafft.

> Die o. a. Frage: „Wer ist am dunkelsten?“ wird erst im Alter von ca. 12 Jahren richtig beantwortet. Vorher werden die Schlußfolgerungen etwa so aussehen: Edith und Susanne sind hell, Edith und Lili sind dunkel – also ist Lili die dunkelste.

Schlußfolgerungen werden ohne Rücksicht auf konkrete Operationen möglich. Das Kind vertraut der Kraft seiner Schlüsse mehr als seinen Erfahrungen.

(„Ich habe richtig gedacht, also muß das so sein, auch wenn die Anschauung anders aussieht.“) Die Entwicklung des formalen Denkens ist die Voraussetzung dafür, daß das Kind in der Lage ist, Grammatik oder höhere Mathematik zu lernen. Eine wichtige Konsequenz von PIAGETs Untersuchungen ist, daß der Unterricht auf die Entwicklungsstufe des Kindes Rücksicht nehmen muß. Auch für ältere Kinder bleibt die Unterstützung durch die Anschauung eine wichtige Lernhilfe.

10. Die Entwicklung des Menschen in der Lebensspanne: Die Psychologie Erik ERIKSONS

Eine weitere Anregung erhielt die Pädagogik durch die Arbeiten ERIKSONS (1950), der, aufbauend auf der Stadienlehre Sigmund FREUDS, das **Epigenetische Prinzip** propagierte. Es geht davon aus, daß alles, was sich entwickelt, einem Grundplan folgt. Dieser Grundplan bestimmt, wann welche Teile sich entwickeln, um dann schließlich das Ganze zu ergeben. Er formulierte folgende Stadien der psychosozialen Entwicklung:

Vertrauen versus Mißtrauen (Geburt – 1. Jahr)
Die erste Entwicklungsaufgabe für das Kind besteht im Aufbau einer Vertrauensbasis zu den Eltern. Die Lernerfahrungen des ersten Lebensjahres entscheiden, ob es sich zwischen den Polen Vertrauen-Mißtrauen eher für die Seite des Vertrauens oder Mißtrauens entscheiden darf. Wenn die Bedürfnisse des Kindes sicher befriedigt werden und es den Eltern gelingt, echte Zuneigung zu dem Kind zu vermitteln, entsteht eine feste Vertrauensbasis.

Autonomie versus Scham und Zweifel (2–3 Jahre)
Wenn die Vertrauensbasis gelegt ist, können Kinder eine erste Form der Unabhängigkeit von den Eltern entwickeln. Sie sind fähig, sich längere Zeit allein zu beschäftigen, und beginnen, eigene Handlungspläne aufzubauen. Wird dieser Prozeß gestört, so entsteht Scham und Zweifel an den eigenen Fähigkeiten.

Initiative versus Schuld (4–5 Jahre)
In diesem Alter können die Kinder bereits grammatikalisch richtig sprechen und sind bereit, selbst Initiativen zu setzen. Sie haben Spaß an Aufgaben und sind neugierig. Wenn man ihre Fragen nicht beantwortet oder belächelt und ihre Aktivitäten behindert, fühlen sie sich schuldig, wenn sie eigene Initiativen entfalten. Schüchternheit und Zaghaftigkeit haben hier ihre Wurzeln. Alle diese Einwirkungen haben langdauernde Einflüsse auf die Strukturierung der Persönlichkeit des Kindes.

Produktivität versus Minderwertigkeit (6–11 Jahre)
In diesem Stadium ist das Kind daran interessiert, eigene Leistungen zu erbringen. Es ist dabei auf die Anerkennung der Umgebung angewiesen. Wird sie versagt, entstehen langfristig wirkende Minderwertigkeitsgefühle. Die in-

dividuelle Ausprägung der Leistungsmotivation entwickelt sich entweder in der Form einer allgemeinen **Hoffnung auf Erfolg** oder als genereller **Mißerfolgsängstlichkeit** (s. dazu FELDMAN & WENTZEL 1990).

Identität versus Rollenkonfusion (12–18 Jahre)

Die Reifungsvorgänge in der Pubertät und im Jugendalter führen zu einer Änderung des Verhaltens und damit der Persönlichkeit des jungen Menschen. Dazu kommt die langsame Ablösung von den Eltern und die ersten Versuche, ein eigenständiges Leben zu führen. Ein Ziel dieser Entwicklung ist das Gewinnen einer eigenen Ich-Identität. Werden dem Jugendlichen keine Möglichkeiten gegeben, in diesem Rahmen seine oder ihre Rolle zu entwickeln und eine neue Ich-Identität aufzubauen, dann entsteht Rollenkonfusion. So mancher 25jährige fühlt sich noch immer als „Jugendlicher" und scheut davor zurück, sein Leben bewußt selbstverantwortlich zu gestalten.

Intimität versus Isolation (die Zeit des jungen Erwachsenenalters)

Im nächsten Stadium geht es darum, feste Bindungen einzugehen. Ist aufgrund der bisherigen Entwicklung die Grundlage für den Aufbau intimer Beziehungen nicht geschaffen worden, so kommt es zur Isolierung.

Generativität versus Stagnation (mittleres Lebensalter)

Die Übernahme der Verantwortung für die folgende Generation ist die wichtigste Aufgabe des mittleren Lebensalters. Dabei kann sich Generativität sowohl auf die Gründung einer eigenen Familie beziehen, als auch auf berufliches Schaffen. Wer sich nicht für die nachfolgende Generation für verantwortlich hält und wer nicht daran interessiert ist, seine eigenen Ideen weiterzugeben und an der aktiven Gestaltung der Welt mitzuarbeiten, stagniert in seiner Persönlichkeitsentwicklung.

Integrität versus Verzweiflung (Alter)

Die Entwicklungsaufgabe des Alters besteht darin, ein Bewußtsein dafür zu entwickeln, daß man sein Leben richtig gelebt hat, daß man trotz aller Krisen, die zu jedem Leben gehören, seine Möglichkeiten ausgeschöpft und das im Leben erreicht hat, was man immer gerne vollbringen wollte. Verzweiflung ist die Folge, wenn ältere Menschen plötzlich entdecken, daß das Leben fast schon vorbei ist, ohne daß sie ihre Wünsche und Pläne verwirklichen konnten.

11. Entwicklung zwischen 10 und 18 – Vorpubertät, Pubertät und Adoleszenz

Die Zeit zwischen 10 und 18 Jahren stellt eine besonders entscheidende Periode in der Entwicklung zur erwachsenen Persönlichkeit dar. Sie soll daher hier ausführlicher dargestellt werden.

11.1 Die körperliche Entwicklung

Insgesamt kann man heute feststellen, daß seit Mitte des letzten Jahrhunderts in Ländern mit hohem Lebensstandard eine Vorverlagerung der Reifeentwicklung um etwa 2 Jahre stattgefunden hat (Akzeleration). Außerdem hat die Größe zugenommen. Erwachsene sind heute 7–10 cm, Schulkinder um 12 cm größer als vor 100 Jahren, obwohl die Neugeborenengröße bekanntlich nicht zugenommen hat. Allerdings muß man mit individuellen Schwankungen rechnen: Es gibt sowohl Früh- wie Spätentwickler, so daß man in einer Klasse, in der sich 14jährige Mädchen und Jungen befinden, einerseits schon sehr erwachsen wirkende und andererseits vom Aussehen und den Interessen her noch recht kindlich erscheinende Jugendliche nebeneinander finden kann.

In der **Pubertät** kommt es zu einem auffallenden **Wachstumsschub.** Bei Mädchen liegt dieser durchschnittlich zwischen dem 11. und 13. Lebensjahr, doch kann er in Einzelfällen auch schon viel früher erfolgen.

Bei Jungen beginnt das rasche Wachstum in der Regel im 13. Lebensjahr, hat mit 14 seinen Höhepunkt und sinkt mit 15 1/2 Jahren ab. Bei beiden Geschlechtern kommt es zu einem langsameren Wachstum im Anschluß an diese Periode: Es ist mit 16 Jahren bei Mädchen, mit 18 Jahren bei Jungen im großen und ganzen abgeschlossen. Die Epiphysenfugen (Wachstumsfugen der Knochen) sind dann geschlossen. Etwa in derselben Zeit, in die der Wachstumsschub fällt, bilden sich die sekundären Geschlechtsmerkmale heraus. Die Geschlechtsdrüsen nehmen ihre Arbeit auf. Der Abschluß der Entwicklung der sekundären Geschlechtsmerkmale erfolgt allerdings erst im Laufe der folgenden Jahre (zwischen dem 14. und 16. Lebensjahr bei Mädchen und dem 16. bis 18. Lebensjahr bei Jungen). Die **körperliche Leistungsfähigkeit** nimmt in dieser Zeit zu. Mit dem Wachstum der Muskulatur erhöht sich auch die Körperkraft. In dieser Hinsicht entwickeln sich die Geschlechter stark auseinander. Dies geht nicht nur auf die biologischen Unterschiede zwischen den Geschlechtern zurück, sondern wird durch die unterschiedliche Rollenzuweisung in unserer Gesellschaft noch begünstigt. Bei Mädchen kann man nämlich feststellen, daß nach der Pubertät ein leichtes Absinken der Körperkraft erfolgt.

Weitgehend überschätzt wurden in der Literatur Beobachtungen über Störungen der Koordination der Bewegungen im Jugendalter. Zwar müssen sich die Jugendlichen erst mit ihrem neuen körperlichen Erscheinungsbild „anfreunden", doch scheinen größere Schwierigkeiten auf ungünstige Einflüsse der sozialen Umwelt im Sinn von Überforderung zurückzugehen; ebenso spielt es eine Rolle, ob der Jugendliche bereits im Kindesalter motorisch eher geschickt oder ungeschickt war.

11.2 Psychologische Veränderungen in der Pubertät und im Jugendalter

Allgemein gilt, daß Zeiten, in denen eine Umstellung des Hormonhaushaltes erfolgt, **Krisenzeiten** sind. In der Pubertät leiden Jugendliche unter Stimmungssschwankungen, sie sind emotionell labil. Dies darf aber nicht darüber hinwegtäuschen, daß die Antwort der sozialen Umwelt auf das veränderte Verhalten und Erscheinungsbild des Jugendlichen die Art und Weise, wie diese Krisenzeit bewältigt wird, entscheidend beeinflußt. So kommt es regelmäßig zu einem mehr oder minder deutlichen **Rückgang der schulischen Leistungen,** was zu Spannungen in Elternhaus und Schule führen kann. Reagiert die Umgebung der Jugendlichen sehr ungeschickt auf den Leistungsabfall, so kann sich eine ablehnende Haltung gegen alles, was mit Lernen oder Schule zusammenhängt, herausbilden. Unüberlegte Berufsentscheidungen können die Folge sein, da Jugendliche, nur um dem Lernen zu entfliehen, ihre Schullaufbahn unterbrechen. Haben Jugendliche den Wunsch, in den Beruf überzuwechseln, ohne die Schule (Hauptschule oder weiterführende Schule) abzuschließen, so empfiehlt sich eine gründliche Berufsberatung. Günstig ist es, wenn in dem gewünschten Beruf ein Ferienpraktikum durchgeführt wird, um die Entscheidung zu erleichtern.

Für die Lehrkräfte sollte es eine feste Regel sein, bei Leistungsrückgängen in der Pubertät **keine** drastischen Entscheidungen (Klassenwiederholung oder Schulabgang) zu empfehlen, da sich die Leistungen nach einem halben bis einem Jahr wieder erholen.

11.3 Ablösung von den Eltern und Übernahme neuer Rollen

Die Situation wird noch zusätzlich dadurch erschwert, daß in dieselbe Zeit die ersten Ablösungsvorgänge vom Elternhaus bzw. den bisher wichtigsten Bezugspersonen erfolgt. Gleichzeitig drängt es die Jugendlichen zu mehr Selbständigkeit und Eigenverantwortlichkeit für die Gestaltung ihres Lebens.

In unserer hochzivilisierten Gesellschaft dauert es jedoch noch Jahre, bis Jugendliche tatsächlich die Position und die Mittel haben, um über sich selbst bestimmen zu können. Konflikte zu Hause, in der Schule oder am Arbeitsplatz sind die Folge, wie LEHR bereits 1969 feststellte (s. dazu auch KREPPNER, 1993).

Auf der anderen Seite müssen Jugendliche ihre Beziehung zum anderen Geschlecht neu ordnen. Neue Rollen und damit Verhaltensweisen sind zu lernen. Auch dies bedingt Unsicherheiten und führt zu Belastungen. Als Antwort auf diese Schwierigkeiten haben Jugendliche auf der anderen Seite ein verstärktes Bedürfnis nach partnerschaftlichen Kontakten, nach Beziehungen, in denen sie von den Eltern nicht als Kind, sondern als Erwachsene, Gleichberechtigte behandelt werden und trotzdem über ihre Sorgen und Unsicherheiten offen sprechen können. Wenn es den Eltern gelingt, ihrerseits diesen Rollenwechsel zu vollziehen, dann kann nach den Stürmen der Pubertätskrise eine neue, tragfähige Beziehung aufgebaut werden. In einer Zwischenzeit übernimmt jedoch die **Gleichaltrigengruppe** diese Funktionen. Sie gibt Sicherheit und Bestätigung und stellt das wichtigste Übungsfeld für das Erlernen neuer Rollen dar.

Die Ablösung von den Eltern erfolgt zunächst im **Verhalten:** Wenn von Seiten der Eltern kein zu starker Druck ausgeübt wird, beginnen die jungen Menschen mehr und mehr ihre **Freizeit** selbständig zu gestalten. Während für jüngere Kinder die Eltern auch die liebsten Freizeitpartner sind, wenden sich Jugendliche den gleichaltrigen Freizeitpartnern zu. Das eigene Fahrzeug (Moped, Mofa) hat in diesem Zusammenhang eine wichtige Funktion: Der Aktionsradius wird erweitert; man kann Freunde und Bekannte in einem weiteren Umkreis aufsuchen. Gleichzeitig schränkt sich damit die Kontrollmöglichkeit durch die eigenen Eltern ein. Wenn man sich dieser Auswirkungen bewußt ist, versteht man die Auseinandersetzungen, die sich in Familien zu der Frage des Ankaufs eines Fahrzeugs abspielen können, wobei selbstverständlich auch die Sorge um die Sicherheit eine Rolle spielt.

Je älter die Jugendlichen werden, desto seltener werden oft auch Gespräche zwischen Eltern und Kindern (ALLERBECK & ROSENMAYR, 1976, S. 79 ff). Dies ist besonders in Familien der Fall, in denen diese Gespräche den Charakter von Kontrollmaßnahmen hatten, d. h. mit den Jugendlichen nur gesprochen wurde, um sie nach schulischen Ereignissen oder ihren Freizeitaktivitäten zu fragen. Die Chance, die Beziehung auf eine neue Basis zu stellen, ist in einem derartigen Fall natürlich gering.

Die **emotionellen Bindungen** an die Eltern bleiben im allgemeinen jedoch noch lange erhalten. Die Mutter bzw. der Vater oder beide Eltern werden nach ALLERBECK & ROSENMAYR (a.a.O., S. 75) am häufigsten als die Menschen benannt, die ihnen am nächsten stehen, auf die man sich bei Schwierigkeiten verlassen kann und die das meiste Verständnis für sie haben.

Erst gegen Ende des Jugendalters nehmen Freunde und Bekannte, der Partner bzw. die Partnerin, später der Ehemann oder die Ehefrau zunehmend diese Stellung ein. Wie in einer früheren Untersuchung von LUTTE u. a. 1969 über die Bereitschaft junger Menschen, ihre Eltern als Idealbild zu wählen, gezeigt wurde, sind hier recht große Unterschiede zwischen Jugendlichen verschiedener europäischer Länder zu finden. Dies weist ebenfalls auf die Sozialisationsabhängigkeit der Ablösungsprozesse hin.

DEGENHARDT, 1971 und TRAUTNER, 1972 haben außerdem festgestellt, daß die Veränderungen des **Selbstbildes** bei Mädchen in der Pubertät und die Ablösungsvorgänge **nicht** mit den körperlichen Veränderungen einhergehen, sondern davon unabhängig verlaufen. Auch hier zeigt sich die Bedeutung der gesellschaftlichen Einflüsse auf die Entwicklung im Jugendalter.

Die Ablösungsprozesse einerseits und die Übernahme neuer Rollen andererseits bedingen die Tendenz der Jugendlichen, Verhaltensweisen zunächst einmal **auszuprobieren,** ohne sich von Seiten der Erwachsenen beeinflussen zu lassen. Einschränkend muß dazu allerdings bemerkt werden, daß die Art der Sozialisation in der Familie von Bedeutung ist. Dazu schreibt NICKEL 1975:

> „Je mehr die Erziehungspersonen auch schon in frühen Jahren eine verständnisvollere, emotional zugewandte Grundhaltung verwirklichen, das natürliche Selbständigkeitsstreben unterstützen und unnötige Verhaltensrestriktionen vermeiden" … „umso leichter wird es auch dem Heranwachsenden gelingen, eine selbständige und unabhängige Stellung einzunehmen, ohne mit den bisherigen Bezugspersonen in Konflikt zu geraten" (S. 354).

11.4 Selbstkonzept und Ich-Identität

Der Gewinn an Selbständigkeit und das Erlernen neuer Rollen führt dazu, daß Jugendliche ein neues Bild von sich selbst formen. ERIKSON (1950) geht davon aus, daß das Finden einer neuen Ich-Identität eine wichtige Aufgabe des Jugendalters ist.

Die Entwicklung eines realistischen Bildes von sich selbst (Selbstkonzept) hängt wesentlich davon ab, welche Erfahrungen man mit sich selbst und anderen machen konnte und wie man diese einordnet. Im Selbstkonzept schlagen sich Erfahrungen aus den verschiedenen Lebensbereichen nieder: Schule (MARSH, 1990), Beruf, Freizeit, Beziehungen mit dem anderen Geschlecht u. v. a. m.

11.5 Die kognitive Entwicklung

Der Übergang zu dem formallogischen Denken im Sinne PIAGETS bedeutet, daß die Jugendlichen nun zu abstrakten Denkvorgängen fähig werden. Bei einem Problem können sie nicht nur jeweils einen, sondern **mehrere** Lösungswege in Betracht ziehen und deren Vor- und Nachteile in Gedanken gegeneinander abwägen. Sie werden zu kritischem Denken fähig. Vor allem aber lernen sie, über ihr eigenes Denken nachzudenken und ihr Verhalten aufgrund dieser Erkenntnisse zu modifizieren.

11.5.1 Die Entwicklung des „Lernen-Lernens" und seiner Voraussetzungen

Eine Verbesserung intellektueller Leistungsvoraussetzungen im und nach dem Jugendalter geht, wie wir gesehen haben, vor allem darauf zurück, daß die Jugendlichen es immer besser verstehen, ihre Kompetenzen zu nutzen: Sie lernen es, ihre Stärken auszubauen und ihre Schwächen zu kompensieren. Entscheidend für diesen Kompetenzgewinn sind bestimmte **übergeordnete** Strategien, die es sowohl im Bereich des Denkens wie des Lernens gibt. Im Bereich des Denkens wurden sie als kognitive Stile bezeichnet, im Bereich des Lernens und des Gedächtnisses handelt es sich um die Metamemoryprozesse. Daß im lebendigen Vollzug beide Bereiche nicht streng zu trennen sind, wird daran deutlich, daß sogenannte **Metakognitionen** (Nachdenken über das eigene Denken, das Bewußtwerden der eigenen Informationsaufnahme- und -verarbeitungsstrategien) beim Lernen und Handeln eine wichtige Rolle spielen.

Besonders intensiv hat sich die Schule des amerikanischen Entwicklungspsychologen FLAVELL mit der Entwicklung des Lernens und des Gedächtnisses in der späten Kindheit und im Jugendalter befaßt (vgl. FLAVELL u. a., 1977).

Eine außerordentlich wichtige Voraussetzung ist die Entwicklung des sogenannten **„mnemonischen Selbst"** (HAGEN u. a., 1975, S. 91). Darunter versteht man, daß sie **sich selbst als Lernende erfahren** und Erkenntnisse darüber sammeln, **unter welchen Bedingungen und mit welchen Methoden** sie persönlich am besten lernen. Auf dieser Grundlage kann sich ein neues Zutrauen zu sich selbst im Sinne eines positiven Selbstkonzepts entwickeln.

Alles, was mit dem **Wissen** um den persönlichen Lern- und Denkstil zusammenhängt, bezeichnet FLAVELL als **Metakognitionen**; er nimmt außerdem an, daß es neben dem Gedächtnis ein sogenanntes **Metagedächtnis** (engl.: metamemory) gibt, das sich auf das Wissen um die Arbeitsweise des eigenen Gedächtnisses und die Möglichkeiten bezieht, seine persönlichen Stärken beim Lernen auszunützen und seine Schwächen geschickt zu kompensieren (WEED et al., 1990).

Im Grundschulalter sind diese Kompetenzen noch sehr wenig entwickelt. Die Leistungsverbesserungen im Jugend- und Erwachsenenalter gehen vor allem darauf zurück, daß sich das Metagedächtnis als eigene Instanz herausgebildet hat.

11.5.2 Bedingungen für die Entwicklung des Metagedächtnisses und der kognitiven Strategien

Die Entwicklung des Metagedächtnisses setzt dreierlei voraus:

1. Die Jugendlichen müssen über eine Vielfalt von **Lernstrategien** (kognitive Strategien) verfügen und Erkenntnisse darüber gesammelt haben, wann man welche Strategie am besten einsetzt. Die Heranwachsenden erwerben diese Einsichten entweder im Rahmen ihrer eigenen Lernerfahrungen oder durch gezielte Unterweisung der sozialen Umwelt.
2. Sie müssen sich und ihren Lernstil immer besser kennenlernen, um zu wissen, wo sie sich auf sich selbst verlassen können und wo sie noch an sich arbeiten müssen: Entwicklung einer **aktiven Selbsterkenntnis** (engl.: self-awareness).
3. Sie müssen **Zutrauen zu sich und ihren Fähigkeiten, zu lernen und Probleme zu lösen** bekommen (motivationspsychologische Voraussetzung). Als Resultat entwickelt sich ein Bewußtsein der eigenen Selbstwirksamkeit (self-efficacy), wie dies BANDURA (1977) bezeichnete.

11.6 Die Entwicklung prosozialen Verhaltens und des moralischen Urteils

11.6.1 Prosoziales Verhalten und seine Entwicklung

Man bezeichnet Verhaltensweisen, die die Interessen anderer wahren, ihnen helfen, ohne daß die Ausübenden dafür eine Belohnung oder einen Vorteil erwarten, als **prosoziales oder altruistisches Verhalten** (MUSSEN & EISENBERG-BERG, 1979, S. 3 f). Voraussetzung dafür ist die Fähigkeit zur Empathie, zum einfühlenden Verstehen des anderen. Es handelt sich um eine Kompetenz, die in Ansätzen schon im Säuglingsalter vorhanden ist: Wenn andere Kinder weinen, beginnen viele Kleinkinder auch zu weinen. Auch Lachen wirkt ansteckend.

Um anderen wirksam helfen zu können, ist es notwendig, seine oder ihre Notlage richtig einzuschätzen und angemessene Maßnahmen zur Hilfe auszuwählen. Derartige schwierige Entscheidungen sind erst im Grundschulalter und später möglich. Eine spontane, emotionsgeleitete Bereitschaft zum Helfen kann jedoch schon bei Kindern im zweiten Lebensjahr beobachtet werden. Für die weitere Entwicklung des prosozialen Verhaltens ist eine positive Unterstützung durch die Familie und später den Kindergarten und die Schule von entscheidender Bedeutung: Zwar wird prosoziales Verhalten dadurch definiert, daß es dem Helfenden keinen anderen Vorteil als der emotionellen Befriedigung bringen darf. Wenn es jedoch bestraft (kritisiert, belächelt oder sogar verboten) wird, wenn die Erwachsenen kein Vorbild sind, sondern sich selbst eher wenig sozial verhalten, kann diese Entwicklung unterbunden werden.

EISENBERG (1992) stellte eine Stufenfolge der sich wandelnden Begründungen prosozialen Verhaltens in der Entwicklung auf, die weitgehend mit den Stufen des moralischen Urteils übereinstimmt (zitiert nach OERTER, 1995, S. 301):

Tab. 3: Stufen der Begründungen für hilfsbereites Verhalten

Alter	Stufe	Begründung
Kleinkindalter	1	Hedonistische, selbstzentrierte Orientierung: Reziprozität bzw. der eigene Gewinn wirkt als Triebfeder.
Kindergartenalter	2	Orientierung an den Bedürfnissen des anderen: das fehlt – das ist nötig.
Grundschulalter	3	Anerkennung durch andere, stereotype Orientierung: das ist gut – das ist schlecht, man sollte …
Vorpubertät und Pubertät	4 a	Selbstreflektierte empathische Orientierung: Die Rollenübernahme wird reflektiert, indem man Hilfe durch das Menschsein des anderen begründet. Schuld und Konsequenzen des eigenen Handelns werden reflektiert. DiesesNiveau ist im Grundschulalter kaum zu finden.
Jugendalter	4 b	Übergangsniveau: Internalisierte Werte, Normen und Pflicht. Nun gibt es Verständnis und Interesse an Belangen der größeren Gemeinschaft. Rechte und Würde des anderen spielen schon eine Rolle, werden aber noch nicht klar formuliert.
Adoleszenz	5	Starke Internalisierung genereller Werte. Hinzu kommt die Begründung von Hilfe durch den sozialen Vertrag. Die Perspektive der Verbesserung gesellschaftlicher Bedingungen sowie die Gleichheit und Würde des Menschen werdenartikuliert

Auch wenn Kinder und Jugendliche bereits prosoziale Regeln verinnerlicht und gelernt haben, sich in den anderen einzufühlen und sich in ihre Lage zu versetzen, heißt dies noch nicht, daß immer prosoziales Verhalten verwirklicht wird. Diese ist nämlich von der jeweiligen Situation abhängig. Auch Stimmungen spielen eine nicht zu unterschätzende Rolle:

In einem Versuch richtete eine amerikanische Forschergruppe es so ein, daß einige der Leute, die eine bestimmte Telefonzelle aufsuchten, noch Geld im Telefonautomaten vorfanden. Andere Benutzer dieser Zelle machten keine derartig erfreuliche Entdeckung. Beim Verlassen der Telefonzelle ging ein Mitarbeiter der Forscher vor den Betreffenden her und ließen, scheinbar zufällig, ein Paket fallen. Die Gruppe von Telefonbenutzern, die vorher Telefongeld gefunden hatten, waren viel häufiger bereit, sich zu bücken und dem Verlierer das Paket aufzuheben, als die Leute, bei denen das nicht der Fall gewesen war (SECORD & BACKMAN, 1976, S. 648).

11.6.2 Moralentwicklung

11.6.2.1 Die Entwicklung des moralischen Urteils nach PIAGET

Die ersten groß angelegten empirischen Untersuchungen über die Entwicklung des **moralischen Urteils** bei Kindern und Jugendlichen wurden von dem Entwicklungspsychologen Jean PIAGET durchgeführt.

PIAGET (1932, 1983[2], S. 373 ff) hob drei Stadien der Entwicklung des Gerechtigkeitsbegriffs bei Kindern hervor:

Bereits in der Vorschule unterscheidet das Kind zwischen gut und schlecht, aber es hält sich dabei vollständig an das, was seine Eltern oder andere wichtige Erwachsene für gut oder schlecht halten. Was erlaubt wird, gilt als gut, was bestraft wird, gilt als böse. Es handelt sich um eine heteronome, d. h. fremdbestimmte Moral.

Im zweiten Stadium, das sich nach PIAGET etwa vom 7. bis 12. Jahr erstreckt, entwickelt sich langsam ein autonomes (selbstbestimmtes) moralisches Urteil. Das Kind ist nicht mehr von Lob und Strafe des Erwachsenen abhängig, sondern beginnt, das Prinzip der Gleichheit über die Unantastbarkeit der Autorität des Erwachsenen zu stellen. Sehr wichtig ist die Gruppe der Gleichaltrigen als neuer Einflußfaktor. Das Kind wird mit der Tatsache konfrontiert, daß seine Erzieher und seine Freunde oft unterschiedlicher Meinung über Erlaubtes und Nichterlaubtes sind. In dieser Altersstufe löst das Kind den Konflikt so, daß es nach Regeln sucht, die absolut und ohne Ausnahme gelten. Es ist noch nicht in der Lage, besondere Umstände, die ein Abweichen von der Regel gestatten, zu berücksichtigen.

Einem Kind in diesem Alter wäre es z. B. schwer begreiflich zu machen, daß auf der einen Seite im Straßenverkehr Vorfahrtsregeln existieren, daß man auf der anderen Seite aber aus Höflichkeit dem anderen die Vorfahrt lassen kann, wenn die Umstände dies erlauben und man niemand anderen dadurch gefährdet. Eine derartige, schwierige Entscheidungssitutation erfordert neben bestimmten intellektuellen Kompetenzen auch eine andere Einstellung zur Gerechtigkeit. Sie ist nach PIAGET erst ab etwa 11–12 Jahren im dritten Stadium der moralisch-sittlichen Entwicklung möglich.

In diesem Stadium sind die Jugendlichen in der Lage, auch die besonderen Umstände angemessen zu berücksichtigen und ein Abweichen von der Regel zu akzeptieren, wenn dies im Sinn eines übergeordneten Prinzips möglich ist.

Obwohl dieser Ablauf in vielen Untersuchungen zum moralischen Urteil wiedergefunden wurde, stellte es sich heraus, daß einige wichtige Einschränkungen zu machen waren. Es fanden sich z. T. erhebliche Unterschiede in der Entwicklung des moralischen Urteils bei Kindern derselben Altersstufe. Auch Erwachsene können sich noch auf einer niedrigen Stufe der moralischen Entwicklung befinden. Die mit dem Alter zunehmende kognitive Kompetenz des Kindes scheint offenbar eine zwar notwendige, aber keine hinreichende Bedingung der Moralentwicklung zu sein. Es scheint sich daher nicht um eine einfache Entwicklungslinie zu handeln, sondern um mehrere Prozesse. OERTER (1970) hat die wichtige Feststellung gemacht, daß zumindest zwei Anteile zu unterscheiden sind:

1. Ein kognitiver Anteil, der für den Grad der Differenziertheit der Beurteilung der Situation zuständig ist. Dieser ist altersbedingt.
2. Ein affektiver (gefühlsmäßiger) Anteil, der erziehungsabhängig ist.

Eine sehr große Rolle spielt daher die **Sozialisation,** welche die moralische Entwicklung entweder fördert oder hindert. Im Kindergarten- und Schulalter sind Elternhaus und Schule dafür verantwortlich. In der Pubertät hat die Gleichaltrigengruppe eine zentrale Stellung. Wenn die Gruppe sich für oder gegen eine Sache entscheidet, fällt es Jugendlichen erfahrungsgemäß sehr schwer, sich gegen diese Entscheidung zu stellen: In dieser Phase nimmt die **Konformität,** das Bedürfnis, es den anderen gleich zu tun, stark zu, um dann später wieder abzufallen. Je mehr den Jugendlichen die Gleichaltrigengruppe bedeutet, desto entscheidender kann sie sie im positiven ebenso wie im negativen Sinn beeinflussen.

11.6.2.2 Die Untersuchungen Kohlbergs zur Entwicklung des moralischen Urteils

Die neueren Untersuchungen zur Entwicklung des moralischen Urteils berücksichtigen daher weit mehr die persönliche Lebensgeschichte. Man geht nicht mehr davon aus, daß ein entwickelter Moralbegriff sich zu einem bestimmten Zeitpunkt einstellt, sondern fragt, unter welchen Bedingungen ein bestimmtes Stadium erreichbar ist (vgl. OSER & ALTHOF, 1992).

Um eine genauere Beschreibung des jeweiligen individuellen Entwicklungsstandes zu ermöglichen, ist es außerdem günstig, die drei Stadien PIAGETs noch weiter zu untergliedern. Lawrence KOHLBERG 1964 (vgl. dazu auch 1996) entwickelte dazu eine differenzierte, empirisch begründete Konzeption (eine Übersetzung seiner wichtigsten Schriften wurde 1996 von W. ALTHOF u. a. herausgegeben).

An seinen Untersuchungen waren Kinder und Jugendliche zwischen 7 und 16 Jahren beteiligt. Sie mußten Handlungsschilderungen, bei denen es um das Befolgen oder Nichtbefolgen bestimmter Normen ging, beurteilen. Am sorgfältigsten untersuchte KOHLBERG das sogenannte „Heinz-Dilemma“:

Die Frau von Heinz ist tödlich erkrankt. Nur ein Spezialmedikament, das ein Apotheker selbst erfunden hat, kann sie retten. Obwohl es billig herzustellen ist, verlangt der Apotheker eine große Summe dafür, die Heinz nicht bezahlen kann. In der Nacht bricht er in die Apotheke ein und stiehlt das Medikament.

Wie bei PIAGET ließen sich die Antworten der Versuchspersonen in ein **Drei-Stadien-Schema** gliedern. Jedes dieser drei Stadien läßt sich in zwei Stufen (= Urteilstypen) teilen.

Bei den jüngsten Kindern spielte vor allem die Bestrafung oder Belohnung eine entscheidende Rolle: Richtig sind Handlungen, wofür man nicht bestraft wird (Typ 1) oder belohnt (Typ 2) wird. Auch Handlungen, die der Erwachsene als Regelverstöße beurteilen würde, werden akzeptiert, wenn sie positive Folgen haben. (Aus eben diesem Grund ist z. B. Verkehrserziehung bei Vorschulkindern so schwierig: Regelwidriges Verhalten im Verkehr führt häufiger zu bestimmten Vorteilen, als daß es negative Folgen hätte. Man kommt schneller voran, wenn man noch bei Gelb die Straße überquert. Unfälle sind – glücklicherweise – selten. Daß die Einteilung in Stadien keine starre Stufenfolge der Entwicklung darstellt, wird an diesem Beispiel ebenfalls deutlich: Auch bei manchen Erwachsenen wird man noch ähnliche Argumente für das rasche Überqueren einer Kreuzung bei Gelb oder Rot hören wie bei Kindern.) Dieses erste Stadium wird daher als **„Präkonventionelles Stadium“** oder als **„vormoralische Ebene“** bezeichnet.

Im zweiten Stadium nach KOHLBERG kennt und beachtet man bereits Normen und Regeln, aber man tut es nicht aus **eigener** Überzeugung. Man verhält sich entweder regelkonform, weil man von Personen, die einem wichtig sind, für „gut“, „brav“, „vorbildlich“ gehalten und von ihnen geschätzt werden will (Typ 3) oder weil man sich an „Recht und Ordnung“ orientiert (Typ 4). Im Unterschied zu den Urteilsformen im ersten Stadium weiß man in diesem Stadium jedoch sehr wohl, was das regelkonforme und daher „richtige" Verhalten wäre, auch wenn man sich einmal regelwidrig verhält. KOHLBERG bezeichnet es daher als **„Konventionelles Stadium"**.

Erst im dritten, dem **„Postkonventionellen Stadium"** kommt es zu selbständigen, von eigenen Überzeugungen bestimmten Urteilen über verhaltensleitende Normen. Auf der ersten Stufe dieses Stadiums hält man Regeln ein, weil man sie für notwendig hält, damit das Zusammenleben in der Gesellschaft überhaupt möglich ist. Man hat jedoch verstanden, daß Regeln durch Übereinkunft entstanden sind und daher auch wieder geändert werden können (Typ 5). Auf der letzten Stufe dieses dritten Stadiums der moralischen Entwicklung orientiert man sich am eigenen Gewissen, gleichgültig, welche Folgen dies hat (Typ 6).

Tab. 4: Schema der Moralentwicklung nach KOHLBERG

I. Präkonventionelles Stadium (Kleinkindalter)	
Stufe 1:	Orientierung an Strafe und Gehorsam (Zeit des Verbotsgehorsams; gut ist, was nicht bestraft wird)
Stufe 2:	Instrumentieller Relativismus (gut ist, was belohnt wird; Orientierung an positiven Verhaltensfolgen)
II. Konventionelles Stadium (Schulalter)	
Stufe 3:	Moral des braven Kindes (Orientierung an der Aufrechterhaltung guter Beziehungen zu den wichtigen Bezugspersonen)
Stufe 4:	Orientierung an Recht und Ordnung.
III. Postkonventionelles, autonomes, oder von Prinzipien geleitetes Stadium (Jugendalter)	
Stufe 5:	Legalistische Orientierung an der Theorie des Gesellschaftsvertrages (was gut ist, wird durch Konvention bestimmt).
Stufe 6:	Orientierung an universell gültigen, ethischen Prinzipien (dies kann im Einzelfall auch gegen die Vorstellungen der unmittelbaren, sozialen Gruppe, in der man sich befindet, geschehen)

Ob ein Mensch die seiner Altersstufe entsprechende Ausprägung des moralischen Urteils erreicht, hängt von der Erziehung ab (vgl. dazu die in dem von BERKOWITZ & OSER, 1985 herausgegebenen Band zusammengestellter Arbeiten zur Moralerziehung).

Das von Kohlberg entwickelte System der Stufen des moralischen Urteils entspricht theoretisch einer „Moral der Gerechtigkeit". Es wurde von seiner Schülerin C. GILLIGAN (1982) dahingehend kritisiert, daß es sich um eine nur für Männer geltende Stufenfolge handle. Frauen würden dagegen von einer „Moral der Fürsorge" geleitet. Hinter dieser Auffassung steht das traditionelle Rollenmuster der männlich definierten Autorität und der diese ausgleichenden weiblichen Fürsorglichkeit. In empirischen Studien wurden in der Regel keine Unterschiede zwischen den Moralvorstellungen von Frauen und Männern gefunden (OSER & ALTHOF, 1992).

11.7 Veränderungen der Bereitschaft bei Jugendlichen, Normen der Erwachsenenwelt zu akzeptieren

Wir haben festgestellt, daß zumindest der Möglichkeit nach Jugendliche zu einer verantwortlichen, autonomen Einstellung zu Normen und Werten fähig sind. Eine Einschränkung ist jedoch zu machen:

Die Krisensituation der Pubertät und die Ablösungsprozesse von Eltern und Erziehern äußern sich auch in der Form, daß sich die Jugendlichen unter Umständen gegen bestimmte Normen nur deshalb stellen, weil diese von „den Erwachsenen" an sie herangetragen wurden. Sie würden sie akzeptieren, wenn sie als Ergebnis eigener Entscheidungen erlebt werden könnten.

Die Gruppe der Gleichaltrigen nimmt eine derartig entscheidende Stellung im Rahmen dieser persönlichen Entscheidungsprozesse ein, daß man die Regel aufstellen kann, daß bei der Übermittlung von Normen und Wertvorstellungen der Weg immer über die Gruppe gehen muß.

SECORD & BACKMAN (1976, S. 170 ff) verglichen die Wirksamkeit von Gruppenentscheidungen für die Änderung von Einstellungen im Gegensatz zum Anhören von Vorträgen und kommen zu dem Schluß, daß die Gruppendiskussion erheblich erfolgreicher ist. Dies ist besonders dann der Fall, wenn sie mit dem Versprechen jedes einzelnen Gruppenmitgliedes endet, sich in bestimmter Weise zu verhalten („Individuelles Commitment"):

Tab. 5: Mögliche Wirksamkeitsfaktoren bei Gruppenentscheidungen im Vergleich zu Vorträgen (nach SECORD & BACKMAN, 1976, S. 172)

Gruppenentscheidung	Vortrag
Zuhörer nehmen aktiv teil und werden Anteil wahrscheinlich persönlich involviert	Zuhörer sind passiv, nehmen keinen
Mitglieder nehmen die Bereitschaft anderer Mitglieder zur Auflockerung von festgefahrenen Einstellungen wahr	Zuhörer schweigen; Mitglieder können Neigungen anderer nicht wahrnehmen
Die nachgiebige Haltung des Leiters gegenüber Einwänden kann den Wunsch, ihm zu helfen, stärken, indem man sich in der vorgeschlagenen Weise verhält	Zuhörer nehmen keinen Anteil; daher kann der Leiter keine Unterstützung durch Nachgiebigkeit gewinnen
Mitglieder müssen sich zu der gewünschten Handlung verpflichten	Zuhörer müssen keine Entscheidung über die gewünschte Handlung treffen
Mitglieder nehmen wahr, daß sich andere zu der gewünschten Handlung verpflichten	Zuhörer sind nicht in der Lage, private Entscheidungen anderer wahrzunehmen

Die große Bedeutung der Gleichaltrigengruppe im Jugendalter hat aber nicht nur positive Konsequenzen. Falls die Gruppe nicht in die Gesellschaft integriert ist, kann sie zum Schrittmacher für eine Verwahrlosungskarriere werden, besonders, wenn sie sich außerhalb formeller Strukturen wie Schulklasse oder Jugendgruppe bildet.

Gefährdet sind vor allem Jugendliche, die Schwierigkeiten mit ihren Klassenkameraden und mit anderen Jugendlichen haben. Sie erleben in derartigen Jugendbanden oft zum ersten Mal, daß sie jemand akzeptiert. Der Reiz des Abenteuers und die Möglichkeit, rasch zu Geld zu kommen, stellen zusätzliche Motive dar. Umso wichtiger ist es für die Erzieher, sich besonders um Jugendliche mit Außenseiterpositionen anzunehmen.

Praktische Hinweise für die Arbeit mit verwahrlosten Jugendlichen finden sich in dem noch immer aktuellen Buch von August AICHHORN, „Verwahrloste Jugend“ (1977[9]) und in dem Werk von REDL & WINEMAN, „Kinder, die hassen“ (1979).

Eine zweite Bedrohung durch ungünstige Gruppeneinflüsse stellt die Möglichkeit des Abgleitens in die Drogenszene dar. Der hohe Leistungsdruck, vor allem in den weiterführenden Schulen, kann mittelbar die Wege ebnen. Wer gelernt hat, sich durch Tabletten oder Alkohol „fit“ zu halten, oder über Enttäuschungen hinwegzuträumen, wird eher geneigt sein, aus Neugier zu härteren Drogen zu greifen, vor allem dann, wenn die Freundesgruppe dies verlangt.

Probleme mit Eltern und Erziehern, aber auch mit der Gleichaltrigengruppe können andererseits auch dazu führen, daß sich Jugendliche sogenannten „Jugendsekten“ anschließen. Der Name ist nicht ganz zutreffend, da sich die „destruktiven Kulte“, wie sie auch bezeichnet werden, heute vermehrt an junge Erwachsene jenseits der Volljährigkeit wenden, um rechtliche Schwierigkeiten zu vermeiden. Die Sekten werben mit Lernhilfeunternehmen, kostenlosen „Persönlichkeitstests“, versprechen Heilung bei seelischen Schwierigkeiten usw. Es gibt eine Reihe von Tarnorganisationen, die sich zunächst an die Jugendlichen wenden. Man muß sich klar sein, daß diese Organisationen rein wirtschaftliche Interessen haben. Es geht ihnen um finanzielle Unterstützung und kostenlose Arbeit durch die Mitglieder, bzw. ihre Eltern. Da diese Organisationen mit ausgeklügelten, psychologischen Mitteln arbeiten, können psychische Abhängigkeiten entstehen, die ähnlich intensiv sind, wie dies bei Drogen der Fall ist.

11.8 Entwicklungsaufgaben im Jugendalter nach Havighurst

Jede Epoche in der Entwicklung hat ihre zugeordneten „Entwicklungsaufgaben“, ein Begriff, den Havighurst 1948 prägte. Diese werden von der jeweiligen Kultur, in der ein Kind aufwächst, vorgegeben. Einen Überblick über die Entwicklungsaufgaben des Jugendalters, den Havighurst (1972) zusammengestellte, gibt Richtlinien für die Beratung von Jugendlichen und ihren Eltern, die sich praktisch bewährt haben.

Ihre positive Bewältigung bringt es mit sich, daß die Person im Einklang mit der sozialen Umwelt lebe. Gelingt dies nicht, wird sie in eine Außenseiterrolle gerdängt. Die erfolgreiche Bewältigung von Entwicklungsaufgaben hängt nach Oerter (1995, S. 121) von folgenden Komponenten ab:

1. Individuelle Leistungsfähigkeit
2. Soziokulturelle Entwicklungsnorm
3. Individuelle Zielsetzungen in einzelnen Lebensregionen

Die sich im Lauf der Entwicklung ständig ändernde individuelle Leistungsfähigkeit wird nicht nur durch die Interaktion von Begabung und Lernen beeinflußt, sondern vor allem durch die Berücksichtigung der Entwicklungsgemäßheit der Anforderungen. Bestimmte Lernaufgaben sind an sogenannte

„entwicklungskontingente Lernprozesse“, wie ROLLETT (1994b, S. 143; DEIMANN & KASTNER-KOLLER, 1997) sie bezeichnet hat, gebunden. Sie können erst stattfinden, wenn bestimmte, mit Umweltanregungen interagierende Reifeprozesse erfolgt sind. Verlangt eine Kultur bestimmte Leistungen, die an entwicklungskontingente Lernprozesse gebunden sind, zu früh, kann dies zu Konflikten mit den Betroffenen führen: Die Bearbeitung von Liebesdramen im Deutschunterricht langweilt Kinder vor dem Abschluß der Pubertät, während dieselben Werke sie im Jugendalter faszinieren können, besonders natürlich, wenn sie gerade ähnliche Erfahrungen machen. HAVIGHURST nennt folgende Entwicklungsaufgaben:

1. **Akzeptieren der eigenen körperlichen Erscheinung und effektive Nutzung des Körpers:** Sobald Jugendliche ein Interesse am anderen Geschlecht entwickeln, ändern sich die Rangordnungen in der Schulklasse. Während vorher in unserer Kultur eher die Neigung besteht, daß Mädchen und Jungen getrennte Freundesgruppen bilden, kommt es nun zu gemischtgeschlechtlichen Gruppierungen. Wegen des rascheren Reifetempos der Mädchen entwickeln sich diese neuen Beziehungen jedoch in erster Linie über die Schulklassengrenzen hinweg. Es entstehen neue Wertmaßstäbe, die mit der Popularität eines Jungen oder eines Mädchens beim anderen Geschlecht zusammenhängen. Jugendliche müssen lernen, mit diesen umzugehen und sich auf die Attraktivitätsnormen der Altersgruppe einzustellen. Oft kommt es dabei zu erheblichen Konflikten mit den Eltern, die verhindern wollen, daß ihre Kinder sich zu sehr um ihr Aussehen kümmern oder nicht verstehen können, daß die Jugendlichen hinsichtlich der Kleidung, oder ihrer Frisur, mehr auf ihre Altersgenossen hören, als auf die Eltern. In der Beratung trifft man nicht selten Eltern, die sich darüber beklagen, daß ihre Tochter oder ihr Sohn keine Freunde hätte, gleichzeitig aber nicht akzeptieren wollen, daß sich diese nicht mehr nach ihren eigenen Vorstellungen (die nicht selten jenen von vor 30 Jahren entsprechen) sondern nach den Normen der Gleichaltrigengruppe richten wollen.
2. **Erwerb neuer und reiferer Beziehungen zu Altersgenossen beiderlei Geschlechts:** Die kurzlebigen, hemmungslos ausagierten Konflikte des Kindesalters sollten nun endgültig der Vergangenheit angehören. Jugendliche sollten mehr Verständnis für die anderen und ihre Situation und mehr Toleranz für abweichende Standpunkte entwickeln können.
3. **Erwerb der männlichen und weiblichen sozialen Rolle:** Dieses Entwicklungsziel ist in der heutigen Kultur schwieriger zu verwirklichen, da durch das Bemühen um eine größere Gleichberechtigung der Geschlechter zwar die alten Rollenvorschriften zurückgedrängt, neue jedoch noch nicht in ausreichendem Maße entwickelt wurden.

In einer Untersuchung von Wiesinger & Stary, 1986 bei über neunhundert österreichischen Jugendlichen aller Schichten zeigte es sich, daß in der Berufsschuljugend eher traditionelle, in der die weiterführenden Schulen besuchenden Jugend egalitäre Rollenbilder vorherrschen. Insgesamt ergab sich, daß Mädchen viel häufiger Vorstellungen egalitärer Art vertreten, als männliche Jugendliche. Weiters zeigte sich, daß der Einfluß des Elternhauses bei der Entwicklung der Rollenvorstellungen nicht ohne Bedeutung ist. Die Jugendlichen übernehmen bevorzugt die Rollenmuster, die in ihrer Familie herrschen. Interessant war außerdem, daß ein Unterschied zwischen Jugendlichen bestand, die bereits einen festen Freund oder eine feste Freundin hatten, und jenen, bei denen das noch nicht der Fall war. Erstere neigten sehr viel mehr egalitären Rollenvorstellungen zu, insbesondere was die Arbeitsverteilung innerhalb einer Partnerschaft betraf.

4. **Gewinnung emotioneller Unabhängigkeit von Eltern und anderer Erwachsenen:** Dieser Punkt ist durch den Zusatz „und von Gleichaltrigen“ ergänzungsbedürftig. Zur Erwachsenenrolle, in die die Jugendlichen langsam hineinwachsen sollen, gehört nicht nur, daß man in seinem seelischen Gleichgewicht nicht mehr von anderen abhängt, sondern auch, daß man zunehmend in der Lage ist, seine eigenen Entschlüsse zu treffen und zu verantworten, auch wenn dies einen Konflikt mit anderen mit sich bringt, so daß die Person unter emotionellen Druck gerät.

5. **Vorbereitung auf eine berufliche Karriere:** Dies ist besonders wichtig, da man festgestellt hat, daß viele Berufsentscheidungen auf sehr zufällige Weise getroffen werden. Dies führt zu einem vermehrten Abbrechen von Berufsausbildungen, sobald die Jugendlichen etwas mehr Unabhängigkeit gewonnen haben.
   Für die Jugendlichen in den weiterführenden Schulen ist es wichtig, ihnen Gelegenheit zum Überdenken ihrer eigenen Berufsentscheidungen zu geben. Man sollte sie ermutigen, sich Informationen über den angestrebten Studien- und Berufsweg zu verschaffen (vgl. dazu Seifert & Stangl, 1986; Pollmann, 1993).
   Eine gute Praxis ist es, die Jugendlichen zu ermutigen, in dem gewünschten Beruf eine Ferialpraxis durchzuführen, um ihn kennenzulernen.

6. **Vorbereitung auf eine Heirat und das Familienleben**: Die Vor-Elternerziehung, wie der Fachausdruck lautet, kann in den Sexualerziehungsunterricht integriert werden. Hier geht es vor allem darum, realistische Vorstellungen von den zukünftigen Aufgaben zu entwickeln. Nach dem österreichischen Schulgesetz stellt die Sexualerziehung ein „Unterrichtsprinzip“

dar: Von den Lehrenden wird erwartet, daß sie auf diese und andere Aspekte der Partnerbeziehung eingehen, wenn das Thema des Unterrichts dies nahelegt.

7. **Entwicklung eines sozial verantwortungsvollen Verhaltens**: Mit dem Erwachsenenleben sind nicht nur neue Rechte, sondern auch neue Pflichten verbunden. Der Unterricht bietet genau so, wie das Familienleben viele konkrete Anlässe, um die damit zusammenhängenen Fragen und Einstellungen zu diskutieren und zu problematisieren.

8. **Aufbau eines Wertsystems und eines ethischen Bewußtseins** als Richtschnur für das eigene Verhalten und Entwicklung einer Weltanschauung. Bei den Entwicklungsaufgaben handelt es sich um langfristige Zielsetzungen, deren Verwirklichung Jahre in Anspruch nimmt.

12. Die Veränderung von Verhalten und Erleben durch die Erfahrung: Gedächtnis und Lernen

Die Lern- und Gedächtnisforschung stellt eine weitere wichtige Grundlagenwissenschaft der Pädagogischen Psychologie und der Pädagogik, dar. Im folgenden sollen daher einige wichtige Entwicklungen und Ergebnisse aus diesem Forschungsbereich dargestellt werden.

12.1 Die Entwicklung der Lern- und Gedächtnisforschung

Die experimentelle Gedächtnisforschung geht auf die Arbeiten von EBBINGHAUS (1885) zurück. Sie behandelt die Gesetze der Aneignung und des Vergessens von verbalem Material, wobei Ebbinghaus bei seinen Versuchen sogenannte „sinnlose Silben" verwendete, um sicher zu sein, daß die Ergebnisse nicht durch Vorwissen verfälscht wurden. Er entdeckte die „Vergessenskurve", die zeigt, daß Gelerntes nur kurze Zeit einigermaßen vollständig im Gedächtnis bleibt, da es dann zu einem raschen Absinken der Erinnerungsleistung kommt. Wichtigstes theoretisches Konstrukt seines Systems ist die Assoziation, die Verknüpfung zwischen je zwei gelernten Gedächtnisinhalten.

Seine Theorie ist eine **Kontiguitätstheorie,** d. h. die zu erlernenden Elemente müssen in räumlicher oder zeitlicher Nachbarschaft wahrgenommen werden, um miteinander verbunden („assoziiert") werden zu können. Das Lernen selbst erfolgt durch Übung (Wiederholung der zu lernenden Wortlisten). Emotionen (positive oder negative Verhaltensfolgen) spielen keine Rolle.

Kritik an der Assoziationspsychologie wurde von der durch v. EHRENFELS (1890) begründeten **Gestaltpsychologie** geübt. Die Gestaltpsychologie geht davon aus, daß es neben den Elementeigenschaften sogenannte „Gestaltqualitäten" gibt, die an das geordnete Zusammensein der Elemente gebunden sind. Eine Melodie ist erkennbar, wenn man sie in einer anderen Tonart spielt, selbst wenn dann kein Ton mehr derselbe ist. Würfelt man die einzelnen Töne jedoch durcheinander, verschwindet der Melodieeindruck: Bei Auflösung der Konfiguration sind die Struktureigenschaften nicht mehr vorhanden. So haben z. B. auch soziale Gruppen andere Merkmale (Gruppennormen, Kohäsion, Rangordnung, Gruppenziele usw.), als durch Persönlichkeiten jedes einzelnen Gruppenmitglieds erschlossen werden kann.

Die Gestaltpsychologie beschäftigte sich besonders mit dem Erlernen bedeutungshaltigen Lernmaterials. Bekannt geworden sind KÖHLERS Untersuchungen zum „Lernen durch Einsicht“, die er 1913–1917 mit Schimpansen durchführte (vgl., KÖHLER, 1917). Charakteristisch für den gestaltpsychologischen Ansatz ist, daß Lern-, Denk- und Wahrnehmungsprozesse nicht getrennt behandelt werden.

Untersuchungen zum einsichtigen Lernen beim Menschen führten WERTHEIMER zur Entwicklung seiner Theorie des „produktiven Denkens“.

Der gestaltpsychologische Ansatz stieß auf massive Kritik amerikanischer und russischer Forscher, die mit streng naturwissenschaftlichen Methoden den Vorgang des Lernens zu klären versuchten. Am extremsten wurde die Ablehnung „introspektiver“ Konzepte wie „Einsicht“, „Bewußtsein“ u. ä. und die rigorose Beschränkung auf die Untersuchung beobachtbaren Verhaltens vom Begründer des **Behaviorismus**, WATSON, propagiert (vgl. WATSON, 1919).

Auch seine Lerntheorie ist eine Kontiguitätstheorie. Sie hat heute nur noch historischen Wert, obwohl seine These von der uneingeschränkten Erziehbarkeit des Menschen einen nachhaltigen Einfluß auf die Pädagogik gehabt hat.

Größere Bedeutung für die gegenwärtige Diskussion hat das System seines Schülers GUTHRIE bzw. dessen Formalisierung durch VOEKS (vgl. dazu GUTHRIE, 1959). Die aus seiner Theorie abgeleiteten Regeln für den Aufbau von Routineverhalten (Schreibgewohnheiten, Arbeitstechniken, Körperpflege u. a. m.) und den Abbau falsch eingelernter Handlungssequenzen (z. B. Sprachstörungen) sind zur Lösung von Lernaufgaben in den entsprechenden Verhaltensbereichen oft gut geeignet. Da die Motivation jedoch in seinem System keinen Platz hat, zeigen sich in der praktischen Anwendung immer dann Schwächen des Systems, wenn eine sorgfältige Planung der Bekräftigungen des Verhaltens durch positive oder negative Verhaltenskonsequenzen unumgänglich ist.

Die Arbeiten zum erfolgsgesteuerten Lernen gehen auf THORNDIKE (1898) zurück. Bei Untersuchungen des sogenannten **Versuch-Irrtumlernens** bei Katzen in „Problemkäfigen“ stellte er fest, daß Problemlösungen (z. B. Betätigen des Hebels eines Futtermechanismus) durch Probieren, das zufällig zur richtigen Lösung führte, gefunden und eingelernt werden können. Der Erfolg (Futterabgabe) wirkt bekräftigend auf die Reiz-Reaktionsketten („habits“, Verhaltensgewohnheiten). Im „Effektgesetz“ formulierte er diesen Tatbestand: Reiz-Reaktionsverbindungen (Stimulus-Response-Verbindungen), die zu einem befriedigenden Gesamtzustand führen, werden verstärkt, Verbindungen, die einen unangenehmen Gesamtzustand zur Folge haben, geschwächt.

In der Fassung, die seine Theorie nach 1930 erhielt, wurde nur mehr den positiven Verhaltenskonsequenzen Bedeutung zugemessen. Auch der Einfluß der Übung auf das Lernen wurde vollständig vernachlässigt.

THORNDIKES Untersuchungsansatz wurde von B. F. SKINNER aufgegriffen und zur **Theorie des operanten Konditionierens** (instrumentelles Lernen) weiterentwickelt. Für die Praxis wesentlich sind SKINNERs Untersuchungen über die Auswirkungen bestimmter „Schedules“, d. h. Bekräftigungspläne (Verhältnis und zeitliche Aufeinanderfolge von bekräftigten Versuchen) auf Ablauf und Stärke des resultierenden Verhaltens, Am wirksamsten für den Lernerfolg erwiesen sich nicht Belohnungen, die **immer** gegeben werden, sondern „intermittierende Verstärkungen“, d. h. solche, die nur gelegentlich erfolgen. Dies erklärt den Erfolg von Erziehungsmaßnahmen im Alltag, obwohl in der natürlichen Umgebung des Kindes nicht jedes erwünschte Verhalten belohnt wird. Die Anwendung seiner Lernpsychologie auf Probleme des Unterrichts führte SKINNER zur Entwicklung des **Programmierten Unterrichts** (1954).

Das **Prinzip des klassischen Konditionierens** wurde durch den russischen Physiologen PAWLOW entdeckt. Während beim operanten Konditionieren die Aktion des Individuums **vor** den bekräftigenden Verhaltensfolgen stattfindet, ist beim klassischen Konditionieren der Weg umgekehrt: Ein (konditionierter) Reiz löst die anschließende Reaktion des Individuums aus.

Bei der Untersuchung des Reflexmechanismus am Beispiel der Speichelproduktion von Hunden bei Futterverabreichung stellte er fest, daß es möglich ist, den ursprünglichen reflexauslösenden Reiz (Futter) durch ein gelerntes („konditioniertes“) Signal wie Licht oder einen Glockenton zu ersetzen: Ist ein neutraler Reiz mit einem bekräftigenden Ereignis gekoppelt, so wird auch dieser neutrale Reiz zu einem bekräftigenden Ereignis (Prinzip der sekundären Verstärkung). MOWRER (vgl. MOWRER, 1960) hat diesen Lerntyp später als **Signallernen** bezeichnet. „**Auslöschung**“ nennt man das Verschwinden der Reiz-Reaktionsverbindung, wenn der bekräftigende Reiz einige Zeit nicht mehr dargeboten wird.

Weitere wichtige Tatbestände, die die Lernforschung untersucht, betreffen Fragen der **Generalisation:** Gelernte Reaktionen erfolgen nicht nur auf den ursprünglichen Reiz, sondern auch auf ähnliche Reize, ein für das Erklären des Neulernens (Übertragung, Transfer) wichtiger Tatbestand. Quasi den komplementären Prozeß dazu stellt die **Differenzierung oder Diskrimination** dar, das Erlernen unterschiedlicher Reaktionen auf ähnliche Reize. Wenn Kinder z. B. in der Grundschule lernen, p und b zu unterscheiden, handelt es sich um Diskriminationslernen.

Den ersten groß angelegten Versuch, die verschiedenen, bis zu diesem Zeitpunkt bekannten Ergebnisse der Lernforschung in ein konsistentes System zu bringen, machte HULL 1943.

Es entwickelte eine Reiz-Reaktions-Verstärkungstheorie, da Lernen als Verbindung von Reiz- und Reaktions-Sequenzen dargestellt wurde, die durch Bekräftigungen (reinforcements) bewirkt wird. Seine Absicht war, ein deterministisch aufgebautes System zu entwickeln, das in der Psychologie ähnlich präzise Verhaltensvorhersagen erlauben sollte, wie dies in der klassischen Mechanik für das Verhalten unbelebter Objekte möglich ist.

Trotz ständiger Ausweitungen seines Systems konnte er dieses ehrgeizige Ziel nicht erreichen. Die Bedeutung seines Ansatzes liegt vor allem darin, daß er zur Entwicklung der **mathematischen Lernmodelle** Anlaß gab. Die Zunahme an Präzision mußte allerdings mit einer immer stärkeren Praxisferne der Ergebnisse lernpsychologischer Forschung bezahlt werden.

Während man zunächst versuchte, an Ergebnisse von Lernexperimenten (z. B. Summenkurven erfolgreicher Versuchsdurchgänge) Kurven anzupassen, lieferte ein programmatischer Artikel von ESTES, 1950 (s. ESTES, 1959) den Anstoß zur Entwicklung probabilistischer Modelle des Lernens, wobei er forderte, daß die Modellwahl aufgrund theoretischer Vorüberlegungen, nicht aber nach einer in gewissem Rahmen immer willkürlichen Auswahl einer „optimalen“ Anpassungskurve erfolgen sollte.

Die Theorie von ESTES wurde als **statistische Lerntheorie oder „Reizstichprobentheorie“** (Stimulus-sampling-theory) bezeichnet. Statt Summenkurven werden Wahrscheinlichkeiten von Reaktionen als abhängige Variable erhoben, die zu den experimentellen Variablen in Beziehung gesetzt werden. Bekannt geworden ist weiters das ungefähr zur selben Zeit entwickelte Modell einer **stochastischen Lerntheorie** von BUSH & MOSTELLER (1955).

Mit Hilfe der neuen mathematischen Modelle konnte ein praktisch wichtiger Lerntyp beschrieben werden, nämlich das **Wahrscheinlichkeitslernen:** Es geht dabei um Lernsituation, in denen im Moment des Handelns eine Auswahl (Entscheidung) zwischen verschiedenen Handlungsalternativen getroffen werden muß. Welche Reaktion aus einem Spektrum von Möglichkeiten gewählt wird, hängt einerseits von bestimmten Merkmalen der Reizsituation, andererseits von Variationen des Lernzustandes des Individuums ab. Lernvorgänge wirken sich in einer Verschiebung der Wahrscheinlichkeiten der einzelnen Handlungsalternativen aus.

Die Ablehnung von Hypothesen über Innenzustände bei der Reizverarbeitung, die der Behaviorismus zur Folge hatte, wurde durch die Lerntheorie TOLMANs in Frage gestellt. Er schloß aus der Tatsache, daß Ratten in einem ihnen bekannten Labyrinth, an dessen Ende ein Futterplatz eingerichtet ist, auf Anhieb den schnellsten Weg zum Futter finden, auch wenn man den gewohnten Weg blockiert, auf die Existenz „innerer Landkarten“, die eine Neuorientierung auch unter geänderten Umständen ermöglichen (TOLMAN, 1948). TOLMANentwickelte auf dieser Grundlage eine **kognitive Lerntheorie**, die die Erklärung zweckgebundenen Verhaltens ermöglichte. Durch bestimmte Reizkonfigurationen der Außenwelt wird danach eine sogenannte „Zeichengestalterwartung“ hervorgerufen, die als Einstellung (set) das weitere Verhalten bestimmt. Nach anfänglicher Ablehnung hatte die Theorie TOLMANs eine Flut von Untersuchungen zu Denkvorgängen beim Lernen und vor allem zum verbalen Lernen zur Folge. Auch HULL nahm in sein Theoriensystem die Annahme von – nicht näher bezeichneten – inneren „Intermediärprozessen“ auf, die sich zwischen Reiz und Reaktion schieben (vgl. HULL, 1950).

Nicht immer führen negative Verhaltenskonsequenzen dazu, daß kein Lernen erfolgt. FESTINGER (1961) entwickelte dazu die Theorie der **„kognitiven Dissonanz“** Milde Frustrationen führen gelegentlich nicht etwa dazu, daß die Person die Situation, in der ein gelerntes Verhalten stattfinden soll, vermeidet, sondern sie im Gegenteil besonders zu bevorzugen beginnt. N. R. F. MAIER hatte diese überraschende Tatsache in seiner Theorie der Frustration bereits vor FESTINGER systematisch untersucht. FESTINGER beschrieb 1961 dazu ein Experiment, in dem Studentinnen, die eine sehr strenge Aufnahmeprüfung als Voraussetzung zum Beitritt zu einer Diskussionsgruppe machen mußten, diese weit höher einschätzten als Studentinnen, die keine Prüfung hatten machen müssen. Beide Gruppen mußten eine Tonbandwiedergabe einer Gruppendiskussion nach ihrer Attraktivität beurteilen. Die Urteile fielen bei jenen weit positiver aus, die eine Aufnahmesprüfung bestanden hatten: Um den Prüfungsaufwand vor sich zu rechtfertigen, überzeugten sie sich selbst durch Überschätzung der Gruppe davon, daß es sich gelohnt hatte.

Allgemein kann man feststellen, daß in den Fünfzigerjahren neben der Entwicklung der einseitigen Laborforschung zunehmend Versuche in Richtung einer stärkeren Anwendung ihrer Ergebnisse unternommen wurden. Es entstanden jene Richtungen, die als **Theorien des sozialen Lernens** bekannt geworden sind. Charakteristisch für diese Entwicklungen ist, daß sie eng mit dem Versuch gekoppelt sind, lernpsychologische Ergebnisse für die Verhaltenstherapie nutzbar zu machen (ROTTER, 1966; BANDURA & WALTERS, 1963). BANDURA verdankt die Lernforschung den Hinweis auf eine im Alltag sehr wichtige Form zu lernen, nämlich das sogenannte **Imitationslernen** (Beobachtungslernen, Lernen durch soziale Nachahmung (vgl. auch MILLER & DOLLARD, 1941). Die Bereitschaft zur Nachahmung des Verhaltens der Modellperson folgt bestimmten Gesetzen: Personen mit hohem Status werden eher nachgeahmt, die Reaktionen der Umwelt auf das Verhalten des Modells spielen ebenso eine Rolle wie Alter und Geschlecht der Modellperson.Von besonderer Bedeutung wurden BANDURAS Versuche zur Nachahmung aggressiver Akte von Modellpersonen durch Kinder (vgl. BANDURA, 1976).

12.2 Theorien schulischen Lernens

Eine erste globale, kognitive Verhaltenstheorie komplexer Lernvorgänge, die die Determinanten des zu lernenden Verhaltens in ihrer Beziehung zueinander beschreibt, legte CRONBACH seiner pädagogischen Psychologie zugrunde (1954). Sein Modell umfaßt folgende Bestimmungsstücke:

Tab. 6: Lernmodell nach CRONBACH

1. Die Situation, die die Entscheidungsalternativen darbietet
2. Persönlichkeitsmerkmale
3. Verhaltensziele
4. Die Interpretationen (intentional gesteuerte Informationsaufnahme und -verarbeitungsprozesse, die der Abwägung möglicher Folgen der einzelnen Verhaltensalternativen dienen)
5. Die Handlung
6. Verhaltenskonsequenzen, die die Interpretation bestätigen oder ihr widersprechen.

Damit wurde erstmals ein entscheidungstheoretisches Konzept zur Beschreibung von Verhaltensänderungen als Folge von Lernprozessen verwendet.

Schon in den dreißiger Jahren untersuchte WOODROW die Bedingungen erfolgreichen Lernens von sinnvollem Material. Er stellte fest (1946), daß es keine einheitliche, für alle Versuchspersonen in gleicher Weise geltende, „allgemeine Lernfähigkeit" gibt, sondern eine Vielzahl je nach Gegenstand verschiedener spezifischer Fähigkeiten, zu lernen.

Wie bereits beschrieben, zeigten FLEISHMAN & HEMPEL (1956), die sich systematisch mit dem sensumotorischen Lernen beschäftigten, daß bei motorischen Lernaufgaben auf verschiedenen Übungsniveaus sogar unterschiedliche Fähigkeiten beteiligt sind: Zu Beginn des Lernvorgangs sind eher kognitive Faktoren für die Qualität der Leistung verantwortlich; wird die motorische Leistung bereits gut gekonnt, sind es jedoch rein motorische Faktoren.

CARROLL (1973) untersuchte die individuellen Voraussetzungen des Fremdsprachenlernens und kam zur Unterscheidung von vier Faktoren, deren Ausprägung das Erlernen einer Fremdsprache erleichtert: Phonetisches Codieren, Sensitivität für Grammatik, Merkfähigkeit, induktives Lernen.

Es handelt sich in allen diesen Fällen um Versuche, einen differenziellen Gesichtspunkt in die Analyse von Lernleistungen mit einzubeziehen.

Howard GARDNER (1983, vgl. auch GARDNER & HATCH, 1989) entwickelte dazu eine „Theorie multipler Intelligenzen". Spezifische Kompetenzen in einem bestimmten Lernfeld führen dazu, daß man sich intensiv damit beschäftigt, so daß es dort zu Höchstleistungen aufgrund besonderer qualitativ unterschiedlicher Intelligenzen kommt. Die einzelnen Breiche gliedert er wie folgt:

Tab. 7: Bereiche der Theorie der multiplen Intelligenzen nach GARDNER

1. Sprachliche Intelligenz
2. Musische Intelligenz
3. Logisch-mathematische Intelligenz
4. Räumliche Intelligenz
5. Körperlich-kinästhetische Intelligenz
6. Intrapersonale Intelligenz
7. Interpersonale Intelligenz

Einen anderen Weg gingen Forscher, die von der Unterscheidung von bestimmten Lernformen ausgingen, für die unterschiedliche Gesetze (teils in Anlehnung an die Ergebnisse der Laborforschung) postuliert wurden: Die Unterscheidung kognitiver, affektiver und sensumotorischer Lernprozesse von BLOOM u. a. (1956) ist hier ebenso zu nennen, wie die **hierarchische Lerntheorie** GAGNÉS (1973).

GAGNÉ nennt folgende Stufen, die vom einfachsten bis zum komplexesten „Lerntyp“ reichen:

Tab. 8: Stufen der hierarchischen Lerntheorie GAGNÉS

1. Signallernen (Klassisches Konditionieren)
2. Reiz-Reaktionslernen (Operantes Konditionieren)
3. Kettenbildung (Aufbau von Sequenzen von Reiz-Reaktionsverbindungen, komplexen Handlungen)
4. Sprachliche Assoziationsbildung (Lernen von Sprachmustern)
5. Multiple Diskrimination
6. Begriffslernen
7. Regellernen
8. Problemlösen

Die auf dieser Konzeption des schulischen Lernens aufbauende Unterrichtstheorie GAGNÉS besagt, daß jeder Lernprozeß nach diesem Schema konstruiert werden sollte, beginnend bei den einfachen Lernformen und aufsteigend zu dem kompliziertesten Lerntyp, dem Problemlösen. Lernschwierigkeiten werden durch Ausfälle auf niedrigeren Hierarchieebenen erklärt.

Unter den kognitiven Lerntheorien hat AUSUBELS Theorie der Bedeutung von Strukturierungshilfen (advance organizers) für das Lernen von sinnvollem verbalem Material Beachtung gefunden: Um effizienter lernen zu können, müssen Lernende sich zunächst einen Überblick verschaffen und die zu lernenden Informationen sinnvoll gliedern (vgl. AUSUBEL, 1968, 1978). Derartige

Strukturierungen erleichtern nicht nur das Erlernen, sondern vor allem das gezielte Wiederabrufen. Der oder die Lernende schafft sich so einen „Hypertext“, der die weitere Lernarbeit steuert und die Bildung von Querverbindungen zwischen den zu lernenden Teilbereichen erleichtert.

Eine konsequent formulierte Theorie bedeutungshaltigen, regelgeleiteten Lernens stellt SCANDURAS (1973) strukturelle Lerntheorie dar. Er baute sie zu einem System des „instructional design“ aus, das heißt, einer wissenschaftlich gestützten Anleitung zur optimalen Gestaltung von Trainings-, Unterrichts- und Selbstlernprogrammen, wobei nicht nur die Ziele vorgegeben werden, sondern sämtliche Lehrmaterialien und Arbeitsformen präzise „designed“ und an die Bedürfnisse und Fähigkeiten der Adressatengruppe angepaßt werden.

Ein Beispiel für einen aktiven Aufbau von Interpretationen der Umwelt im Rahmen von Problemlösungsprozessen bietet die Lernpsychologie LOMPSCHERS (1972), der ein in der Praxis bewährtes mehrjähriges Trainingsprogramm zur Entwicklung analytisch-synthetischer Fähigkeiten bei Grundschulkindern zusammenstellte.

Die Schwierigkeit bei der Untersuchung schulischen Lernens liegt vor allem in der Variabilität der Hauptbedingungen, des Lehrerunterrichts. Exakte Analysen komplexer Lernvorgänge sind daher erst möglich geworden, als durch den Programmierten Unterricht eine Standardisierung des Lernangebotes für sämtliche Versuchspersonen erfolgen konnte (vgl. KLAUER, 1969, S. 50). Wegen der Möglichkeit der direkten Auswertung und Speicherung der Reaktionen der Lernenden wurden wesentliche Fortschritte der Forschung zum schulischen Lernen im Computerunterstützten Unterricht möglich, wie ATKINSON bereits 1973 zeigte.

Abgesehen davon ist durch den Einsatz von EDV die Auswertung von großen Datenmengen aus der Feldforschung und das Austesten komplexer, mathematischer Modelle zur optimalen Darstellung der Ergebnisse gewährleistet. Beispiele für diesen Forschungszugang bieten die Arbeiten der Forschergruppe des Instituts für die Pädagogik der Naturwissenschaften in Kiel (IPN).

Die jüngere Entwicklung in der Lernforschung ist einerseits dadurch gekennzeichnet, daß informationstheoretische und neurophysiologische Konzepte in großem Stil die Theorienbildungen und die Untersuchungsansätze beeinflussen (vgl. BOWER & HILGARD, 1981, GUTTMANN, 1982[3], GAGE & BERLINER, 1996, S. 279 ff), andererseits Lernprozesse in natürlichen Umwelten untersucht werden (BEREITER, 1990; IRAN-NEJAD et al., 1990).

12.3 Die Theorie des Metagedächtnisses von John H. FLAVELL

Die Gedächtnisforschung erhielt durch die Arbeit der Forschungsgruppe um John H. FLAVELL einen wesentlichen Impuls (vgl. FLAVELL & WELLMAN,

1977). Flavell entdeckte nämlich, daß Gedächtnisstrategien nicht gleichsam automatisch vom Lernenden eingesetzt werden, sondern daß sich im Laufe der Entwicklung ein „Wissen um das eigene Gedächtnis" herausbildet. Er nannte dies das **Metagedächtnis**.

Unter Metagedächtnis ist somit **ein völlig bewußtes und explizites, vollständig verbalisiertes Nachdenken über Gedächtnisphänomene, die sich auf das Funktionieren des eigenen Gedächtnisses beziehen, zu verstehen, ergänzt durch unartikulierte „Intuitionen".** Derartige Überlegungen können z. B. so aussehen, daß der Lernende sich Gedanken darüber macht, wie schwierig ein bestimmter Stoff ist, daß ein anderer Stoff leichter ist, daß er einen bestimmten Abschnitt bereits ausreichend gelernt hat u. a. m.

Flavell & Wellman (1976) nehmen an, daß dieses Wissen aus den eigenen Lernerfahrungen stammt. Der Lernende bekommt nach und nach eine realistische Einschätzung dessen, was er sich selbst zutrauen kann, bzw. wie er vorgehen muß, um eine bestimmte Lernaufgabe zu meistern.

Im einzelnen verfügt das Metagedächtnis nach Flavell über folgende **Hauptstrategien:**

1. **Sensibilität:** Hier handelt es sich um ein „Gespür" für Situationen, ihre Anforderungen an Informationsspeicherung oder Informationsabruf.
2. **Das Wissen über jene Variablen,** die in ihrem Zusammenspiel die Gedächtnisleistung beeinflussen. Im einzelnen handelt es sich nach Flavell um
   a) Personvariablen
   b) Aufgabenvariablen
   c) Strategievariablen

Zu den **Personvariablen** zählt z. B. das Wissen um den Umfang des eigenen unmittelbaren Gedächtnisses, Bevorzugung eher semantisch-verbaler Kodierungen beim Einlernen oder eher visuell-räumlicher Speicherungen u. a. m. Unter **Aufgabenvariablen** ist das Wissen um die Schwierigkeit einer Aufgabe zu verstehen. **Strategienvariablen** umfassen nach Flavell bewußte Aktivitäten, die jemand einsetzt, um sich etwas leichter merken zu können. Bei den Strategievariablen unterscheidet er **Speicherstrategien** von **Abrufstrategien.**

Tab. 9: Strategievariablen nach FLAVELL

Speicherstrategien: a) Rehearsal: Memorieren b) Organisation: Semantisches Gruppieren oder Kategorisieren c) Elaboration: Hinzufügen einer Bedeutung; die zu lernenden Inhalte werden z. B. in eine phantastische, visuell ausgeschmückte Geschichte eingekleidet **Abrufstrategien:** a) Aktives Selbsttesten, die Lernenden überprüfen selbständig die Zugriffssicherheit zu dem eben gelernten Gedächtnismaterial und fügen neue Wiederholungsschritte ein, wenn sie feststellen, daß bestimmte Bereiche noch nicht zur Verfügung stehen. b) Aufbauen einer Liste von **Stichworten** (Cues), die als Hinweisreize bestimmte Partien des Stoffes zugänglich machen.

Bereits in der Grundschule wird von Kindern erwartet, daß sie das „Lernen lernen". Wie erst durch die Arbeiten der FLAVELLschen Schule bekannt wurde, ist dies in dieser Altersstufe nur mit großen Einschränkungen möglich. Die unumgängliche Voraussetzung ist nämlich ein funktionierendes Metagedächtnis, das sich zu Beginn des Jugendalters herausbildet.

In der Regel entwickelt das sogenannte **„mnemonische Selbst"**, wie es HAGEN u. a. (1975) genannt haben, erst in der Pubertät, d. h., dann, wenn sich das abstrakte Operieren, das formallogische Denken nach PIAGET entwickelt.

Jüngere Kinder haben große Schwierigkeiten, ihre eigenen Kompetenzen einzuschätzen. Selbst wenn man Fünfjährigen anschaulich beweist, daß sie sich nicht mehr als etwa drei Objekte gleichzeitig merken können, werden sie z. B. immer wieder behaupten, daß sie sich von 20 Objekten „alle" merken könnten. Grundschulkinder sind auch noch nicht in der Lage, Lernerfahrungen problemlos zu übertragen, um davon in neuen Lernsituationen zu profitieren (HAGEN u. a., S. 73 f). Eine gezielte Einübung des Lernen-lernens wird daher erst ab etwa 10 Jahren nachhaltigere Erfolge zeitigen. In der Volksschulzeit sind Kinder von den Strukturierungshilfen abhängig, die ihnen von Erwachsenen für ihre Lernarbeit angeboten werden.

Eine gute Möglichkeit, das Lernen-lernen zu schulen, besteht im „Lernen am Vorbild" (Modellernen nach BANDURA). ORNSTEIN et al. (1975) machten dazu folgenden, interessanten Versuch, an dem Kinder des 4. Schuljahres und Studierende teilnahmen:

Sie erhielten jeweils 28 Karten mit Hauptwörtern, die sie nach der Zusammengehörigkeit in Gruppen einteilen mußten. Nach jedem Sortierversuch wurden die Karten verdeckt und gefragt, wieviel sie behalten hatten. Um zu ermitteln, welchen Einfluß eine Person, die als Modell dient, auf das Lernergebnis hat, wurde eine weitere Gruppe von Versuchspersonen mit einem Kind der 4. Klasse und eine dritte Gruppe mit einem Studenten zusammengesetzt. Die Versuchspersonen mußten die Karten so sortieren, wie es der Partner machte. Dabei zeigte sich, daß sowohl die 10jährigen als auch die Studierenden sich an mehr Worte erinnern konnten, wenn der Student als Modell diente.

12.4 Die Bedeutung des Gedächtnisses für intelligente Leistungen

Viele Menschen sind der Meinung, daß es ausreiche, „intelligent" zu sein; nur Dumme würden sich auf das Lernen verlassen. Dies führt so weit, daß Schulkinder oft geradezu damit „angeben", für eine erfolgreiche Prüfung nicht gelernt zu haben. Andere wieder versuchen, ihre Eltern und Lehrer davon zu überzeugen, daß es sich bei ihnen ohnehin nicht lohne, zu lernen, da sie alles wieder vergessen würden. Eine verblüffende Logik! In einer großen Untersuchung über Strategien, die 10–16jährige einsetzen, wenn sie keine Lust, zu lernen haben, konnten ROLLETT & BARTRAM (1974) feststellen, daß Schüler und Schülerinnen nur solche „Ausreden" verwenden, die von den Erwachsenen auch **akzeptiert** werden. Je häufiger sie mit einer bestimmten Ausrede „Erfolg" haben, desto mehr beginnen sie, selbst daran zu glauben. Aus der Ausrede wird eine Überzeugung und sie versuchen dann gar nicht mehr, in dem betreffenden Gebiet etwas zu erreichen.

In unserer Gesellschaft wird es offenbar durchaus akzeptiert, ein schlechtes Gedächtnis zu haben; dies führt dazu, daß niemand sich veranlaßt sieht, zu überprüfen, ob er oder sie selbst wirklich eine so viel schlechtere Merkfähigkeit besitzt, als andere. Auf der anderen Seite wird immer wieder betont, daß das „lebenslange Lernen" eine unumgängliche Notwendigkeit für den modernen Menschen als Mitglied einer sich ständig wandelnden Gesellschaft sei. Es ist schwer, sich vorzustellen, welchen Sinn Lernen haben sollte, wenn dabei nicht auch etwas behalten wird. Diese Vorbehalte gegen das Lernen haben allerdings eine gewisse Berechtigung, wenn man Lernen mit sturem „Pauken" verwechselt.

Daß das Gedächtnis eine unerläßliche Voraussetzung für fast alle intelligenten Leistungen darstellt, kann man sich am Beispiel des Schachspielens klar machen: Wie würde es dem Spieler ergehen, wenn er jede einzelne Möglichkeit sofort wieder vergäße, sobald er den nächsten Zug durchdenkt? Dann würde ihm seine Intelligenz nichts nützen, da er nie in der Lage wäre, die einzelnen Strategien in Gedanken zu vergleichen.

Wir sehen also, daß Intelligenz allein nicht ausreicht, um intelligente Entscheidungen treffen zu können. Je besser das Gedächtnis, desto vielfältigere Möglichkeiten können wir gleichzeitig überschauen und intelligent verknüpfen. Selbstverständlich gilt auch der andere Satz, daß Gedächtnis allein nicht genügt: Ein noch so großes Wissen nützt wenig, wenn man die Fakten nicht kombinieren und daraus Schlüsse ziehen kann (s. dazu WARD et al., 1990).

Bei der Diskussion der Frage, ob Anlage oder Milieueinflüsse für die Leistung eines Menschen verantwortlich sind, haben wir bereits festgestellt, daß die Anregungen, die ein Kind durch die soziale Umwelt erhält, einen überragenden Einfluß auf seine Leistungsfähigkeit ausüben. Ähnliches gilt für die Entwicklung des Gedächtnisses.

Über die Bedeutung des Gedächtnisses für das Verhalten schreibt D. TRINCKER (1977, S. 71): „Die Fähigkeit, Ereignisse der unmittelbaren Vergangenheit im Bewußtsein zu behalten, ist notwendige Voraussetzung für die Kontinuität unseres Verhaltens, für die Integration über Vergangenheit, Gegenwart und Zukunft, durchgeführt in jedem Moment unseres Lebens (bei wachem Bewußtsein). Die Kurzzeit-Speicher befähigen uns z. B., von uns begonnene Sätze zu beenden, Telefonnummern zu wählen, eben gestellte Fragen zu beantworten und ein Kraftfahrzeug zu lenken".

12.4.1 Lernen und Vergessen

Eine scherzhafte Antwort auf die Frage, was die Hauptaufgabe des Gedächtnisses ist, könnte so lauten: Nicht etwa das Behalten, sondern das **gezielte Vergessen**.

Würden wir alles, was an Informationen auf uns einstürmt, behalten, dann wäre selbst die riesige Speicherkapazität unseres Gehirns bald erschöpft. Eine wichtige Aufgabe des Gehirns ist es daher, die für den Menschen wichtigen Informationen von den unwichtigen zu trennen und Informationen, die nicht mehr gebraucht werden, zu löschen, das heißt, möglichst schnell wieder zu vergessen. Auch Computer arbeiten übrigens nach diesem Prinzip.

12.4.2 Zwei Gruppen von Lernsituationen

Lernsituation I (Incidentielles Lernen)

Im Säuglings- und Kleinkindalter erfolgt das Lernen und Behalten gleichsam spielerisch. Das Kind reagiert mit Interesse und Neugier auf seine Umwelt. Die „Antworten" der Umgebung auf sein Verhalten, d. h. die positiven und negativen Folgen, steuern den Lernprozeß.

Situationen, die von unangenehmen Gefühlen begleitet sind, werden vermieden, solche, die erfreuliche Emotionen auslösen, aufgesucht. Je häufiger sie auftreten und ein bestimmtes Verhalten des Kindes nach sich ziehen, desto fester prägt sich dieses ein. Wird ein Verhalten nicht mehr gebraucht, dann verschwindet es mit der Zeit, es wird **„gelöscht“.** Die Probleme, die die natürliche und die soziale Umwelt dem Kind in dieser Altersstufe stellen, sind meist so beschaffen, daß das, was es von selbst ohne zusätzliche Lernanstrengung behält, ausreicht, um sie zu lösen.

Lernsituation II (Geplantes Lernen)

Probleme treten erst auf, wenn von dem Kind verlangt wird, sich Dinge einzuprägen und Verhaltensweisen einzuüben, deren unmittelbarer Zweck nicht unbedingt einsichtig ist. In der Regel werden derartige Lernaufgaben erst in der Schule in größerem Umfang an das Kind herangetragen. Für die Schüler und Schülerinnen bedeutet das, daß sie sich nicht mehr darauf verlassen können, daß sie sich alles Wichtige gleichsam von selbst merken. Sie müssen ganz neue Techniken der Auseinandersetzung mit Lernaufgaben einüben: Sie müssen „Lernen lernen“. Diesen Übergang vom spielerischen „Lernen dürfen“ zum „Lernen müssen“ zeigt sehr anschaulich folgender Erlebnisbericht: Mit einer Studentengruppe besuchten wir einen Kindergarten, in dem der Versuch lief, Vorschulkindern die Mengenlehre beizubringen. Dazu wurden verschiedene Lernspiele gespielt, bei denen die Kinder auch eifrig mitmachten. Trotzdem fragte plötzlich ein kleiner Knirps: **„Müssen** wir noch spielen, oder **dürfen** wir wieder spielen gehen?“

Geplantes Lernen erfolgt nicht absichtslos und nebenbei, sonder erfordert ein gezieltes Einsetzen von Lernstrategien nach einem festen Plan, der entweder von den Erziehungspersonen oder der Schule vorgegeben wird oder von dem Lernenden selbst stammt (GARNER, 1990).

Um den Lerntyp II handelt es sich leider auch bei einem biologisch sehr wichtigen Teil der Erziehung, der Unfallverhütung. Dieser Bereich ist zu gefährlich, um es riskieren zu können, das Kind das richtige Verhalten selbst entdecken bzw. „durch Schaden klug werden“ zu lassen (Lerntyp I). Aus diesem Grunde ist z. B. die Unfallverhütung eines der schwierigsten Kapitel der Verkehrserziehung: Regeln müssen eingeprägt werden, **ohne** daß man die negativen Folgen eines Verstoßes gegen sie selbst erlebt hat. Im Gegenteil, man stellt (zum Glück!) immer wieder fest, daß man durchaus mit dem Leben davonkommt, wenn man einmal bei Gelb die Straße überquert. Das richtige Verhalten muß daher mit Hilfe von Strategien aufgebaut werden, die dem Lerntyp II (geplantes Lernen) entsprechen.

12.4.3 Die Bedeutung impliziter Theorien

In einer unveröffentlichten Untersuchung ließen ROLLETT & REULECKE Schüler Aufsätze über das Thema schreiben „Wie funktioniert mein Gedächtnis". Dabei zeigte sich, daß Kinder mit Lernschwierigkeiten völlig falsche Vorstellungen über das Gedächtnis hatten, die dazu führten, daß sie auch ihre Lernbemühungen falsch ansetzten. Sehr häufig war z. B. die Vorstellung vertreten, daß das Gedächtnis wie ein großer Sack sei, in den vom 1. Schuljahr an Wissen hineingefüllt wird. Nach 2 bis 3 Jahren ist der Sack voll und es hat keinen Sinn mehr, noch etwas zu lernen, da nichts mehr Platz hat. Ein wichtiger Grund für die Lernschwierigkeiten dieser Schüler und Schülerinnen war, so überraschend dies sein mag, ihre falsche Gedächtnistheorie. Man nennt derartige vorwissenschaftlichen Theorien, nach denen Menschen leben und handeln **„implizite Theorien".** (Überlegen Sie selbst, welche Gedächtnistheorie Sie haben und vergleichen Sie diese Ergebnisse mit den Ausführungen über das Funktionieren des Gedächtnisses auf den folgenden Seiten.)

12.4.4 Wie das Gedächtnis wirklich funktioniert: Die drei Speichersysteme

Untersuchungen haben gezeigt, daß es nicht nur **ein** Gedächtnis gibt, sondern daß mindestens drei verschiedene „Speicher" angenommen werden müssen (vgl. ZIMBARDO, 1992, S. 270 ff): Das unmittelbare Gedächtnis, das Kurzzeitgedächtnis und das Langzeitgedächtnis. Jeder dieser Speicher erfüllt ganz bestimmte Aufgaben und hat besondere Eigenschaften. Man muß sie kennen, um seine Lernanstrengungen optimal ansetzen zu können.

Eine Aufgabe ist für alle drei Speichersysteme gleich: Sie müssen mit einem Riesenangebot von Informationen fertig werden. Jedes Speichersystem löst diese Aufgabe auf andere Weise.

12.4.4.1 Erstes Speichersystem: Das unmittelbare Gedächtnis

Wenn Sie in ein Zimmer treten, so erfassen Sie mit einem Blick eine Reihe von Einzelheiten aus diesem Raum, und zwar ohne daß Sie sich große Mühe geben müssen, die Einzelheiten zu memorieren. Dafür ist das unmittelbare Gedächtnis verantwortlich, das die sogenannte „Gegenwartsdauer" ausmacht.

Die Spannweite beträgt beim Erwachsenen ca. 5 bis 9 Einzelheiten; durchschnittlich sind dies 7 Einheiten, die wir uns ohne Mühe auf einmal bewußt machen können. (Der Entdecker dieser Tatsache, G. A. MILLER, wählte für seinen 1966 erschienenen Bericht darüber daher den Titel „Die magische Zahl 7, plus oder minus 2). Die unmittelbare Gedächtnisspanne ist altersabhängig,

d. h., sie nimmt im Laufe der Entwicklung zu. Mit 17 Jahren ist beinahe schon die Leistungshöhe des Erwachsenen erreicht.

Das unmittelbare Gedächtnis nimmt Informationen sehr rasch auf, diese werden aber ebenso schnell wieder vergessen. Diese Erfahrung kann man machen, wenn man eine Gruppe von Menschen sich einander vorstellen läßt. Wenn 5 bis 9 Leute ihren Namen genannt haben, beginnt man bereits, die ersten Namen wieder zu vergessen. Wie wenig Menschen über das Funktionieren des Gedächtnisses wissen, erkennen Sie daran, daß in Versammlungen immer wieder die ermüdende Prozedur des Sichvorstellens durchgeführt wird. Sie hat nur Sinn, wenn man sich die Namen **aufschreibt** – und damit haben wir bereits eine erste Technik kennengelernt, wie man mit der Tatsache fertig wird, daß das unmittelbare Gedächtnis begrenzt ist.

Ein anderes Beispiel für eine Situation, in der wir uns mit der Begrenztheit der unmittelbaren Gedächtnisspanne herumschlagen müssen, ist der Großstadtverkehr. Ein Schilderwald von 8 bis 10 verschiedenen Verkehrszeichen ist beim besten Willen nicht mehr zu überblicken, vor allem dann, wenn gleichzeitig noch weitere Nachrichten aus der Umgebung beachtet werden müssen: Andere Verkehrsteilnehmer, auf die Rücksicht genommen werden muß, die Kinder auf dem Rücksitz u. a. m. Bei Unfallberichten wird häufig von „menschlichem Versagen“ gesprochen. Richtiger wäre es, nicht von Versagen des überforderten Verkehrsteilnehmers zu sprechen, sondern vom psychologischen Versagen der Verkehrsplaner.

Auch in derartigen Überlastungssituationen kann man einiges tun, um das unmittelbare Gedächtnis nicht zu überfordern. Man kann z. B. den Mitfahrenden klar machen, daß es Situationen gibt, wo der Fahrer oder die Fahrerin vollauf mit dem Verkehr beschäftigt ist, und für Gespräche nicht zur Verfügung steht.

Wegen der Begrenztheit des unmittelbaren Gedächtnisses ist es z. B. wichtig, an gefährlichen Stellen langsam zu fahren, weil man dadurch mehr Zeit hat, die Fülle der Informationen in Gedanken nach wichtigen und unwichtigen Nachrichten zu „sortieren“. Durch das Langsamfahren paßt man ganz automatisch den Informationsfluß an die menschliche Informationsaufnahmegeschwindigkeit an.

Eine ähnliche Anpassungsfunktion hat langsames Sprechen. Bei komplizierten Inhalten kann man durch einen nicht zu schnellen Vortrag die Verständlichkeit verbessern.

Oben wurde bereits ausgeführt, daß das unmittelbare Gedächtnis im Laufe der Entwicklung zunimmt. Bei kleinen Kindern ist es noch sehr gering. Selbst 10jährige haben eine um ca. 20 % geringere unmittelbare Gedächtnisspanne, als 17jährige. Sie sind aber zum Unterschied von Kindern bis etwa 8–9 Jahren bereits in der Lage, gezielt Strategien einzusetzen, um die Kapazität des unmittelbaren Gedächtnisses zu erhöhen.

12.4.4.2 Zweites Speichersystem: Das Kurzzeitgedächtnis

Zum Glück verfügen wir nicht nur über das unmittelbare Gedächtnis: Das zweite Speichersystem, das Kurzzeitgedächtnis, vermag Informationen **über Minuten und Stunden** zu speichern. Außerdem ist die Menge dessen, was gespeichert werden kann, um das Zehn- bis Hundertfache größer. Allerdings ist dafür ein Preis zu zahlen: Der Kurzzeitspeicher nimmt Informationen **erheblich langsamer** auf, als das unmittelbare Gedächtnis.

Die wichtigste Strategie, um etwas kurzfristig behalten zu können, besteht darin, daß man die Informationen **memoriert**, d. h. entweder laut oder leise wiederholt, und dies mehrmals. In der Regel reichen etwa **fünf** Wiederholungen aus, um etwas aus dem unmittelbaren Gedächtnis in das Kurzzeitgedächtnis übertragen zu können. Die Informationen, die im Kurzspeicher aufbewahrt werden können, das unmittelbare Gedächtnis bei seinen Aufgaben unterstützen.

Ein Beispiel aus dem Verkehr: Auch bei sehr unübersichtlichen Kreuzungen mit vielen Verkehrszeichen gelingt es, sich gut zu orientieren, wenn man die Kreuzung **kennt**. In diesem Fall stehen uns Informationen „aus unserem Kopf", d. h., eine „Wissensbasis", zur Verfügung, die hilft, die Informationsmenge auf ein erträgliches Maß zu **reduzieren**, da irrelevante Informationen einfach nicht mehr beachtet werden.

12.4.4.3 Drittes Speichersystem: Das Langzeitgedächtnis

Im Langzeitgedächtnis werden Informationen **Wochen bis Jahrzehnte** gespeichert. Auch sein **Umfang** ist sehr groß. Meist nützen wir die Möglichkeiten, im Langzeitgedächtnis Informationen aufzubewahren, im Laufe eines Lebens gar nicht vollständig aus. Die **Einlerngeschwindigkeit** ist allerdings extrem langsam.

Wegen dieser Eigenschaft muß eine Information für den Organismus schon sehr wichtig sein, damit es sich lohnt, sie so langfristig aufzubewahren. Nur ein winziger Bruchteil dessen, was die beiden anderen Speichersysteme aufgenommen haben, landet im Langzeitspeicher. Die Einlerngeschwindigkeit beträgt nur ein Drei- bis Fünfhundertstel der Aufnahmegeschwindigkeit in das unmittelbare Gedächtnis.

Kinder und Jugendliche müssen ihr **mnemonisches Selbst** erst entwickeln, ehe sie in der Lage sind, ihre Lernanstrengungen richtig zu planen, d. h. zu entscheiden, welche Inhalte für welchen Zeitraum und mit welchem Grad an Zugriffsicherheit gelernt werden sollten. Eine wichtige Erkenntnis, die sie zu diesem Zweck brauchen, betrifft die genannten Eigenschaften der verschiedenen Speichersysteme.

12.4.5 Verstehen und Behalten

Ein häufiger Fehler, den Menschen mit wenig Lernerfahrung machen, ist die **Verwechslung von unmittelbarem und Kurzzeitgedächtnis** auf der einen Seite, **Langzeitgedächtnis** auf der anderen Seite. Wenn man z. B. einen Text nur einmal durchliest, wird man nach einigen Tagen feststellen, daß nur 5 bis 10 % davon behalten worden sind (Auswirkung der Vergessensrate nach EBBINGHAUS). Dasselbe gilt, wenn man einem Vortrag nur zuhört, ohne sich Notizen zu machen, die man später durcharbeiten kann: An jeder Stelle des Vortrags hat man nämlich den **Eindruck**, daß man alles verstanden hat (unmittelbares Gedächtnis) und auch den gesamten Gedankengang des Vortragenden im Kopf hat (Kurzzeitgedächtnis). Nach einer Woche ist jedoch fast alles wieder vergessen. Die Geschwindigkeit, mit der in einem Vortrag Information vermittelt wird, ist für die Übermittlung in den Langspeicher viel zu groß.

Um es als Regel zusammenzufassen: **Verstehen** ist nicht gleich **Behalten**.

Lehrer und Lehrerinnen werden sicher unter ihren Schülern und Schülerinnen immer einige finden, die erst durch die Erklärung dieser Zusammenhänge zur Mitarbeit motiviert werden können. Selbst heute noch packen z. B. manche Studentinnen gerne ihr Strickzeug aus, wenn sie ein Referat anhören sollen, und behaupten treuherzig, sie könnten dann besser zuhören. Dies mag sogar stimmen – nur kommt es bei den meisten Seminaren auf das Mitarbeiten und auf das Behalten an, und dies ist durch einmaliges Zuhören nicht zu erreichen, sondern nur durch Notizen machen, die man für die nächste Veranstaltung kritisch durcharbeitet und durch eigene Überlegungen und Lektüre ergänzt.

Falls wirklich nur die Möglichkeit besteht, sich eine Sache einmal anzuhören, sollten die Informationen, an denen man interessiert ist, auf jeden Fall **notiert** werden. Sie sind dann für den späteren Gebrauch zugänglich. Das gewohnheitsmäßige Notieren und gelegentliche Wiederholen von interessierenden Informationen stellt eine Strategie dar, die, so selbstverständlich sie erscheinen mag, z. B. von Studierenden mit Studierproblemen in einem erstaunlich hohen Ausmaß nicht beherrscht wird.

Es ist daher eine bewährte Praxis in Schulen, alles, was für das Behalten bestimmt ist, auch in schriftlicher Form festzuhalten. Sicher wird es einige Schüler und Schülerinnen geben, die zu Recht behaupten, daß sie sich alles Wesentliche schon durch ihre Mitarbeit im Unterricht (in den in der Regel auch die notwendigen Wiederholungen eingebaut sind) aneignen könnten. Will man jedoch die neuen Erkenntnisse nicht nur für die nächste Schularbeit, sondern für die Zukunft sichern, wie dies bei wichtigen Informationen notwendig ist, dann ist es günstig, wenn man sein Gedächtnis durch gelegentliches Wiederholen schriftlicher Unterlagen auffrischen kann. Schüler und Schülerinnen sollten daher früh zur Erkenntnis geführt werden, wie vorteilhaft es ist, brauchbare eigene Arbeitsunterlagen zu entwickeln.

Bisher haben wir sozusagen die „Gedächtnisstationen" besprochen. Im folgenden beschäftigen wir uns mit den Teilprozessen des Einprägens und Wiederabrufens.

12.4.6 Die Teilprozesse des Lernens

Wenn wir uns etwas merken wollen, so sind folgende Arbeiten zu leisten:

1. Vorbereitung
2. Aneignung
3. Wiederabrufen

12.4.6.1 Die Vorbereitung

Das Lernmaterial muß in handliche Formen gebracht werden: Es muß **„verschlüsselt"** werden; in der Regel geschieht dies mit Hilfe von treffenden Bezeichnungen, durch anschauliche Symbole oder dadurch, daß man größere Bedeutungseinheiten durch ein Stichwort zusammenfaßt.

Wir haben gesehen, daß das unmittelbare Gedächtnis mit ca. 5–9 Einheiten gleichzeitig fertig wird; dabei ist es bis zu einem gewissen Grad gleichgültig, wie groß diese Einheiten sind. Durch Vergrößern der Einheiten können wir daher mehr Informationen gleichzeitig im Bewußtsein haben. G. A. MILLER gibt dazu ein gutes Beispiel:

> „Ein Mensch, der gerade das Morsen gelernt hat, hört zunächst jedes ‚dit' und ‚dah' als eigene Einheit. Bald ist er jedoch in der Lage, diese Laute zu Buchstaben zusammenzufassen, so daß diese die neuen Einheiten bilden. Dann organisieren sich die Buchstaben zu Worten, welche noch größere Einheiten darstellen, und schließlich hört er ganze Satzteile" (MILLER, 1956, S. 93).

Ähnlich geht es dem Kraftfahrzeugfahrer, der gerade die Beherrschung seines Fahrzeuges lernt. Anfangs muß er über jeden Handgriff nachdenken. Die **einzelnen** Teilbewegungen sind seine „Einheiten". Sobald er sein Fahrzeug beherrscht, bildet er **größere** Verhaltenseinheiten: „Geradeausfahren", „Linkseinbiegen", „Rechtseinbiegen", „Ausweichen", „Geschwindigkeit erhöhen", „Langsamer werden" usw. Die einzelnen Bewegungen geschehen automatisch.

Die Fähigkeit, Lernmaterial angemessen zu verschlüsseln, das heißt, es für das Lernen in bequeme Einheiten zu gliedern und darauf zu achten, daß sich diese rasch einprägen, ist schon sehr früh entwickelt: Grundschulkinder beherrschen diesen Prozeß genauso gut wie Jugendliche. Hier können wir daher keine Altersunterschiede feststellen. Auch dazu ein Beispiel:

> Ein sechsjähriges Mädchen wollte das Schachspielen erlernen. In diesem Alter ist das Erlernen der Züge, die eine bestimmte Figur machen darf, recht schwierig. Sie hatte nun eine großartige Idee, wie sie durch eine bessere Verschlüsselung die erlaubten Züge lernen konnte: Die Figuren bekamen neue Namen. Die Dame wurde zum „Allesgeher", der Turm zum „Geradegeher", der Bauer zum „Ein-Vorgeher", der Springer zum „Einschräggeher", der Läufer zum „Schräggeher" und der König zum „Eingeher".

Es leuchtet ein, daß eine derartige Vorbereitung das Erlernen der Regeln wesentlich erleichtert.

12.4.6.2 Die Aneignung

Darunter verstehen wir die aktiven Bemühungen der Lernenden, sich etwas einzuprägen. Hier bestehen sehr große Altersunterschiede: Jugendliche haben in der Regel bereits vielfältige Erfahrungen mit unterschiedlichen Lernstoffen gesammelt; sie wissen, welche Lernstoffe schwer und welche leichter zu lernen sind und können ihre Anstrengungen entsprechend „dosieren"; sie haben vielfältige Lernmethoden erprobt und können sie intelligent auswählen und dem jeweiligen Fall anpassen. Sie wissen, daß man Wiederholungen des Stoffes einplanen muß, wenn man ihn behalten will und anderes mehr.

Jüngere Kinder sind dazu noch nicht in der Lage. Sie müssen diese Erfahrungen erst mühsam sammeln. Dazu ist **aktive Selbsterkenntnis** notwendig, damit sich aus der Summe der Erfahrungen ein funktionsfähiges **„Metagedächtnis"** entwickeln kann, mit dessen Hilfe das Lernen angemessen geplant werden kann. In diesem Prozeß erleben sich Jugendliche als aktive, selbsttätige Person in der Auseinandersetzung mit einer Umwelt, die es immer besser kennenzulernen gilt: Sie entwickeln ihr „Mnemonischen Selbst".

12.4.6.2.1 Einige Einprägungsstrategien

Memorieren („Rehearsal")

Eine wichtige Strategie haben wir bereits kennengelernt: Es handelt sich um das laute oder leise, gezielte Wiederholen dessen, was man unbedingt behalten möchte, d. h. das Memorieren. Je nach „Lerntypus“ fällt es leichter, sich zu diesem Zweck einen Text auf Tonband zu sprechen und ihn abzuhören (akustischer Typ), ihn mehrmals zu lesen (visueller Typ) oder ihn abzuschreiben (motorisch-grafischer Typ).

Aktives Selbsttesten

Ebenso wichtig, wie die Strategie des Memorierens, ist die selbständige Überprüfung, was man von einem zu lernenden Stoff behalten hat. (Diese Strategie spielt auch beim Wiederabrufen des Gelernten eine wichtige Rolle.) Durch eine derartige aktive Selbstüberprüfung kann man Lücken und Unsicherheiten entdecken und Fehler korrigieren.

Strukturierung und größere Einheiten bilden („Organisation“)

Wir haben bereits festgestellt, daß strategisch gut geplantes Lernen darin besteht, möglichst viel mit möglichst wenig Aufwand einzuspeichern. Eine besonders wichtige Hilfe ist dabei das übersichtliche Gliedern und Strukturieren des gesamten Lernstoffes, bevor man beginnt, ihn einzuprägen.

Gedächtnishilfen finden und „Eselsbrücken“ einsetzen

Trotz dieses etwas unglücklichen Ausdruckes handelt es sich um eine wichtige Strategie. Wer z. B. im Geschichtsunterricht lernen mußte, wann die Schlacht bei Issos stattgefunden hat, freute sich über den hübschen Spruch: „Drei, drei, drei, bei Issos Keilerei“. Diese Hilfe kann man auch selbst konstruieren. So läßt sich die Telefonnummer „84073“ z. B. leichter merken, wenn man darauf achtet, daß die beiden letzten Ziffern jeweils um eins niedriger sind, als die beiden ersten Ziffern.

Bildhafte Vorstellungen einsetzen („Imaginieren„) und Beziehungen herstellen („Elaboration“)

Um sich etwas zu merken, sollte man besonders darauf achten, sich alles **bildhaft**, und zwar so anschaulich und farbig wie möglich, vorzustellen. Besonders wirksam ist dies, wenn man außerdem **Beziehungen** zwischen den einzelnen Inhalten **herstellt**.

Will man sich etwa eine Serie von Wörtern einprägen (Filmprojektor, Staubsauger, Blumenvase, Bild, Decke), so ist es günstig, sie in eine bildhafte Szene einzubauen, z. B. so: Ein gemütliches Zimmer mit einem Tisch, auf dem ein Filmprojektor und eine Blumenvase stehen, mit einem Bild an der Wand und einer Person, die gerade eine Decke mit dem Staubsauger absaugt.

Stichworte (engl.: cue, Mehrzahl cues) bilden

Dies ist eine Lernstrategie, die nicht nur das Lernen (= Speichern), sondern auch das **Wiederabrufen** des Gelernten aus dem Gedächtnis erheblich erleichtert.

Eine komplizierte Beschreibung des Weges zum Bahnhof läßt sich z. B. so strukturieren und durch Stichworte kenntlich machen:

Wegbeschreibung: „Bis zur dritten Ampel weiterfahren, dann rechts abbiegen, bei der nächsten Ampel links halten, dann zwei Ampeln geradeaus fahren, bei der dritten Ampel rechts abbiegen, der Bahnhof liegt in der dritten Straße rechts."

Stichworte: „Dritte Ampel rechts – nächste Ampel links – dritte Ampel rechts – dritte Straße rechts". Gut wird man daran tun, wenn man sich selbst in Gedanken noch einmal speziell darauf aufmerksam macht, daß es sich am Schluß nicht um eine Ampel, sondern eine Straße handelt.

12.4.6.2.2 Wiederabrufen von Gelerntem (engl.: retrieval)

Ebenso wichtig, wie das Einlernen, ist das gezielte Wiederabrufen von Informationen, und zwar genau dann, wenn man sie braucht. Jeder kennt die Situation, daß einem „etwas auf der Zunge liegt", ohne daß man es vollständig erinnern kann: Man hat es behalten, kann es aber nicht reproduzieren. Daß man es tatsächlich gewußt hat, kann man daran merken, daß einem überraschend Minuten, Stunden oder Tage später das Gesuchte plötzlich wieder einfällt.

Ein praktisch besonders wichtiges Ergebnis der Gedächtnisforschung besagt daher, daß Einlernen und Wiederabrufen zwei unterschiedliche Prozesse sind, so daß es nicht genügt, eine Sache gezielt einzulernen; man muß auch das Wiederabrufen einplanen und durch eigene Strategien erarbeiten.

Planung des Wiederabrufens

Wenn man über sein Wissen auch **verfügen** möchte, ist es notwendig, daß man das Wiederabrufen der Information genauso sorgfältig plant, wie das Einlernen. Sonst geht es einem wie einem unordentlichen Menschen, der zwar alles, was er braucht, in seinem Zimmer hat, die Dinge aber nicht wiederfinden kann.

Für das Wiederabrufen gibt es ebenso Strategien, wie für das Einprägen. Zum Teil sind die Verfahren, die das Lernen erleichtern, dieselben, die das Wiederabrufen ermöglichen. Dies gilt z. B. für die Strategien **„bildhafte Vorstellungen einsetzen"** und **„Beziehungen herstellen"**; ganz besonders wichtig sind **Stichworte,** die man sich einprägt. Sie sind sozusagen die „Angelhaken", an denen wir die gelernten Inhalte aus dem Kurz- und Langzeitgedächtnis „herausfischen".

Üben des Wiederabrufens

Dies ist die wichtigste Strategie überhaupt. Man sollte das Gelernte auf möglichst verschiedene Weise wieder abrufen, d. h., zu erinnern versuchen, damit es einem in verschiedensten Situationen und unter den verschiedenartigsten Aufgabenstellungen wieder zugänglich ist.

Es ist daher hilfreich, z. B. über das Gelernte mit anderen Menschen zu **diskutieren**. Die Fragen der anderen oder ihre Einwände zwingen einen dazu, das Gelernte vielfältig zu durchdenken und unter immer neuen Gesichtspunkten wiederabzurufen. Dies ist auch der Grund dafür, daß stures Auswendiglernen keine sehr gute Lernstrategie darstellt; dabei wird nämlich der Stoff immer wieder **auf dieselbe Weise** gelernt und wieder abgerufen. Man lernt nur einen einzigen Zugang zu der Sache. In einem neuen Zusammenhang ist sie einem nicht mehr zugänglich. Man sollte daher immer mehrere Abrufmöglichkeiten herstellen. So kann man z. B. feststellen, daß viele Menschen alles, was sie im Physikunterricht über Masse und Beschleunigung gelernt haben, nicht auf das Bremsen ihres Autos anwenden können. Sie haben nur den einen Zugang über den Physikunterricht zu dem Stoff gelernt. Das Wiederabrufen des Gelernten in dem neuen Zusammenhang „Straßenverkehr" gelingt nicht. Hier müssen erst neue Brücken zu dem gelernten Wissen durch neue Stichworte gebildet werden.

Spiel mit dem eigenen Wissen

Wir haben gesehen, daß gelerntes Wissen umso leichter zugänglich wird, je öfter und unter je vielfältigeren Umständen man es abruft. Gute Schüler und Schülerinnen entdecken im Laufe ihrer Entwicklung eine sehr wirksame Strategie, die dies garantiert: **Sie lernen, mit ihrem eigenen Wissen zu spielen**. Sie denken **auch außerhalb der Schule** darüber nach, und vervollkommnen es. Sie schließen Lücken und klären Widersprüche auf. Sie bauen sich mit der Zeit ein zusammenhängendes Gebäude ihres eigenen Wissens auf. Da sie es so häufig benützen, sind die „Zufahrtsstraßen" sozusagen breit und gebahnt. Ihnen ist es gelungen, sich die spielerische Form des Lernens trotz der neuen, hohen Anforderungen in der Schule zu bewahren.

Zuversicht und Selbstvertrauen beim Lernen und Wiederabrufen

Eine entscheidende Voraussetzung für das Lernen und vor allem das Wiederabrufen ist das **Vertrauen in die eigene Kompetenz**. Der Altmeister der Psychologie des schulischen Lernens, WOODROW machte bereits 1946 auf die zentrale Stellung dieser Lernbedingung aufmerksam. Dies bedeutet aber auch, daß **Angst allgemein** und **Furcht vor Mißerfolg** im besonderen den Lernprozeß und den Prozeß des Wiederabrufens erheblich behindern.

Vermeiden irrelevanter Kognitionen (= Störgedanken)

HECKHAUSEN untersuchte die Gedanken von Psychologiestudenten während der Prüfung und stellte fest, daß Leute mit eher schlechtem Prüfungserfolg während der Prüfung **nicht über das Lösen der gestellten Aufgaben und das Beantworten der Fragen nachdenken, sondern über ihre Angst** (vgl. HECKHAUSEN, 1980). Sie beschäftigen sich nicht so sehr mit der Prüfung, sondern mit ihren angstvollen Gedanken. Dadurch stehen ihnen auch nicht alle Informationen zur Verfügung, die sie gelernt haben. KUHL (1981, s. auch KUHL & BECKMANN, 1994) formulierte dazu eine Typentheorie: Personen, die sich in Problemlösesituationen mit den notwendigen Arbeitsschritten befassen, nannte er „handlungsorientiert“, andere, die sich mehr mit ihren (negativen) Emotionen befassen, „lageorientiert“. HELMKE & MÜCKUSCH (1994) untersuchten die Auswirkungen der Handlungs- bzw. Lageorientierung bei Grundschülern. (Ein Trainingsprogramm zur Beeinflussung irrelevanter Kognitionen bei Grundschulkindern wird im letzten Abschnitt beschrieben.)

Es ist daher von großer Bedeutung für das Lernen, solche Störgedanken unter Kontrolle zu bringen. Wie BERGER (1982) in einer Untersuchung bei Kindern im vierten Schuljahr zeigen konnte, ist dafür vor allem die Methode des „Autogenen Trainings“ geeignet.

Planung der eigenen Lernanstrengung in Übereinstimmung mit der Art des späteren Wiederabrufens

Beim Erlernen sollte die **Genauigkeit**, mit der das Wissen später wieder abgerufen werden soll, bereits mit eingeplant werden. Dies spart Zeit und Mühe. Niemand wird z. B. einen Fahrplan auswendiglernen, weil es viel vernünftiger ist, zu lernen, wie man einen Fahrplan **benützt**.

Wiedererkennen stellt den geringsten „Lerngrad“ dar. Am leichtesten ist es, etwas nur so weit zu lernen, daß es später **wiedererkannt** werden kann. (Dies ist auch die früheste Form von Abrufen beim Kind.) Es leuchtet ein, daß dies leichter sein muß, da ein Teil der Informationen als Reizgrundlage vorgegeben ist: Wer z. B. eine Telefonnummer wiedererkennt, hat die Telefonnummer ja schriftlich vor sich.

Die nächstschwierige Aufgabe ist das Assoziationslernen, das **Erinnern mit Hilfe eines auslösenden Reizes**. In diesem Fall wird zumindest das „Stichwort“ von der Umgebung geliefert und muß nicht gelernt werden.

Die schwierigste Aufgabe stellt das **Erinnern ohne Erinnerungshilfen (Rekonstruktion)** dar. Hier gibt es mindestens zwei Stufen, die ebenfalls unterschiedlich schwierig sind: Wenn man eine Sache nur **in großen Zügen** können muß, wobei die **Reihenfolge der Einzelheiten gleichgültig** ist, so ist dies leichter; müssen **alle Details und auch die Reihenfolge** genau stimmen, dann ist dies schwieriger. Wer diese Tatsachen kennt, kann seine eigene Lernanstrengung (oder die seiner Schüler und Schülerinnen) richtig planen.

Verteilte Übung besser, als komprimierte Übung

Ein weiteres Lerngesetz besagt, daß es lernwirksamer ist, z. B. an acht Tagen je eine Stunde zu lernen („verteilte Übung"), als an einem Tag acht Stunden („komprimierte Übung"). Wenn die große Stoffmenge, die zu lernen ist, eine solche Aufteilung nicht gestattet (wie dies z. B. beim Medizinstudium der Fall ist) sollte man wenigstens die Themen, die in den einzelnen Lerneinheiten gelernt werden, abwechselnd bearbeiten.

Pause nicht vergessen

Die Lernzeit sollte sinnvoll durch Pausen strukturiert werden, um einen optimalen Lernerfolg zu garantieren.

12.4.7 Lernen mit Hypertext- und Hypermediasystemen

Es wurde bereits dargestellt, daß eine bessere Strukturierung des einzulernden Wissens Vorteile für die Zugriffssicherheit und die Anwendung des Wissens bringt. Eine neue Richtung der Psychologie und Pädagogik der Informationsverarbeitung und -nutzung, die vor allem auch durch den Einsatz des Computers möglich wurde, hat diesen Ansatz zu einem eigenen Forschungs- und Anwendungsgebiet ausgebaut. Es handelt sich um das Lernen mit Hypertext- und Hypermediasysteme.

Unter „Hypertext" sind zunächst einfach übergeordnete kategoriale Ordnungsstrukturen von Texten bzw. Informationsbausteinen im Sinne von Gliederungen zu verstehen, durch deren Hilfe es möglich wird, den Überblick und den Zugriff zu umfangreichen Informationsmengen zu erhalten. Die einzelnen Elemente (Texte, Graphiken etc.) derartiger Informationssysteme (als „Knoten" bezeichnet) werden durch Verbindungen („links„) miteinander verknüpft. Über den Hypertext können die gewünschten Informationseinheiten gezielt aufgesucht werden.

Durch den Einsatz des Computers ist es möglich, umfangreiche Hypertext- und Hypermediasysteme zusammenzustellen und auch bequem zu nutzen.

Die Vorteile werden deutlich, wenn man die Arbeit mit einem derartig aufgebauten System mit dem Erarbeiten eines Buches vergleicht. Wenn man ein Buch liest, bedeuten Verweise auf andere Stellen im Text immer eine mühselige Arbeit des Aufsuchens. Lehrtexte in Buchform sind eigentlich für die **lineare Erarbeitung** gedacht, selbst wenn man gelernt hat, im Text gezielt nach den Informationen zu suchen, die einen interessieren. Mit einem Hypermediasystem ist die gezielte Informationssuche durch einen einfachen Mouseklick zu bewerkstelligen, so daß **vernetztes Lernen** möglich wird. Das Computerprogramm stellt sozusagen eine gigantische „Umblättermaschine“ dar.

Neben den reinen Informationssystemen können auch Systeme konstruiert werden, die den Informationsverarbeitungs- und Lernprozeß selbst unterstützen. Untersuchungen haben gezeigt, daß Lernende, denen man ein für sie brauchbares Hypertextsystem als Gliederungshilfe anbietet, bessere Lernerfolge erzielen (vgl. z. B. GERDES, 1997; GLOWALLA et al., 1993; JACOBSON et al., 1996; WATTERS, 1996).

Zum besseren Verständnis soll hier das Hypermediasystem „sprechende Funde“ (Artifacts in action) beschrieben werden, das zur Einführung in die Ausgrabungen von Pompei entwickelt wurde.

> „Am Anfang des 'hypermedialen Weges' zeigt eine Maske Bilder, welche die verschiedenen Gattungen der ausgestellten Werke, in sechs Themenbreiche unterteilt, repräsentieren (Haus und Ausstattung, Ernährung, Arbeit und Technik, Gesellschaft, Religion, Dekoration). Von der ersten Ebene der Informationshierarchie, die immer in einer kurzen Erklärung des ausgewählten Stückes steht, entwickeln sich vielfältige Themenverzweigungen. Diese illustrieren unter vorrangiger Bezugnahme auf die Einführungsthematik verschiedene, vom jeweiligen Objekt angeregte Aspekte des antiken Lebens und wollen fortschreitend das breitere Spektrum möglicher Fragestellungen abdecken.
> Die Möglichkeit, ständig eine persönliche Auswahl vorzunehmen (mittels Listen, Symbolen, Schemata) erlaubt die subjektive Steuerung und Variation des Informationsgrades, des Aufgreifens einer Anregung und des Weiterverfolgens eines speziellen Themas. Auf seinem Weg durch die logischen Verknüpfungen scheint der Besucher bald von den ausgestellten Objekten begleitet zu werden, die auf seine Anweisung als authentische Vergangenheitszeugnisse agieren. Ein Bronzekrug führt beispielsweise in die Kenntnis des römischen Tischgeschirrs ein, wie ein Bankett vor sich geht, in die Art der Ernährung und wie bestimmte Speisen zubereitet wurden. Ebenso gibt eine hydraulische Klappe den Anstoß, sich zusammenfassend mit der Wasserverteilung, öffentlichen Brunnen und Nymphäen, Gärten und dekorativer Skulptur zu befassen“ (CHIURAZZI et al., 1993, S. 125).

13. Transfer oder Lernübertragung

Es wäre um die Bildungsaufgaben der Schule schlecht bestellt, wenn Kinder mit dem Gelernten nur die Aufgaben lösen könnten, die sie in der Schule durchgenommen haben. Jeder Unterricht ist darauf angelegt, den Schülern und Schülerinnen die Möglichkeit zu eröffnen, mit dem erworbenen Wissen etwas anzufangen.

Diese Überlegungen haben immer wieder dazu geführt, die Frage der Möglichkeit des Lerntransfers, das heißt, der **Übertragung von Gelerntem auf neue Problemsitutationen** zu diskutieren.

In einer Zeit der Wissensexplosion versuchen die verschiedensten Pressure-Groups, neue Wissensinhalte in die Lehrplananforderungen zu integrieren. Die resultierende Überlastung der Kinder versucht man dadurch zu mildern, daß man neue Bildungsinhalte nicht in systematischer, sondern in **exemplarischer** Form einführt. Ein solches Vorgehen ist nur sinnvoll, wenn angenommen werden kann, daß die intensive Beschäftigung mit einem Beispiel das gesamte Problemgebiet zu erschließen vermag. Für die Psychologie bedeutet dies die Frage nach der Möglichkeit von **Transfer**.

Schon früh beschäftigte man sich mit dieser wichtigen Problematik, und entdeckte dabei, daß die Lernübertragung gewissen Gesetzen gehorcht.

Niemand wird z. B. erwarten, singen zu lernen, indem er oder sie Tanzunterricht nimmt. Von Verfechtern einer klassischen Bildung wird jedoch sehr oft ins Feld geführt, daß man durch den Lateinunterricht besser denken lernt. In der Pädagogik wird diese Frage unter dem Stichwort der **„formalen Bildung“** diskutiert. Diese Theorie geht davon aus, daß durch die Beschäftigung mit bestimmten Bildungsinhalten grundlegende „Fähigkeiten“ geübt werden, die es den Lernenden ermöglichen, sich in einer Vielzahl von Bereichen zu bewähren.

13.1 Die Theorie der identischen Elemente

THORNDIKE ging der Frage der formalen Bildung durch klassische Sprachen in folgendem Experiment nach: Er führte einen Intelligenztest durch und stellte danach zwei Parallelgruppen von je 30 Schülern zusammen, die in ihren Testleistungen übereinstimmten. Die eine Gruppe hatte ein Jahr lang Latein; die andere hatte sich für eher praktische Fächer wie Buchhaltung, Stenographie und Maschinschreiben entschieden. Nach einem Jahr wurden sie wieder einem Intelligenztest unterzogen. Es hatten sich keinerlei Unterschiede herausgebildet.

Zusammenfassend kann man sagen, daß man durch Lateinunterricht Latein lernt, aber keine darüber hinausgehende Kompetenzen im intellektuellen Bereich erwirbt.

Diese Untersuchung führte zur Entwicklung der **Theorie der identischen Elemente** als Erklärung für Transfer durch THORNDIKE: Je mehr identische Elemente zwischen der Lernsituation und der Anwendungssituation bestehen, desto wirksamer ist die Lernübertragung. Dieser Zusammenhang wurde in vielen Untersuchungen bestätigt (vgl. THORNDIKE, 1924).

Ein weiteres Beispiel: In einer Untersuchung ging es um das Schätzen des Flächeninhaltes von Rechtecken. Die Versuchspersonen mußten sowohl Rechtecke hinsichtlich ihres Flächeninhaltes abschätzen, als auch andere geometrische Figuren. Wer geübt hatte, Rechtecke abzuschätzen, konnte neue Rechtecke wesentlich besser schätzen, als jene Versuchspersonen, die bei anderen geometrischen Figuren geübt hatten. Im ersten Fall betrug die Reduzierung der Fehler 86,3 %, im zweiten 21,2 %. Bei ähnlichen Aufgabenstellungen war der Gewinn mithin größer, als bei unterschiedlichen Vorübungen.

13.2 Übertragung verallgemeinerter Prinzipien

Bereits 1908 hatte Charles JUDD eine andere Theorie der Lernübertragung entwickelt. Seiner Meinung nach erfolgt der Transfer durch die **Übertragung verallgemeinerter Prinzipien**.

Dazu führte er folgendes Experiment durch: Schüler des fünften und sechsten Schuljahres lernten, mit Wurfpfeilen auf Zielscheiben zu schießen, die im Wasser lagen. Die Versuchsgruppe erhielt außerdem eine Information über die Wirkung der Lichtbrechung, die Gegenstände im Wasser in Abhängigkeit von der Wassertiefe näher erscheinen läßt. Im ersten Versuchsdurchgang betrug die Wasserhöhe des Beckens, in dem die Zielscheibe lag, 12 Zoll. Beide Gruppen erzielten dieselben Ergebnisse. Anschließend wurde die Wasserhöhe auf 4 Zoll gesenkt. Die Versuchsgruppe konnte sich rasch auf die neuen Verhältnisse einstellen, die Kontrollgruppe reagierte jedoch völlig konfus. In diesem Experiment waren alle Elemente bis auf eines identisch. Trotzdem fand keine Lernübertragung statt.

13.3 Integrative Transfertheorie

Eine verbesserte Transfertheorie muß daher beide Theorien integrieren: Identische Elemente erleichtern das Erkennen von Situationen, in denen man bereits Gelerntes mit Vorteil anwenden kann. Verallgemeinerte Prinzipien ermöglichen es, regelgeleitet vorzugehen und die Lösungsmethoden an die jeweilige Situation anzupassen.

Diese **integrative Transfertheorie** kann als Richtschnur für den Unterricht wertvolle Hilfestellungen liefern. Wer zum Beispiel die Merkmale von Revolutionen kennt (identische Elemente), kann bei der Analyse verschiedener geschichtlicher Situationen rascher Verständnis entwickeln, wenn es um den Vergleich der französischen mit der russischen Revolution geht. Dazu müssen jedoch Kenntnisse der jeweiligen Sozialstruktur in Frankreich und Rußland kommen (Prinzipien), um den unterschiedlichen Ausgang interpretieren zu können. Die neueren Transfertheorien beziehen daher informationspsychologische Gesichtspunkte und vor allem die Ergebnisse der Metakognitionsforschung mit ein (vgl. dazu KLAUER, 1987 und GAGE & BERLINER, 1996, S. 320 ff): Ohne bewußtes, flexibles Umgehen mit dem eigenen Wissen und den eigenen Informationsaufnahme- und Verarbeitungsbemühungen ist Lernübertragung nur in eingeschränktem Maß möglich.

13.4 Störung der Lernübertragung: Fixierung von Lösungsmethoden (negativer Transfer)

Oft wundern sich Lehrende, weshalb Kinder das gelernte Wissen nicht übertragen können. Wie es Erkenntnisse über die Bedingungen von Transfer gibt, existieren auch Untersuchungen über Bedingungen, die die Lernübertragung verhindern. Monotonie bei den Übungsaufgaben stellt eine solche Bedingung dar.

Wer Schüler und Schülerinnen immer wieder dieselben Problemsituationen lösen läßt, begünstigt automatische, nicht überlegte Lösungen. Die klassischen Untersuchungen dazu führte LUCHINS durch. Er verwendete sogenannte Umschüttaufgaben als Versuchsmaterial (vgl. LUCHINS, 1965).

Wie ist zum Beispiel folgende Aufgabe zu lösen: Aus einem Gefäß mit 29 Litern sind so viele Liter herauszuschöpfen, daß 20 Liter übrigbleiben. Es ist ein zweites Gefäß von 3 Litern vorhanden. Die Aufgabe ist einfach: Dreimal 3 Liter herausgeschöpft, ergibt 20 Liter.

Eine weitere Aufgabe: Vorhanden sind folgende Gefäße: 14 Liter – 163 Liter – 25 Liter; herauskommen sollen 99 Liter. Lösung: Aus der mittleren Kanne (163) werden erst zweimal 25 und einmal 14 Liter geschöpft. Alle weiteren Aufgaben waren nach diesem Muster zu lösen (z. B. 21 – 127 – 3 fi 100; 18 – 43 – 10 fi 5; 9 – 42 – 6 fi 21; 20 – 49 – 4 fi 31; 13 – 83 – 28 fi 14 usw. usw.). Das Einüben dieser Lösungsmethode führte dazu, daß die Versuchspersonen automatisch so vorgingen und nicht mehr erkannten, daß bei manchen Aufgaben eine einfachere Lösungsmethode möglich gewesen wäre.

Man betrachte folgende Aufgabe: 28 – 76 – 3 fi 25. Hier brauchen wir das mittlere Gefäß überhaupt nicht, sondern können die geforderten 25 Liter durch Herausschöpfen von 3 Litern aus dem Gefäß mit 28 Litern erzielen.

LUCHINS führte 29 Gruppenversuche durch, wobei je nach Gruppe nur 34 bis 13 Prozent der Versuchspersonen auf diesen einfachen Weg kamen. Dies geschah, obwohl LUCHINS seine Versuchspersonen gewarnt hatte, vorsichtig zu sein und keinen unvernünftigen Lösungsweg zu wählen.

Noch krasser zeigte sich der negative Effekt fixierter Lösungsmethoden bei folgender Aufgabe: 3 – 64 – 29 fi 3. In den einzelnen Untersuchungsgruppen fanden nur zwischen 48 und 15 Prozent der Versuchspersonen heraus, daß man hier gar nicht umschütten mußte, sondern die Lösung schon gegeben war. Die **„Fixierung der Lösungsmethoden"** wirkte sich besonders ungünstig aus, wenn Zeitdruck und Wettkampfbedingungen dazukamen.

Lehrer und Lehrerinnen sollten sich daher vorher Gedanken machen, ob es sich bei einer bestimmten Lernaufgabe um einen Fall handelt, bei dem Transfer erwartet wird. Immer gleiche Beispielaufgaben sind dafür völlig ungeeignet. Natürlich gibt es auch Problemsituationen, die ein routinemäßiges Vorgehen erfordern, da sie sich nie ändern. Für sie sind stereotype Aufgaben geeignet.

Ein wichtiges Prinzip für das Erlernen der Lernübertragung ist durch den Satz ausgedrückt: **Transfer lernt man nur durch Transfer**. Sollen die Kinder die erlernten Problemlösungen übertragen können, dann muß man ihnen möglichst unterschiedliche, vielfältige Aufgabenstellungen geben, um die Übertragung zu üben.

14. Begriffsbildung und Problemlösen

Durch Lernvorgänge werden Informationen eingespeichert. Für Problemlösungen steht das erworbene Wissen jedoch nur dann zur Verfügung, wenn in intelligenter Weise damit denkend umgegangen wird. Um sich die Unterschiede zwischen Lernen und Denken klar zu machen, sei hier eine Zusammenstellung von Weinert angeführt:

Tab. 10:

Lernen	Denken
1. auf unmittelbaren Erfahrungen beruhende Verhaltensänderungen	über die unmittelbare Erfahrung hinausgehende Verhaltensänderungen
2. äußerliches Versuch-und-Irrtum -Verhalten	verinnerlichte Probierhandlungen
3. allmähliche Verhaltensformung	häufig plötzliche Einsicht („Aha"-Erlebnis)
4. vorwiegend Erfahrungen mit konkreten Lernbedingungen	vorwiegend Umgang mit (meist sprachlichen) Symbolen
5. Erwerb einfacher Reiz-Reaktions-Verbindungen oder Kombination solcher Verbindungen zu komplexen Reiz-Reaktions-Mustern	Entdecken,Herstellen und Anwenden von Sinnzusammenhängen und Bedeutungen
6. Leistungen stark von den äußeren Lernbedingungen abhängig	Leistungen stark von den Fähigkeiten des Denkenden abhängig

(nach WEINERT 1974)

Sigmund FREUD hat das Denken ein „Probehandeln" genannt (FREUD, 1975, S. 20). Dies ist eine sehr gute Beschreibung der Bedeutung des Denkens in der

Evolution: Durch die Entwicklung des Denkens wurde der Mensch in der Lage versetzt, sich verschiedene Handlungskonsequenzen vorzustellen, ohne das Risiko einer tatsächlichen Handlung eingehen zu müssen.

Im Kleinkindalter hängen Lernen und Denken noch eng zusammen, die beiden Prozesse begünstigen einander wechselseitig. Läßt man kleine Kinder z. B. mit zusammenpassendem Spielzeug spielen (Schaufel, Gießkanne, Rechen), eine andere Gruppe jedoch mit nicht zusammenpassendem Spielzeug (Boot, Telefon, Rechen), dann zeigt sich, daß die letztere Gruppe in einem Test zum divergenten (kreativen) Denken besser abschneidet. Die Kinder entdecken z. B. mehr Möglichkeiten, etwas mit einem Rechen anzustellen (C. HUTT, 1979). Eine anregungsreiche Umgebung, die Kinder nicht überfordert, steigert daher nicht nur die Intelligenz, sondern begünstigt auch ihren aktuellen Gebrauch in Handlungssituationen (EINSIEDLER & BOSCH, 1986).

14.1 Begriff, Urteil und Schluß

In der Logik des Aristoteles unterscheidet man die Lehre vom Begriff, die Lehre vom Urteil und die Lehre vom Schluß.

Wenn wir die **Begriffe** „Mensch“ und „sterblich“ gebildet haben, können wir das **Urteil** formulieren: „Alle Menschen sind sterblich“. Begegnet Werden wir davon informiert, daß der Träger des Namens „Gajus“ ein Mensch ist, dann können wir den **Schluß** ziehen: „Also ist auch Gajus sterblich.“ Urteile werden heute meist als „Propositionen“, einem eingedeutschten englischen Fachausdruck, bezeichnet.

Im Rahmen der Kognitionspsychologie wurden die diesen drei Bereichen zugrundeliegenden Entwicklungsprozesse studiert.

Die entwicklungspsychologischen Grundlagen für den Erwerb neuer Begriffe und darauf aufbauender Urteils- und Schlußsysteme spielen in allen Fächern, die in der Schule unterrichtet werden, eine wichtige Rolle. Wenn Kinder z. B.: Schwierigkeiten haben, die Begriffe „Gewicht“ und „Masse“ auseinander zu halten, dann kann dies daran liegen, daß sie zu früh eingeführt wurden, zu einer Zeit nämlich, als die Kinder zu abstrakten Begriffsbildungen noch nicht fähig waren (also vor dem 12. Lebensjahr) oder daß die im Unterricht erfolgte Begriffserklärung fehlerhaft vorgenommen wurde.

Mängel im Bereich der Begriffsbildung sind für die Lehrkräfte besonders schwer zu erkennen, da Kinder immer die Möglichkeit haben, eine schwierige Begriffsdefinition einfach auswendig zu lernen, ohne daß sie sie verstanden hätten.

Begriffe sind immer Abstraktionen, auch wenn sie sich auf konkrete Objekte beziehen. Der Begriff „Tisch“ sieht von allen Besonderheiten der Form und Farbe konkreter Tische ab. Begriffe erleichtern daher die Orientierung in einer sonst verwirrenden Welt.

Wenn man z. B. eine unbekannte Speise bekommt, so genügt es, daß uns eine vertrauenswürdige Person versichert, daß es sich um etwas handelt, das das Merkmal besitzt, „eßbar" zu sein. Wir müssen weder etwas über die Zusammensetzung, noch über den Namen dieser Speise wissen. Durch Begriffe wird daher auch die Komplexität der Welt reduziert.

Dieser Vorteil kann allerdings auch zu einem Nachteil werden, dann nämlich, wenn dies in unzulässiger, vorurteilshaft vereinfachender Form geschieht. Für wen es nur „gute" und „böse" Menschen gibt, wird sein Verhalten nach Schwarz-Weiß-Gesichtspunkten ausrichten. Der „Labeling-Ansatz" der Sozialpsychologie hat darauf aufmerksam gemacht, daß Menschen dazu neigen, anderen gleichsam ein Etikett anzuhängen, was zu Stigmatisierungen führt. Man sollte daher sehr vorsichtig sein, von Kindern in begrifflichen Kategorien wie „Problemschüler", „Klassenkasperl", „Neurotiker" usw. usw. zu sprechen, auch wenn man subjektiv das Gefühl hat, sich dadurch die Arbeit einer genauen Verhaltensbeschreibung ersparen zu können.

14.1.1 Psychologische Gesetzmäßigkeiten bei der Begriffsbildung und ihre Konsequenzen für den Unterricht

In einem interessanten Experiment legte Edna HEIDBREDER (1965) Versuchspersonen verschiedene Zeichnungen von Gegenständen vor, die mit einer bestimmten, sinnlosen Silbe verknüpft werden sollten. Die Versuchspersonen konnten diese Zuordnungen einfach auswendig lernen und hatten damit viel Arbeit. Wer aber erkannt hatte, daß z. B. ein Gesicht immer mit der Silbe „Relk" verbunden werden mußte oder daß sechs Objekte, gleichgültig, worum es sich handelte, immer mit der Silbe „Mang" gekoppelt wurden, konnte die Aufgabe rasch und sicher lösen: Begriffe erleichtern das Lernen.

Es zeigte sich in diesem Experiment auch, daß es Begriffe gibt, die schwierig, und andere, die leichter zu bilden sind. Wenn in einem Intelligenztest das Gemeinsame von „Erdbeere" und „Kirsche" erfragt wird, so ist die Eigenschaft „Rot" leichter zu finden, als der Oberbegriff „Früchte", wie sich in vielen vergleichenden Untersuchungen gezeigt hat. Das Gemeinsame von „Kaktus" und „Schmetterling" ist noch sehr viel schwerer abzuleiten, da auf eine höhere Stufe abstrahiert und von sehr vielen relevanten Eigenschaften abgesehen werden muß. Die Antwort ist nämlich „Lebewesen".

Für den Unterricht bedeutet dies, daß der Lernprozeß, der zur Begriffsbildung führen soll, sehr viel sorgfältiger geplant und aufgebaut werden muß, wenn es sich um sehr abstrakte Begriffe handelt, deren relevante Merkmale außerdem schwer zu finden sind.

Schon früh wurden daher Versuche durchgeführt, die das Ziel hatten, eine optimale Unterrichtsstrategie zur Begriffsentwicklung zu finden.

DECECCO stellte bereits 1969 ein Achtstufenmodell zur Vermittlung von Begriffen vor:

1. Dem Schüler soll die zu lernende Begriffsaufgabe möglichst genau beschrieben werden.
2. Bei komplexen Begriffen ist die Zahl der relevanten Merkmale zu reduzieren, die wichtigsten sind besonders herauszustellen.
3. Diese Merkmale müssen gedächtnismäßig verankert werden.
4. Es werden positive und negative Beispiele für den Begriff eingeführt, d. h. solche, die den Begriff repräsentieren, und solche, die ihn nicht repräsentieren.
5. Diese Beispiele sollen möglichst zeitlich aufeinander folgen.
6. Anschließend muß dem Schüler ein neues, positives Beispiel als Aufgabe angeboten werden.
7. Dann folgen weitere positive und negative Beispiele. Der Lehrende bestätigt richtige und korrigiert falsche Lösungen.
8. Der Schüler wird zum Abschluß des Lernvorgangs ermuntert, den Begriff nicht nur richtig anzuwenden, sondern ihn auch sprachlich zu umschreiben.

1971 entwickelte Cecil CLARK auf der Grundlage von Analysen von 250 experimentalpsychologischen Studien zur Begriffsbildung ein differenziertes System der Vermittlung von Begriffen. Auch sie legt besonderen Wert darauf, daß die Lernenden sowohl positive, zu dem Begriff gehörende Anwendungsbeispiele, als auch negative, nicht dazu gehörende Beispiele vorgestellt bekommen, um Verwechslungen vorbeugen zu können.

In der Logik gilt der Satz, daß man dadurch, daß man sagt, was etwas **nicht** ist, eine Sache keineswegs definieren kann. Wenn man jemandem z. B. sagt, daß „ANOVA“ kein Haus, keine Straßenbahn, kein Buch, kein Gefühl usw. usw. ist, dann weiß er noch immer nicht, worum es sich dabei handelt. Man muß schon ein „positives Beispiel“, d. h., die Information weitergeben, daß es sich um die Abkürzung für „Analysis of Variance“ handelt und das damit statistische Verfahren darstellen.

Bevor man eine Unterrichtsstunde zum Erlernen eines Begriffes aufbaut, sollte man entscheiden, was das allgemeine Ziel sein soll:

a) den Begriff definieren können;
b) den Begriff im Rahmen des Schulunterrichts richtig gebrauchen können;
c) den Begriff auf neue Situationen anwenden können;
d) einen Begriff ohne Hilfe bilden können.

CLARKs System umfaßt folgende Unterrichtsschritte:

1. **Lernzielentscheidung**
   Zunächst ist eine begründete Entscheidung für den zu lernenden Begriff zu treffen; die relevanten und irrelevanten Begriffsmerkmale müssen bestimmt und eine Diagnose der bei den Lernenden vorhandenen Vorkenntnisse vorgenommen werden.
2. **Vorbereitung des Lehr- und Lernmaterials**
   Im nächsten Schritt müssen möglichst anschauliche positive Beispiele für den zu lernenden Begriff selbst und für jene Begriffe, mit denen man ihn leicht verwechseln kann („negative Beispiele") ermittelt werden.
3. **Konstruktion, Anwendung und Auswertung eines speziellen Vortests**
   Obwohl dieser Schritt den Unterricht unterstützen kann, da er eine Evaluation des Unterrichtserfolges gestattet, wird er wohl meist entfallen, da die Vorbereitungsarbeit recht aufwendig ist.
4. **Erarbeitung des Begriffes**
   Der erste Schritt besteht in der Aktivierung bereits bekannter, lernrelevanter Begriffe;
   Einführungsphase: Nur positive Beispiele dürfen gebracht werden, wobei besonders auf die relevanten Merkmale und ihre sprachliche Bezeichnung hingewiesen wird;
   Vertiefungsphase: Positive und negative Beispiele werden nun besprochen, wobei die Schwierigkeit von Beispiel zu Beispiel zunehmen soll. Die Lernenden sollen die relevanten Merkmale selbst finden und benennen. Nach falschen Antworten muß Gelegenheit gegeben werden, die richtige Antwort selbst zu finden.
   Schließlich soll der Begriff mit verwandten Begriffen verglichen, von ihnen unterschieden und untersucht werden, in welchen Beziehungen er zu ihnen steht.
   Günstig ist es, abschließend alle Erkenntnisse über den Begriff zusammenzufassen und auf besonders prägnante Beispiele hinzuweisen.
5. **Evaluation**
   Die Evaluation erfolgt mit Hilfe eines lernzielorientierten Nachtests; er dient der Überprüfung, ob das Lernziel erreicht wurde. Falls dies nicht sein sollte, müssen remediale Lerneinheiten nachfolgen.

14.1.2 Problemlösen

Wenn im Alltag vom „Denken lernen" die Rede ist, versteht man darunter in der Regel das Erlernen des Problemlösens (vgl. dazu PHYE, 1990).

Frühe Untersuchungen von Problemlöseaufgaben wurden vor allem von den Gestaltpsychologen durchgeführt. Gestalt- oder Struktureigenschaften sind für die intelligente Problemlösung besonders wichtig. Der Begründer der Berliner Gestaltschule, Max WERTHEIMER wies nach, daß intelligentes Problemlösen daran gebunden ist, daß 1. die vorhandene Struktur des Problems erkannt wird, 2. überlegt wird, wie die Struktur des Zielzustandes ist, 3. durch **Umzentrieren** des Ausgangszustandes der Zielzustand erreicht wird (vgl. WERTHEIMER, 1964).

Verschiedene Forscher führten Untersuchungen zum Problemlösen als Umzentrierungsvorgang durch. KATONA (1940) verwendete dazu Streichholzaufgaben wie z. B. die folgende: Aus 5 Streichholzquadraten sollen 4 Quadrate gebaut werden, ohne daß ein Streichholz übrig bleibt.

Ausgangszustand:

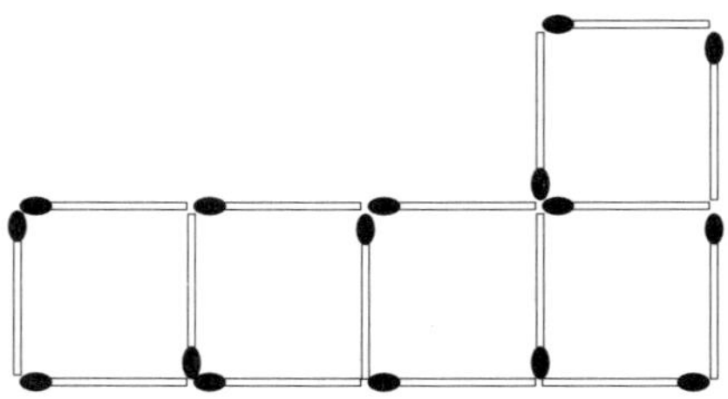

Abb. 3:

Der Vergleich mit dem Zielzustand ergibt, daß wir **zu viele** Streichhölzer haben. Es müssen also möglichst viele verbraucht werden. Wir müssen den Ausgangszustand daher so umzentrieren, daß keine Seite doppelt verwendet wird. Dies ergibt die Lösung:

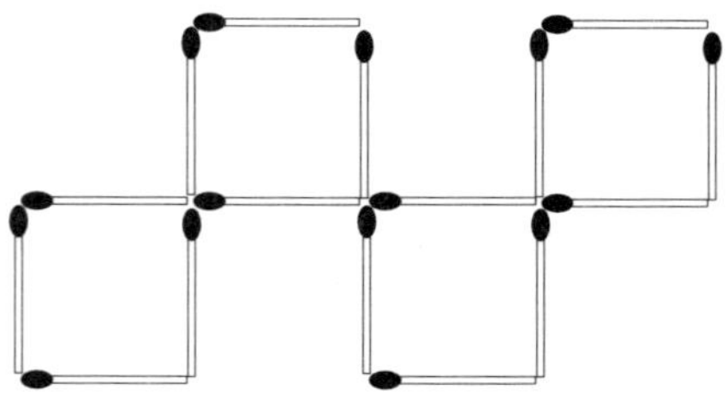

Abb. 4:

Ein weiteres Beispiel: aus 9 Streichhölzern sind 3 Vierecke zu bilden:

Abb. 5:

Hier zeigt sich bei der Analyse der Struktur, daß zu wenig Streichhölzer vorhanden sind. Wir können den Zielzustand nur erreichen, wenn Streichhölzer doppelt verwendet werden.

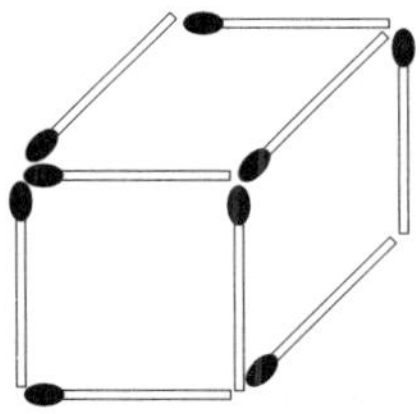

Abb. 6:

Bei diesem Problem ist es außerdem wichtig, daß man über die richtige Definition des Begriffes „Viereck" verfügt. Viele Menschen denken nämlich dabei automatisch fälschlich an „Quadrat".

Durch Überlegungen, wie den dargestellten, kann man Lernenden helfen, die Probleme mit dem Lösen von Textaufgaben haben. Dabei handelt es sich nämlich um typische Problemlösungsaufgaben.

Ein Beispiel: „Wenn 10 Arbeiter eine Mauer in 6 Tagen bauen, wie lange brauchen 5 Arbeiter?"

Kinder, die hier Schwierigkeiten haben, müssen dazu gebracht werden, einmal vernünftig zu überlegen, ob es eher länger oder eher kürzer dauern wird, wenn weniger Arbeiter tätig sind. Dies hilft ihnen, sich die Aufgabe so zu strukturieren, daß sie sie lösen können.

Bei allen Problemlöseaufgaben geht es darum, die relevanten Strukturierungsmerkmale der Aufgabe zu erkennen. Dies bedeutet für den Lehrer, daß die Lernenden angeleitet werden müssen, die **richtigen Fragen** zu stellen. Wer z. B. Schwierigkeiten mit der Groß- und Kleinschreibung hat, muß zunächst einmal Fragen stellen lernen, wie „Ist es ein Hauptwort, kann ich der, die, das vorsetzen?" usw.

Auch Übersetzungen aus dem Lateinischen sind in erster Linie Problemlösungsaufgaben. Dies bedeutet, daß es auf das geschickte Fragenstellen und Umzentrieren ankommt.

Wie bereits ausgeführt wurde, haben Kinder im Grundschulalter einen impulsiven Denk- und Handlungsstil, d. h., sie nehmen sich zu wenig Zeit für die Problembearbeitung. Der impulsive Denkstil ist für das Lösen von Problemen nicht besonders gut geeignet. Der reflexive Denkstil entwickelt sich erst ab etwa 8 Jahren. Einige Kinder behalten den impulsiven Stil auch noch länger bei. Es ist daher wichtig, Schülern und Schülerinnen zu erklären, daß es bei schwierigen Denkaufgaben darauf ankommt, langsam und überlegt vorzugehen. MEICHENBAUM (1979) hat zu diesem Zweck ein Trainingsprogramm entwickelt, das im wesentlichen darin besteht, den Kindern beizubringen, beim Lösen von Denkaufgaben bewußt zu sich selber zu sprechen. Dies hilft, sich die Umstrukturierungsschritte klar zu machen und überlegt vorzugehen.

Auch Lehrende können etwas dazu tun, um einen überlegten, reflexiven Denkstil zu fördern. Kenneth TOBIN konnte in einer 1986 veröffentlichten Untersuchung zeigen, daß die einfache Anweisung an die Lehrenden, **bei Fragen an Schüler prinzipiell freundlich und interessiert 3 bis 5 Sekunden auf die Antwort zu warten**, dazu führte, daß sie in längeren Sätzen zu sprechen begannen, qualitativ hochstehendere Antworten gaben und mehr echtes Verständnis entwickelten.

Ein wichtiger Tip dazu stammt von AEBLI. Wenn die Lehrerin eine Problembearbeitung an der Tafel oder sonstwie demonstriert, sollte sie ihre eigenen Gedanken dabei laut aussprechen. Durch diese Methode des **„kognitiven Modellierens“** (AEBLI u. a., 1986) lernen die Schüler und Schülerinnen die Denkregeln selbst anzuwenden.

14.2 Training des induktiven Denkens nach K. J. KLAUER

Schlußfolgerndes Denken kann entweder von allgemeinen Grundsätzen zu besonderen Anwendungsfällen führen (deduktiv, „Top-down“, d. h. von oben nach unten) oder von einzelnen Beobachtungen oder Aussagen zu einem allgemeinen Prinzip (induktiv, „Bottom-up“, d. h. von unten nach oben) gelangen. Im Alltag wird vor allem die zweite Art der Schlußfolgerung besonders häufig benötigt.

K. J. KLAUER entwickelte zwischen 1989 und 1993 zur Verbesserung der Kompetenzen des induktiven Denkens Trainingsprogramme, die sich in der Praxis besonders bewährt haben (Denktraining für Kinder I, Altersbereich 5–7, Denktraining für Kinder II, Altersbereich 10–13, Denktraining für Jugendliche, Altersbereich 14–16, alle erschienen im Hogrefe-Verlag).

KLAUER definiert induktives Denken durch folgenden „Mapping sentence“, das heißt, Definitionssatz (vgl. BORG, 1981):

Abb. 7: Definitionssatz zum induktiven Denken (nach KLAUER, 1993a, S. 143)

„Induktiv heißt das Denken, das in der Entdeckung von Regelhaftigkeiten durch Feststellung der

A		B
a1 Gleichheit a2 Verschiedenheit a3 Gleichheit und Verschiedenheit	von	b1 Merkmalen b2 Relationen

	C	
bei	c1 verbalem c2 bildhaftem c3 geometr.-figuralem c4 numerischem c5 sonstigem	Material besteht“

Für jede der so definierten Aufgabengruppen wurden der jeweiligen Entwicklungsstufe angepaßte anschauliche Materialien entwickelt, die entweder in der Gruppe oder im Einzeltraining bearbeitet werden können (vgl. KLAUER, 1993a, b; 1996; TOMIC & KLAUER, 1996).

Einen Überblick über Möglichkeiten des Trainings deduktiver Schlußfolgerungen findet sich bei HINNERSMANN 1993.

15. Schichtspezifisches Sprachverhalten

Lernen und Denken ist in vielfältiger Weise an den Gebrauch der Sprache gebunden. Wenn Kinder wenig Gelegenheit zum Erwerb eines differenzierten Sprachgebrauchs haben, bedeutet dies eine Beeinträchtigung ihrer Lernmöglichkeiten.

Anfang der sechziger Jahre machten Basil BERNSTEIN, Soziologe an der Universität London, und seine Mitarbeiter dazu eine Entdeckung: Es fiel ihnen auf, daß Kinder der Unterschicht nicht selten sehr gute Ergebnisse in sprachfreien Intelligenztests hatten, obwohl sie in verbalen Intelligenztests nicht so gut abschnitten. Sie interpretierten dies als einen Mangel an sprachlicher Förderung (vgl. BERNSTEIN, 1972).

Genauere Untersuchungen des Sprachstils in Unterschichtfamilien im Vergleich zu Mittelschichtfamilien ergab, daß der Gebrauch der Sprache sich in charakteristischer Weise unterschied. Die Aussagen der Unterschichtfamilien waren eher stereotyp. Sie konnten gut vorhergesagt werden, wenn man die Situation kannte oder den Anfang eines Dialogs gehört hatte.

Wir alle kennen Beispiele für solche stereotype Gesprächspassagen. Bei der Begrüßung, beim Verabschieden, bei Glückwünschen zu irgendwelchen Ereignissen bedienen wir uns solcher feststehender Redensarten.

Nach BERNSTEIN ist die Sprache der Unterschicht weitgehend durch solche Konventionen geregelt. In einem frühen Aufsatz bringt er folgendes Beispiel: Eine Mutter sitzt im Bus und hat ein Kind auf dem Schoß. Es entspinnt sich folgende Konversation: Mutter: „Halte dich fest." Kind: „Warum"? Mutter: „Du wirst fallen." Kind: „Warum"? Mutter: „Ich habe dir gesagt, daß du dich festhalten sollst, oder?"

Wie BERNSTEIN erklärt, wird die natürliche Neugier des Kindes durch eine solche Sprechsequenz in autoritärer Weise eingeschränkt. Das Kind erhält keine Chance, die Begründung für die Forderung der Mutter denkend nachzuvollziehen und aus Einsicht ihren Forderungen nachzukommen. Damit wird bereits angedeutet, daß BERNSTEIN auch einen Zusammenhang zwischen dem Sprachcode und der Denkentwicklung sieht.

Der Sprachstil der Mittelschicht ist nämlich wesentlich differenzierter, geht auf individuelle Begründungen ein und bemüht sich, die jeweilige Sprechsituation entsprechend den Anforderungen verbal zu gestalten. Die Sprechsequenzen sind damit weit weniger stereotyp und daher auch nicht so leicht vorherzusagen. Dies zwingt den Sprechpartner, wesentlich genauer zuzuhören. Es ist ein Sprachcode, der dazu geeignet ist, genaue Begründungen zu liefern. Die denkende Bewältigung von Problemsituationen wird dadurch unterstützt.

Als Beispiel führt BERNSTEIN die oben dargestellte Gesprächssituation im Bus an. Im Code der Mittelschicht sieht sie wie folgt aus: Mutter: „Halte dich fest, mein Schatz." Kind: „Warum"? Mutter: „Wenn du das nicht machst, wirst du nach vorn gestoßen werden und du wirst herunterfallen." Kind: „Warum"? Mutter: „Wenn der Bus stehen bleibt, wirst du gegen den Vordersitz geschleudert." Kind: „Warum"? Mutter: „Nun mein Schatz, halte dich fest und mach nicht so einen Wirbel." Wie man sieht, geht auch der Mittelschichtmutter schließlich die Geduld aus. Trotzdem zeigt die Sprechsequenz, daß sich die Mutter bemüht, das Kind auf Ursache-Wirkungsverhältnisse aufmerksam zu machen. Langfristig führen diese Verhaltensweisen dazu, daß das Kind diese Argumentationsformen übernimmt.

BERNSTEIN hat den Sprachstil der Unterschicht mit dem Begriff „Restringierter (eingeschränkter) Code" bezeichnet, den Sprachstil der Mittelschicht mit dem Terminus „Elaborierter (erweiterter) Code", und für beide charakteristische Merkmale erarbeitet (siehe unten).

OEVERMANN (1966) führte Analysen von Schüleraufsätzen durch und konnte feststellen, daß einige dieser Merkmale sich auch in ihnen wiederfanden. Kinder aus einem sprachlich weniger anspruchsvollen Milieu verwenden kaum differenzierte Haupt- und Nebensatzkonstruktionen. Sie neigen dazu, Und-Verbindungen zu gebrauchen. Ein besonders charakteristisches Merkmal ist der Gebrauch von Adjektiven und Adverbien. Im restringierten Code werden nur wenige Standardbeschreibungen verwendet: Toll, arg, super, gemein, mistig, u. ä.

Interessanterweise beeinflußt gerade der Gebrauch von eindrucksvollen „schmückenden" Beiwörtern die Benotung bei Deutschaufsätzen in erheblicher Weise. Durch ein einfaches Training ist es möglich, Schülerinnen und Schüler, die einen differenzierten Gebrauch von Adjektiven und Adverbien nicht gelernt haben, diese zu vermitteln und dadurch ihre Deutschaufsatznote mindestens eine Stufe anzuheben.

Kurz zusammengefaßt, sind die Prinzipien eines solchen Trainings folgende: Es muß den Kindern klar gemacht werden, daß Adjektive und Adverbien eine den Sinn einer Aussage entscheidend modifizierende Funktion haben. Dazu läßt man sie Übungen unter dem Titel „Wir verzaubern Geschichten" machen. Ein Beispiel: „Es war einmal eine … Prinzessin, die wohnte in einem … Schloß. Eines Tages kam ein … Ritter auf Besuch usw. usw. Die Schülerinnen und Schüler haben nun die Aufgabe, verschiedene Adjektive einzusetzen und dadurch die Erzählung zu verändern: „Es war einmal eine schlaue, arme, uralte usw. Prinzessin." Es ist unmittelbar einsichtig, daß durch diese einfache Einsetzung völlig verschiedene Geschichten nahegelegt werden.

Sobald die Lernenden die **Funktion** der Adjektive bzw. Adverbien verstanden haben, kann man daran gehen, verschiedene Spiele mit ihnen zu spielen, bei denen es darauf ankommt, möglichst viele sinngleiche oder das Gegenteil ausdrückende Adjektive und Adverbien zu finden. Wenn dies in entsprechend spielerischer, die Kreativität anregender Form geschieht, ist es in kürzester Zeit möglich, die sprachlichen Leistungen in diesem Bereich erheblich zu steigern.

Zu jedem Defizit des eingeschränkten Codes lassen sich entsprechende Programme entwickeln. Es muß hier nachdrücklich darauf hingewiesen werden, daß das Problem vor allem darin besteht, daß sich schulisches Lernen in den Kategorien der Mittelschichtsprache vollzieht. Differenzierte Darstellungen lassen sich nun einmal nicht in den einfachen Standardkategorien des restringierten Codes ausdrücken. Kinder, die sich nur in diesem verständigen können, bekommen daher rasch Schwierigkeiten, wenn es darum geht, komplexe Sachverhalte in den Naturwissenschaften oder im Mathematikunterricht (z. B. beim Verstehen von komplizierteren Textgleichungen) zu entschlüsseln. Eine sprachliche Förderung ist daher unerläßlich.

Tab. 11: Merkmale der Sprachcodes nach BERNSTEIN (nach BERNSTEIN, 1972, S. 98 ff.)

Elaborierter Code

1. Genaue grammatische Ordnung und Syntax regulieren das Gesagte.
2. Logische Modifikationen und Betonungen werden durch grammatisch komplexe Satzkonstruktionen, vor allem durch die Verwendung einer Reihe von Konjunktionen und Nebensätzen, vermittelt.
3. Häufige Verwendung von Präpositionen, die sowohl logische Beziehungen als auch den zeitlichen und räumlichen Zusammenhang anzeigen.
4. Häufige Verwendung der unpersönlichen Fürwörter „es“ und „man“.
5. Eine differenzierte Auswahl aus einer Reihe von Adjektiven und Adverbien.
6. Die individuelle Sinngebung wird sprachlich durch die Struktur und die Beziehungen in und zwischen den Sätzen vermittelt. Sie erfolgt explizit.
7. Der expressive Symbolismus unterscheidet mehr zwischen Bedeutungen innerhalb von Sprechsequenzen, als daß er dominante Wörter oder Wendungen unterstreicht oder die Sequenz in einer diffusen und formelhaften Weise begleitet.
8. Es handelt sich also um einen Sprachgebrauch, der die Möglichkeiten ausnutzt, die in einer komplexen begrifflichen Hierarchie für die Organisation der Erfahrung bereitliegen.

Restringierter Code

1. Kurze, grammatisch einfache und oft unvollständige Sätze von dürftiger syntaktischer Form.
2. Einfacher und sich wiederholender Gebrauch bestimmter Konjunktionen (so, dann, und, weil).
3. Geringe Verwendung von untergeordneten Sätzen, durch die die Kategorien des übergeordneten Subjekts modifiziert werden.
4. Unfähigkeit, einen Satzgegenstand über eine ganze Sprechsequenz hinweg durchzuhalten, so daß es leicht zu einer Verzerrung des Mitteilungsgehaltes kommt.
5. Starrer und begrenzter Gebrauch von Adjektiven und Adverbien.
6. Seltener Gebrauch von unpersönlichen Fürwörtern als Subjekt in Bedingungssätzen oder Sätzen überhaupt.
7. Häufiger Gebrauch von Feststellungen, bei denen Begründung und Folgerung vertauscht sind; sie bekommen dadurch den Charakter kategorischer Behauptungen.
8. Eine große Zahl von Aussagen und Wendungen, welche das Bedürfnis anzeigen, die vorausgehende Sprechsequenz zu verstärken: „Nicht wahr? Da sehen Sie! Müssen Sie wissen!“ etc. Dieser Vorgang wird „sympathetische Zirkularität“ genannt.
9. Individuelle Auswahl aus einer Gruppe idiomatischer Wendungen oder Sequenzen kommt häufig vor.
10. Die individuelle Sinngebung ist in der Satzorganisation impliziert: Es ist eine Sprache impliziter Bedeutungen.

Spätere Überprüfungen der BERNSTEINschen Theorie haben gezeigt, daß sie ergänzungsbedürftig ist. So stimmt z. B. die enge Zuordnung der Sprachcodes zur Unter- bzw. Mittelschicht nicht. In Standardsituationen sprechen auch Mittelschichtangehörige im restringierten Code. Sie sind aber, zum Unterschied von den Sprechern des restringierten Codes, sozusagen „zweisprachig", d. h. sie können sich nach Wahl des einen oder des anderen Codes bedienen.

Daß es Situationen gibt, in denen der elaborierte Code fehl am Platz ist, hat Bernard SHAW in seinem „Pygmalion" gezeigt: Als das Blumenmädchen Eliza Doolittle nach ihrem Sprechtraining durch Professor Higgins ihren ersten Auftritt in der vornehmen Gesellschaft hat, wird sie mit der altbewährten Frage nach dem Wetter konfrontiert. Üblich ist eine dem restringierten Code entsprechende, belanglose Bemerkung. Sie antwortet jedoch zum Erstaunen ihrer Gesprächspartner mit einer höchst wissenschaftlichen Abhandlung über die Wetterprognose.

Auch Unterschichtsprecher sind zu sehr differenzierten Darstellungen fähig, wenn man mit ihnen in einer ihnen vertrauten Situation spricht. Die stereotypen, einsilbigen Äußerungen von Unterschichtkindern in formellen Befragungssituationen weichen in der Regel anschaulichen Beschreibungen, wenn man sie z. B. im Freien auf einer Treppe sitzend befragt. Ein Charakteristikum scheint daher die Abhängigkeit des Unterschichtsprechers vom Kontext zu sein.

BERNSTEIN machte darauf aufmerksam, daß eine wesentliche Bedingung der Entstehung des restringierten Codes der autoritäre Erziehungsstil in Arbeiterfamilien ist. Dies führte zur Unterscheidung von autoritären, „**positionalen**" und sozial-integrativen „**personorientierten**" Familien. Hierbei handelt es sich um unterschiedliche **Rollensysteme**, die weitreichende Folgen für die kognitive und emotionale Entwicklung von Kindern haben.

In der positionalen Familie gibt es ein klar definiertes Oberhaupt und eine eindeutige Hierarchie. Wer was zu wem sagen darf, ist genau festgelegt. „Sei nicht so frech", darf zwar der Höherrangige zum Niedrigrangigen sagen, aber nicht umgekehrt. Es handelt sich um ein geschlossenes Kommunikationssystem, das keine Abweichungen duldet.

Im Gegensatz dazu besteht in der personorientierten Familie ein offenes Kommunikationssystem. Was in einer bestimmten Situation zu gelten hat, wird gemeinsam festgelegt. Der Satz: „Sei nicht so frech", von einem Kind zum Erwachsenen gesprochen, wird zwar auch dort als Überschreitung von konventionell festgelegten Grenzen aufgefaßt, doch kann es als Scherz, als Ausrutscher oder etwas Ähnliches uminterpretiert und damit akzeptabel gemacht werden. Kinder haben in solchen Familien sehr viel früher die Gelegenheit, sich in unterschiedlichen Rollen zu üben.

Damit haben wir einen Hinweis für den Schulunterricht gewonnen, wie solche starren Rollenvorschriften und Sprachcodes aufgebrochen werden können: Die Methode der Wahl ist das Rollenspiel. Das Stehgreifspiel erlaubt es, verschiedenste Positionen in spielerischer Form einzunehmen und damit zu experimentieren.

Zu Beginn der BERNSTEIN-Rezeption im deutschen Sprachraum wurde viel über die Sprachbarrieren gesprochen, die durch einen ungünstigen Sprachcode aufgerichtet werden. Die neueren Forschungsarbeiten haben gezeigt, daß sie sich durch geeignete Maßnahmen relativ leicht auflösen lassen.

Eine einfache Maßnahme wurde bereits erwähnt: In der referierten Untersuchung von TOBIN (1986) wurden die Lehrenden angewiesen, nach jeder Frage an die Schüler länger als üblich, nämlich ca. 3–5 Sekunden in freundlicher Form zu. Wenn man den Schülern und Schülerinnen diese Denkpause gönnte, nahmen die unvollständigen Sätze und die schlecht konstruierten Antworten statistisch sehr signifikant ab. Die Antworten wurden außerdem inhaltlich wesentlich besser.

Autoritäre Formen der Dialoggestaltung scheinen sich nicht zuletzt dadurch negativ auszuwirken, daß dem anderen keine Zeit gelassen wird, sich die Antwort zurechtzulegen, und sie sich angewöhnen müssen, „wie aus der Pistole geschossen" (oder überhaupt nicht) zu reagieren. Dies fördert eine stereotype Sprachgestaltung. Dazu paßt die Feststellung, daß Menschen, die in einem hoch elaborierten Stil sprechen, allgemein weit langsamer reden und längere Pausen machen, als Personen, die einen einfachen Sprachstil bevorzugen. Es ist daher nicht überraschend, daß auch Kinder aus Mittelschichtfamilien, die eine positionale Struktur aufweisen und einen autoritären Erziehungsstil verwirklichen, einen ähnlich dürftigen Sprachstil entwickeln, wie Kinder aus Unterschichtfamilien.

16. Motivationspsychologie

Die erlebte Umwelt ist für verschiedene Personen nicht gleich strukturiert, sondern mehr oder weniger „motivierend". Einzelne Situationen gewinnen im Laufe der Zeit Anregungswert. Darunter versteht man nach HECKHAUSEN (1974): „Die erlebten Wahrscheinlichkeiten der möglichen Handlungsausgänge sowie die Erwartung der daran geknüpften weiteren Folgen, die zu einem situationsangemessenen Verhalten motivieren; und zwar werden solche Handlungen gewählt und ausgeführt, die zu möglichst positiven (erwünschten) oder zu möglichst geringen negativen (unerwünschten) Folgen zu führen versprechen" (S. 141 f).

In der Reaktion auf sonst gleiche Situationen zeigen Menschen jedoch verschiedene, charakteristische Reaktionsbevorzugungen. Man hat sie unter dem Begriff „Motiv" zusammengefaßt. Motive sind überdauernde Voreingenommenheiten kognitiver Prozesse im Sinn hochgeneralisierter Wertungsdispositionen für einzelne „Grundsituationen". Sie stellen „wiederkehrende Anliegen" dar. Im Unterschied zu den Motiven bezeichnet der Begriff „Motivation" den energetischen Anteil eines Motivationsprozesses.

Es gibt sehr verschiedene Motivsysteme: Das **Anschlußmotiv** ist gekennzeichnet durch die Bedeutung, die der sozialen Kontaktaufnahme beigemessen wird; das **Machtmotiv** wird in Situationen wachgerufen, in denen es um die Ausübung von Herrschaft geht usw. In der Schule ist besonders die **Leistungsmotivation** und das Leistungsmotiv von Bedeutung (vgl. CHAMBERS & ABRAMI, 1991; WEINER, 1990; WENTZEL, 1991). Auf die Leistungsmotivation soll daher ausführlicher eingegangen werden.

16.1 Zur Entwicklung leistungsmotivierten Verhaltens

Damit ein Verhalten als leistungsmotiviert bezeichnet werden kann, müssen nach HECKHAUSEN (vgl. HECKHAUSEN, 1974, 1980) mehrere Bedingungen erfüllt sein.

1. Es muß ein **objektivierbares** (eindeutig feststellbares) **Handlungsresultat** erzielt worden sein.
2. Das Handlungsergebnis muß auf einen objektiven **Schwierigkeitsmaßstab** beziehbar sein.
3. Die Aufgaben dürfen weder zu schwer noch zu leicht sein, sie müssen **gelingen oder mißlingen** können.

4. Es muß ein verbindlicher subjektiver **Gütemaßstab** im Sinne eines angestrebten Leistungsziels vorliegen.
5. Die Handelnden müssen den Effekt der Tätigkeit auf **sich selbst als Urheber** zurückführen können.

Mit etwa sechs Jahren sind diese Entwicklungsschritte in der Regel vollzogen. Gewisse Vorstufen davon sind allerdings schon sehr früh vorhanden. Bereits das Einjährige hat Spaß am „**Selbermachenwollen**". Dabei handelt es sich um spontane Motivationen. Mit etwa eineinhalb Jahren entwickelt das Kind bereits gewisse **Handlungspläne**. Es kann z. B. schon zwei Würfel aufeinander stellen, obwohl ihm dies noch sehr schwer fällt. Gelingt es ihm, zeigt es deutliche Zeichen der Freude, mißlingt es, wird es ärgerlich.

Leistungsmotiviertes Handeln hat viel mit der Fähigkeit zur Selbstbekräftigung zu tun. Die Freude über einen gelungenen Handlungsplan kann daher dazu führen, daß das Kind Spaß daran bekommt, sich mit ähnlichen Aufgaben weiter zu beschäftigen. In dieser Altersstufe fehlt jedoch noch ein wichtiges Bestimmungsstück des leistungsmotivierten Handelns, der **Wettbewerbseifer**.

Bereits 1962 führten HECKHAUSEN & ROELOFSEN dazu ein Experiment durch. Dazu wurden Kinder zwischen zwei und sieben Jahren gebeten, im Wettbewerb mit dem erwachsenen Versuchsleiter Holzringe um einen senkrechtstehenden Pflock zu einem Turm aufzustapeln. Vor dem Kind und vor dem Versuchsleiter stand je eine derartige Anordnung. Dem Kind wurde erklärt, daß der gewonnen hätte, der zuerst fertig geworden sei. Damit ist ein einfacher Gütemaßstab definiert.

Um herauszufinden, ob die Kinder bereits in der Lage waren, Erfolg und Mißerfolg zu erleben, baute der Versuchsleiter entweder rascher oder langsamer als das Kind. Die Kleinsten freuten sich einfach über den fertigen Turm, ohne Rücksicht darauf, ob der Versuchsleiter früher oder später fertig geworden war. Erst ab etwa drei Jahren verstanden die Kinder die Bedeutung des Zuerstfertigwerdens. Dabei konnte eine Beobachtung gemacht werden, die sich auch bei älteren Kindern und erwachsenen Versuchspersonen zeigt: Bei einem Erfolg schauen die Kinder triumphierend auf den Verlierer, sie richten sich auf, werfen die Ärmchen hoch und vergrößern stolz ihr Erscheinungsbild. Bei Mißerfolg verkleinern die Kinder sich gleichsam, die Arme werden an den Körper gedrückt, der Kopf gesenkt, die Bewegungen verlangsamen sich.

Mit einem gewissen Ausmaß an Frustrationen dieser Art können Kinder fertig werden. Unter bestimmten Umständen entwickelt sich jedoch eine negative Einstellung zur eigenen Leistungsfähigkeit, die als „Mißerfolgsängstlichkeit" im Gegensatz zur „Erfolgszuversicht" beschrieben werden kann. Bei ungünstigen Umständen können bereits Sechsjährige diese Ausprägung des Leistungsmotivs zeigen.

HECKHAUSEN (1965, S. 604) hat das Leistungsmotiv als das Bestreben definiert „die persönliche Tüchtigkeit in allen jenen Tätigkeiten zu steigern oder möglichst hoch zu halten, in denen man einen Gütemaßstab für verbindlich hält und deren Ausführung deshalb gelingen oder mißlingen kann“. Das „Zuerst-fertig-werden-wollen“ stellt einen solchen einfachen Gütemaßstab dar. Dazu ist es notwendig, daß man sich bei der Ausführung einer Handlung nicht durch andere helfen läßt. Die Selbständigkeit der Handlungsausführung ist daher ein Vorläufer des Leistungsmotivs.

Bereits 1958 führte Marian WINTERBOTTOM eine Untersuchung bei acht- bis zehnjährigen Jungen durch. Sie fragte die Mütter, wieviel Selbständigkeit sie ihren Söhnen im Alltag gewährten. Obwohl die Untersuchung nicht besonders gut geplant war, zeigte sich doch eine Tendenz, die auch in anderen Untersuchungen zu diesem Gebiet deutlich wurde: Mütter hoch motivierter Söhne ließen ihnen früher mehr Freiheit für selbständige Entscheidungen, als Mütter niedrig motivierter Söhne. Sie durften sich ihre Freunde selbst aussuchen, eher entscheiden, was sie anziehen wollten u. a. m. Interessanterweise gab es zwischen hoch und niedrig motivierten Söhnen keine Unterschiede bezüglich der Erlaubnis, Dinge selbst zu machen, die der Mutter nur Arbeit abnahmen.

WINTERBOTTOM machte ihre Untersuchungen in Amerika. Für diese Kultur scheint zu gelten, daß eine frühere Selbständigkeitserziehung, als dort üblich, zu mehr Leistungsmotivation führt.

Eine Wiederholung der Untersuchung bei japanischen Kindern erbrachte jedoch ein anderes Resultat. HAYASHI & YAMAUCHI stellten 1964 fest, daß japanische Mütter die Selbständigkeit ihrer Kinder schon sehr viel früher als amerikanische Mütter erwarteten. Sie meinten z. B., daß sich schon Drei- bis Vierjährige außerhalb der Wohnung zurechtfinden und auch selbständig einkaufen können müßten. In diesem Fall führte die frühe Selbständigkeitserziehung nicht etwa zu leistungsmotivierteren Kindern, sondern hatte im Gegenteil zur Folge, daß die Kinder weniger Leistungsmotivation zeigten. Überforderung ist daher ungünstig. Erfolgszuversicht kann sich nur entwickeln, wenn die Selbständigkeitserwartungen dem Entwicklungsstand des Kindes angepaßt sind.

Wie CSIKSZENTMIHALYI in vielen Untersuchungen feststellen konnte (zur Einführung s. CSIKSZENTMIHALYI, 1990), führt hohes Können in Leistungssituationen zu intensiven Glücksgefühlen, die er als „Flow“ („Fließen„) bezeichnete. Flowerlebnisse führen zu „optimalen Erlebnissen“ und bekräftigen und stützen damit die Beschäftigung mit diesem Leistungsbereich, in dem sie aufgetreten sind. Umgekehrt führen negative Rückmeldungen, Überforderung, aber auch Monotonie zu intensiven Unlustgefühlen, die ROLLETT (1996 b) als „Antiflowgefühle“ bezeichnet hat. Sind sie sehr ausgeprägt, dann werden die auslösenden Anforderungssituationen oder zumindest die damit verbundenen Anstrengungen aktiv vermieden.

16.2 Kausalattribuierung

Ein weiteres, wichtiges Bestimmungsstück leistungsmotivierten Verhaltens ist die sogenannte **Kausalattribuierung**, d. h., die Ursachenerklärung für das Zustandekommen von Erfolg oder Mißerfolg. Natürlich spielt dabei das persönliche **Anspruchsniveau** eine Rolle. Für den einen Schüler stellt z. B. eine Vier einen Grund zu großer Freude dar, für seinen Nachbarn dagegen den Anlaß für große Verzweiflung. Gar nicht so wenige Schüler sind damit zufrieden, in der Schule nur eben durchzurutschen, während andere den Ehrgeiz haben, möglichst gute Ergebnisse zu erzielen.

Verschiedene Forscher (WEINER et al., 1971, WEINER & PETER, 1973, MEYER, 1973) haben sich damit beschäftigt, die Art der Ursachenerklärung für das erfolgreiche bzw. nicht erfolgreiche Auseinandersetzen mit einer Aufgabe zu untersuchen. Dabei zeigte sich, daß erfolgszuversichtliche Menschen eine bestimmte Art der Ursachenerklärung bevorzugen, die dazu führt, daß sie bei der Auseinandersetzung mit einer Leistungsaufgabe von der Hoffnung auf Erfolg geleitet werden. Auf der anderen Seite haben Mißerfolgsängstliche sich ein Erklärungssystem zurecht gelegt, das sie immer weiter in den Teufelskreis des Mißerfolgs hineintreibt.

Zur Erklärung von Leistungen kann man nämlich einerseits **stabile** (nichtbeeinflußbare) und **instabile** (vom Handelnden beeinflußbare) Ursachen annehmen. Nach der Theorie des „locus of control" (Ort der Kontrolle) von ROTTER (1966) ist es weiter möglich, einerseits **innere** und andererseits **äußere** Ursachen für einen Handlungsausgang verantwortlich zu machen.

Erfolgsmotivierte erklären sich ihre Erfolge durch stabile, interne Ursachen. Sie haben eben Erfolg, weil sie so fähig und begabt sind. Wenn ihnen ein Mißerfolg passiert, erklären sie ihn durch beeinflußbare, innere Ursachen: Sie haben sich zuwenig angestrengt und werden das nächste Mal einfach mehr arbeiten. Durch dieses Attribuierungsmuster können sie sich ihre erfolgszuversichtliche Haltung in jeder Situation bewahren. In der folgenden Abbildung werden die Ursachenerklärungen übersichtlich geordnet dargestellt.

Abb. 8: Schema der Kausalattribuierung bei Leistungen

Ursachen	**stabile**	**instabile**
externe	Aufgabenschwierigkeit	Glück oder Pech Zufall
interne	Begabung, Fähigkeit	Anstrengung

Die Mißerfolgsmotivierten haben ein völlig anderes System der Ursachenerklärung. Bei Erfolg entwerten sie diesen sofort, indem sie auf externe, instabile Erklärungen zurückgreifen: Der Erfolg kam durch Zufall oder Glück zustande oder einfach deshalb, weil die Aufgabe so leicht war.

Bei Mißerfolg werden dagegen interne, stabile Faktoren für den Handlungsausgang für verantwortlich gehalten: Dieser gilt als Beweis dafür, unbegabt und unfähig zu sein. Ein derartiges Muster der Ursachenzuschreibung wirkt wie eine „sich selbst erfüllende Prophezeihung", sie führt den gefürchteten Mißerfolg erst herbei. Bereits in der Volksschule können Kinder ein derartig ungünstiges Attribuierungssystem ausgebildet haben.

16.3 Pädagogische Konsequenzen

Es ist besonders wichtig, daß Lehrende durch ihre Kommentare Kindern nicht ein ungünstiges Attribuierungsmuster „antrainieren".

Wer zu einem Schüler oder einer Schülerin, die sonst eher schlechte Leistungen zeigten, bei einem Erfolg sagt „na, da hast Du aber Glück gehabt" oder: „auch ein blindes Huhn findet einmal ein Korn", muß sich nicht wundern, wenn die Betreffenden mißerfolgsängstlich werden. Gute Rückmeldungen richten sich vielmehr nach dem Muster der Ursachenerklärung der Erfolgsmotivierten: „Siehst Du, Du kannst das auch", „ich habe ja gewußt, daß Du das kannst, wenn Du Dich anstrengst".

Bei schlechten Leistungen sollte man, wie dies Erfolgsmotivierte machen, darauf hinweisen, daß es nur darauf ankommt, sich das nächste Mal mehr anzustrengen, dann würde es schon klappen. Selbstverständlich wird man die nötigen Lernhilfen bereitstellen, damit sich diese Vorhersage auch erfüllen kann.

Wie wichtig die Leistungsrückmeldungen der Umgebung für den Aufbau zweckmäßiger Attribuierungsmuster ist, konnten ROSEN & D'ANDRADE (1959) nachweisen. Sie ließen Eltern von neun- bis elfjährigen Jungen zusehen, während ihre Kinder verschiedene Aufgaben zu erledigen hatten. Vor jeder Aufgabendurchführung sollten die Eltern aufschreiben, wie gut ihr Sohn die Aufgabe erledigen würde. Es zeigte sich, daß die Eltern hochmotivierter Söhne eher höhere Leistungsansprüche setzten, die aber von ihren Söhnen auch erreicht werden konnten. Besonders wichtig war die Art, wie sie auf ihre Kinder eingingen. Sie zeigten viel mehr Wärme, freudige Gelöstheit, Anerkennung und Lob.

Die Eltern niedrig motivierter Söhne stellten jedoch geringe Leistungsanforderungen, zeigten wenig Wärme und Anteilnahme. Die Mutter verhielt sich distanziert, der Vater bei Mißerfolg verärgert und antreibend. Ähnliche Ergebnisse erzielte TRUDEWIND & HUSAREK (1979) bei der Beobachtung von Müttern, die mit ihren Kindern Hausaufgaben machten.

Durch gezielte Motivänderungsprogramme ist es möglich, ungünstige Attribuierungsstile zu verändern. Dabei wird mit den Kindern im Rahmen ausführlicher Gesprächssituationen der Zusammenhang zwischen dem, „was man zu sich selbst sagt" und den eigenen Leistungsmöglichkeiten erklärt und günstigere Formen der Selbstbekräftigung und der Kausalattribuierung eingeübt. Dies kann in Rollenspielen geschehen, aber auch bei der gemeinsamen Hausaufgabenbewältigung. In besonders schweren Fällen hat sich das Autogene Training bei der Kontrolle der negativen Kognitionen bewährt.

Leistungsmotivationsfördernd wirken Aufgaben, die weder zu leicht, noch zu schwer sind. Leichte Aufgaben werden rasch langweilig, zu schwere Aufgaben fördern die Mißerfolgsmotivation. Durch die richtige Dosierung des Schwierigkeitsgrades kann man viel zur Entwicklung einer guten Leistungsmotivation tun. Von besonderer Bedeutung ist jedoch die richtige Rückmeldung:

16.4 Regeln für motivierendes Feed-back-geben

Das folgende Schema soll kurz zeigen, wie man auf Leistungen der Schüler und Schülerinnen in der Praxis reagieren sollte.

Bei Erfolg:

Geben Sie dem Kind ein **differenziertes Lob**. Darunter versteht man ein Lob, bei dem dem Kind gesagt wird, **was** an seiner Leistung gut war. Dies hat den Vorteil, daß das Lob nicht nur glaubwürdig ist, sondern dem Kind auch Informationen darüber gibt, was es gut gemacht hat.

Bei Mißerfolg:

1. Zeigen oder sagen Sie dem Kind **ohne Tadel** den Fehler und erarbeiten Sie mit ihm, wie man diesen ausbessern kann. Der Tonfall sollte freundlich und interessiert sein.
2. Lassen Sie das Kind den Fehler **sofort** ausbessern.
3. Sobald die Korrektur ausgeführt ist, **loben** Sie es. Hier genügt ein einfaches Lob („sehr gut", „super", „sehr tüchtig", „ausgezeichnet", „wunderbar" etc. etc.). Durch das Lob wird das richtige Verhalten bekräftigt.

Durch dieses Vorgehen lernt das Kind, seine Leistung realistisch einzuschätzen und sich über den Erfolg zu freuen. Es erkennt, daß es keine Katastrophe bedeutet, etwas falsch zu machen, sondern daß man Fehler einfach ausbessert. Fehler sollten dazu benützt werden, um aus ihnen zu lernen.

In Schulklassen kommt es gelegentlich vor, daß die Gewohnheit einreißt, einander auszulachen, wenn jemand etwas falsch macht. Derartige aggressive Reaktionen sollte man auf jeden Fall unterbinden. Am besten eignet sich dazu ein Gruppengespräch mit der Klasse. Sinngemäß sollte dies von der Frage ausgehen, ob die Schule für Leute da sei, die bereits alles können, oder für solche, die noch etwas lernen wollten. Von diesem Grundgedanken aus erarbeitet man mit den Kindern, daß es ja gerade der Sinn der Schule ist, etwas zu lernen. Es ist daher keine Schande, etwas noch nicht zu können, wenn man sich darum bemüht, das noch nicht Gekonnte zu lernen.

17. Leistungsverweigerung in der Schule

17.1 Entstehungsbedingungen der Anstrengungsvermeidung

Untersuchungen zur impliziten Persönlichkeitstheorie von Lehrenden zeigen regelmäßig, daß die wichtigste Kategorie, die die zur Charakterisierung von Schülern und Schülerinnen verwendet werden, sich auf das Arbeitsverhalten beziehen.

So konnte HOFER (1970) in seiner klassischen Arbeit über „Die Schülerpersönlichkeit im Urteil des Lehrers“ fünf Faktoren feststellen (vgl. Tabelle 12):

Tab. 12: Schülerpersönlichkeit und Lehrerurteil

1. Arbeitsverhalten (28 % der Varianz, Beschreibungen: „unkonzentriert“, „unordentlich“, „unruhig“, „uninteressiert“ versus „pflichtbewußt“, „aufmerksam“, „zuverlässig“, „fleißig“).
2. Schwierigkeit: Dieser Faktor beschreibt das psychisch labile Kind (24 % der Varianz, „schüchtern“, „sensibel“, „kompliziert“ versus „selbstsicher“ und „führend“).
3. Intelligenz- und Begabungsfaktor (19 % der Varianz, „unbegabt“, „uninteressiert“ versus „intelligent“, „Einfallsreichtum“ und „aufgeweckt“).
4. Dominanzverhalten in sozialen Situationen (16 % der Varianz, „geltungsbedürftig“, „ehrgeizig“ versus „unausgeglichen“, „unruhig“).
5. Soziale Kontaktaufnahme (13 % der extrahierten Varianz, „verschlossen“, „uninteressiert“ versus „höflich“, „gesellig“, „sympathisch“).

Trotz der Bedeutung, die dem Arbeitsverhalten im Bewußtsein der Eltern, Lehrer und Lehrerinnen zukommt, wurde es in der Pädagogischen Psychologie nur am Rande untersucht. Tatsächlich stehen jedoch negative, schulische Erfahrungen und Leistungsverweigerung in einem engen Zusammenhang. Wie ROLLETT (1970, 1985, 1987, 1994a) und ROLLETT & BARTRAM (1974) in umfangreichen Untersuchungsreihen zum Problem der schulischen „Anstrengungsvermeidung“ feststellen konnten, ist Leistungsverweigerung eine häufige Reaktion auf Überforderung.

Sind die entscheidenden Erfahrungen in schulischen Leistungssituationen eher negativ, frustrierend, angsterzeugend, hat das Kind nicht die Möglichkeit, sich im Rahmen der Schule selbst zu verwirklichen, so entsteht neben und anstelle der Leistungsmotivation und ihrer Ausprägungen eine davon unabhängige Motivation, die sich in einer bewußten, aktiven Vermeidung von Situationen und Handlungen manifestiert, die Leistungseinsatz erfordern.

Anstrengungsvermeidungstendenzen bezeichnen die Neigung, unangenehm erlebtem Leistungseinsatz bzw. den damit verbundenen Anstrengungen in bestimmten, inhaltlich definierten Aktionsfeldern aus dem Weg zu gehen. Dabei ist es durchaus möglich, daß in anderen, nicht abgewerteten Aktionsfeldern Leistungseinsatz gezeigt wird. Je stärker der Druck der sozialen Umwelt wird, der die Leistung zu erzwingen versucht, desto massivere und durchorganisiertere Strategien werden aufgebaut, um die unangenehmen Aktivitäten **aktiv** zu vermeiden.

Der Anstrengungsvermeidungsmotivation zugeordnet ist das Anstrengungsvermeidungsmotiv als relativ überdauernde, gelernte Wertungsdisposition. Schüler und Schülerinnen mit sehr ausgeprägten Anstrengungsvermeidungstendenzen können mit den üblichen, in der Schule eingesetzten, Motivierungsmethoden nicht erreicht werden, da sie keinerlei Interesse mehr an der Leistung zeigen.

Zur Erfassung schulbezogener Anstrengungsvermeidungstendenzen bei 10–16jährigen Schülern und Schülerinnen entwickelten ROLLETT (1970) und ROLLETT & BARTRAM, 1977) den Anstrengungsvermeidungstest (AVT) und ein Programm für die lerntherapeutische Intervention bei Kindern und Jugendlichen mit hohen Anstrengungsvermeidungstendenzen. Dies ist nicht zuletzt deshalb von besonderer Bedeutung, weil Anstrengungsvermeidung sich als äußerst therapieresistent zeigt, wenn fälschlich davon ausgegangen wird, daß es sich bei den Betroffenen entweder um ein Nichtkönnen oder um einen Mangel an Willensanstrengung handelt.

Anstrengungsvermeidung entsteht als Reaktion auf Frustrationen. Bereits 1975 konnten BORCHERT & MASENDORF im Rahmen einer Untersuchung bei 1350 12–15jährigen Schülern zeigen, daß sowohl Angst als auch Anstrengungsvermeidung Reaktionen auf Strenge von Seiten der Erzieher einerseits, mangelnde Unterstützung durch sie andererseits darstellen, und zwar auch unabhängig vom Sozialstatus. Das Lehrerverhalten scheint bedeutungsvoller zu sein, als das Verhalten der Mutter. Mit Hilfe einer Konfigurationsfrequenzanalyse nach KRAUTH & LIENERT (1973) konnten folgende Extremtypen isoliert werden: Der **ängstliche Anstrengungsvermeider** und der **nicht ängstliche Leistungsmotivationstyp**.

Einen Hinweis auf die Bedeutung des Lehrerverhaltens bietet die Untersuchung von KRETSCHMANN (1974), der bei einer Untersuchungsstichprobe von ca. 1000 Schülern und Schülerinnen der 7.–8. Schulstufe der Haupt- und Sonderschule zeigen konnte, daß hohe Ausprägungen von Anstrengungsvermeidungstendenzen vor allem bei Lehrkräften mit einem geringen Ausmaß an pädagogischem Engagement zu finden sind.

Es scheint manches dafür zu sprechen, daß Kinder auf frustrierende Erfahrungen in schulischen Leistungssituationen zunächst mit einer Verringerung der Hoffnung auf Erfolg bzw. gesteigerter Mißerfolgsängstlichkeit reagieren: TRUDEWIND analysierte in diesem Zusammenhang die Situation der Hausaufgabenbewältigung als einer „ökologischen Schlüsselsituation“ (vgl. TRUDEWIND & HUSAREK, 1979, TRUDEWIND, 1982). 40 Jungen aus der Bochumer Längsschnittstudie, die sich bei Schuleintritt nicht in ihren Motivkennwerten unterschieden, aber im 2. Schuljahr hohe Scores entweder für Hoffnung auf Erfolg (N = 20) oder Furcht vor Mißerfolg (N = 20) aufwiesen, wurden in der Interaktion mit der Mutter während der Hausaufgabe beobachtet. Leistungsmäßig und sozioökonomisch unterschieden sich die beiden Gruppen nicht voneinander, wohl aber in der Art und Weise, wie die Mütter mit ihren Söhnen interagierten.

Söhne, die eine hohe Mißerfolgsängstlichkeit entwickelt hatten, wurden von ihren Müttern mehr getadelt, Fehler wurden als mangelnde Fähigkeit interpretiert, die Mütter verglichen sie mehr – in negativer Hinsicht – mit anderen Kindern und sie organisierten und kontrollierten die Situation mehr. Mütter von Kindern, die sich erfolgsorientiert entwickelt hatten, lobten, streichelten und umarmten ihre Söhne häufiger, gestatteten ihnen mehr Unabhängigkeit bei der Arbeit und zeigten sich zufriedener mit der Leistung ihrer Kinder.

Den entscheidenden Einfluß auf die Motivgenese in schulischen Leistungssituationen hat jedoch der Lehrer. In einer weiteren Teilstudie der Bochumer Längsschnittuntersuchung konnte TRUDEWIND (1982) nachweisen, daß die Bezugsnorm des Lehrers oder der Lehrerin bei der Notengebung von entscheidender Bedeutung ist.

Unter den insgesamt 160 Klassen der Untersuchung konnten je 13 ausgewählt werden, deren Lehrkräfte die Klasse vier Jahre hindurch geführt hatten und die entweder eindeutig nach sozialen oder individuellen Bezugsnormen die Leistung der Schüler beurteilten. (Bei sozialer Bezugsnorm werden bekanntlich bei jeder Leistungsbeurteilung anteilmäßig die Noten 1–5 vergeben, ohne Rücksicht darauf, ob die Klasse insgesamt eher gute oder eher schlechte Leistungen erbracht hat; bei individueller Bezugsnorm erhält das Kind Rückmeldungen über seine eigenen Leistungsverbesserungen. Es wird weniger mit anderen verglichen und erhält mehr Informationen über seinen eigenen Leistungsstand.)

Bei den 302 Kindern der Untersuchung zeigte sich, daß unter individueller Bezugsnorm die Hoffnung auf Erfolg zunimmt, die Schulunlust und die Tendenz, Anstrengungen zu vermeiden, abnimmt, und zwar auch, wenn man den unterschiedlichen Leistungsstand der Schüler und Schülerinnen berücksichtigt. Drastische Einbrüche im Bereich der Leistungsbereitschaft sind dagegen vor allem dann zu verzeichnen, wenn die Lehrpersonen die soziale Bezugsnorm bei der Leistungsbeurteilung bevorzugen und der Schüler oder die Schülerin eher zur schlechteren Leistungsgruppe zählt. Eine Varianzanalyse der Daten ergab eine sehr signifikante Wechselwirkung zwischen Schulleistung, Bezugsnorm und Höhe der Anstrengungsvermeidungstendenz (F = 7, 16; p < .008. Vgl. TRUDEWIND & KOHNE, 1982, S. 134).

In einer 1979 durchgeführten Untersuchung konnten TRUDEWIND u. a. zeigen, daß die Selbständigkeitsgewährung durch den Lehrer oder die Lehrerin eine wesentliche Komponente bei der Entwicklung der Schulleistungsbereitschaft darstellt. Eine günstige Entwicklung ergab sich, je mehr Selbständigkeit und Autonomie den Kindern bei der Gestaltung der schulischen Arbeit gestattet wurde. War dies nicht der Fall, dann nahmen mit der Prüfungsangst und der manifesten Angst auch die Anstrengungsvermeidungstendenzen signifikant zu. Besonders massiv waren diese Effekte bei der schlechtesten Schulleistungsgruppe.

Selbständigkeitsgewährung darf jedoch nicht mit einer vernachlässigenden Laissez-faire-Erziehung verwechselt werden. Wie AMBROS 1982 in einer Untersuchung bei Schülern und Schülerinnen der 4. Volksschulklasse nachweisen konnte, sind die höchsten Ausprägungen von Anstrengungsvermeidung bei Kindern zu beobachten, deren Mütter sowohl an den schulischen als auch an den Freizeitaktivitäten ihrer Kinder desinteressiert sind.

Es darf auch nicht übersehen werden, daß Anstrengungsvermeidung nicht von vorn herein negativ zu sehen ist: „Intelligente" Anstrengungsvermeidung führt dazu, daß Arbeiten rationell durchgeführt werden können. Als Schutz vor Belastung haben Anstrengungsvermeidungsreaktionen eine wichtige Funktion. So konnte SCHÖNPFLUG (1980) zeigen, daß Schüler und Schülerinnen, die unter Lärmbelastung Aufgabenserien zu bearbeiten hatten, wobei vor jeder Aufgabenlösung ihre Optimal- und Minimalziele anzugeben waren, diese verringerten, wenn der Lärm ca. 80 Dezibel erreichte.

Besonders interessant war in diesem Zusammenhang, daß auch bei den im Rahmen des Experiments erhobenen physiologischen Variablen (Herzrate und psychogalvanischer Hautwiderstand) ein autonom erfolgender Rückgang der Aktivierung zu beobachten war. Denselben Effekt konnte SCHÖNPFLUG bei Erwachsenen nachweisen, die Büroarbeiten zu erledigen hatten (SCHÖNPFLUG, 1983). Es handelt sich bei der Reduzierung der Anstrengung unter Belastungsdruck mithin um einen sinnvollen biologischen Mechanismus, der vor Überlastung schützt, wenn er flexibel und situationsangepaßt eingesetzt wird.

Behandlungsbedürftige schulische Anstrengungsvermeidung entsteht, wenn die Betroffenen einer lang anhaltenden Dauerbelastung durch frustrierende Erfahrungen ausgesetzt waren, denen sie nicht anders als durch aktive

Vermeidung der schulbezogenen Anstregnungen begegnen konnten. Sie sind dann nicht mehr in der Lage, die mit schulischen Anforderungen verbundenen massiven aversiven Antiflowgefühle selbst unter Kontrolle zu bringen. Kinder mit behandlungsbedürftigen Anstrengungsvermeidungstendenzen neigen entweder zu einem **desorganisierten Arbeitsstil** (kurze Arbeitszeiten, aber sehr schlampige Arbeitsweise) oder einem **apathischen Arbeitsstil** (extrem verlangsamtes Arbeiten bei den abgelehnten Tätigkeiten, z. B. stundenlanges Verweilen bei den Hausaufgaben). **Aggressive Formen der Anstrengungsvermeidung** treten bei Kindern und Jugendlichen auf, deren Eltern und Erzieher sich durch aggressives Ablehnen von Anforderungen so beeindrucken lassen, daß sie auf die Durchführung verzichten. (Zur Therapie aggressiver Verhaltensstörungen s. PETERMANN & PETERMANN, 1993).

Da das aktiv angestrebte Ziel die Vermeidung schulischer Anstrengung ist, wird paradoxerweise ein Lob für einen schulischen Erfolg von den Betroffenen nicht etwa zum Anlaß genommen, die Leistungsanstrengungen zu erhöhen, sondern diese drastisch zu reduzieren: Der Lehrer oder die Lehrerin könnte ja sonst unter Umständen zu dem Schluß kommen, daß sie die betreffenden Leistungen zu erbringen imstande wären und daher den Anforderungsdruck erhöhen. Umgekehrt ist es gerade diese für die Lehrenden enttäuschende paradoxe Reaktion von Kindern mit hohen Anstrengungsvermeidungstendenzen auf ein Lob, die langfristig dazu führt, daß sie sie weniger stützen und härter anfassen.

Schüler und Schülerinnen mit ausgeprägten Anstrengungsvermeidungstendenzen neigen dazu, bei fordernden Erwachsenen absichtlich **Resignation zu erzeugen**, um endlich in Ruhe gelassen zu werden. Um dieses Ziel zu erreichen, sind sie bereit, erhebliche Einbußen in anderen Bereichen in Kauf zu nehmen:

> Beispiel: Ein Sechsjähriger mit extrem hohen Anstrengungsvermeidungsneigungen erhielt von den Eltern das Angebot, sich besonders schöne Geburtstagsgeschenke wünschen und eine große Geburtstagsgesellschaft geben zu dürfen. Der Preis, den die Eltern verlangten, war, daß er die Einladungskarten für seine Freunde selbst schreiben sollte. Das Kind verzichtete lieber auf seine Geburtstagsfeier, als daß es sich bereit gefunden hätte, die verhaßte Schreibtätigkeit über das von der Schule geforderte Minimum hinaus durchzuführen.

Wie das Beispiel zeigt, läßt die ungünstige Motivationslage sich weder durch Lob, noch durch Belohnung beeinflussen, aber auch nicht durch Erfolge in dem abgelehnten Tätigkeitsbereich. Selbst die Angst vor Liebesverlust, die bei mißerfolgsmotivierten Schülern und Schülerinnen den entscheidenden

Motor für das Leistungshandeln darstellt, ist für Kinder mit hohen Anstrengungsvermeidungstendenzen nicht von Belang, wenn die Alternative ist, daß sie sich mit dem abgelehnten Tätigkeitsbereich auseinandersetzen müssen.

17.2 Therapieprogramm

Aus den dargestellten Gründen muß das Therapieprogramm wie folgt aufgebaut sein: In einer **Vorbereitungsphase** kommt es darauf an, mit den Kindern in einer freundlichen, interessierten Form ihre Lebensziele zu besprechen. Meistens stellt man fest, daß sie für ihre Zukunft recht hohe Ansprüche stellen.

Im nächsten Schritt macht man sie darauf aufmerksam, wie hoch ihr Einkommen sein müßte, um diese Wünsche zu befriedigen. Man diskutiert mit ihnen die Schullaufbahn, die notwendig ist, um die Anwartschaft auf ein derartiges Einkommen zu garantieren.

Anschließend bespricht man mit ihnen, was ihnen wichtiger ist: ihre Leistungsverweigerung oder ihre Lebensziele. (Nach mehr als zwanzigjähriger Arbeit mit solchen Schülern und Schülerinnen können wir sagen, daß sich kaum jemand für die Aufgabe seiner Zukunftsvorstellungen entschieden hat.)

Als nächstes wird in schriftlicher Form ein **Vertrag** („Verhaltenskontrakt„) abgeschlossen, der dem Therapeuten oder der Therapeutin bzw. den Eltern das Recht sichert, das Kind dabei zu unterstützen, wieder mit dem Lernen anzufangen und genau festlegt, wieviel Arbeit für die Schule jeden Tag zu leisten ist.

In der Regel sollte dies zwei Stunden täglicher Arbeit nicht überschreiten. Da diese Kinder auf Lob die Arbeit automatisch einstellen, ist außerdem eine spezielle Art der positiven Rückmeldung anzuwenden: Wenn die Betroffenen etwas gut machen, sollte man das Lob in folgende Form kleiden „Das hast Du gut gemacht; ich bin neugierig, wie Du das nächste schaffst" („bedingtes Lob"). Damit wird ausgedrückt, daß weitere Leistungen zwar für möglich gehalten, aber nicht unbedingt erwartet werden. Als Erziehungsstil hat sich eine Haltung „freundlicher Konsequenz" bewährt, die jede Form von Tadel oder Strafen vermeidet, aber durch konsequente Organsiation der Lernarbeit zum Ziel kommt. Eine ausführliche Darstellung des Interventionsprogramms findet sich im Manual des Anstrengungsvermeidungstests (ROLLETT & BARTRAM, 1997[3]).

Im nächsten Abschnitt soll eine weitere oft vernachlässigte Gruppe von Lernenden mit besonderen Bedürfnissen besprochen werden. Es handelt sich um besonders begabte Kinder.

18. Hochbegabte Schülerinnen und Schüler

18.1 Erscheinungsbild und Entwicklung der Hochbegabung

Die erste groß angelegte Untersuchung über Hochbegabte wurde von TERMAN in den zwanziger Jahren als Längsschnittuntersuchung begonnen. In die Ausgangsuntersuchung wurden 1528 Probanden aufgenommen, wobei Hochbegabung einseitig als intellektuelle Hochbegabung definiert wurde. Als untere Grenze wurde der IQ von 135 festgelegt (zu TERMANs Studie vgl. TERMAN u. a. 1925; TERMAN & ODEN, 1947, 1959; ODEN, 1968).

Heute weiß man, daß durch diesen Begabungsbegriff viele Hochbegabte ausgeschlossen werden, deren Begabungsschwerpunkt in nicht-intellektuellen Bereichen wie Sport, künstlerischen Gebieten, praktisch-technischen Bereichen usw. liegt, oder die über sehr hohe kreative Fähigkeiten verfügen, die in den klassischen Intelligenztheorien nicht berücksichtigt wurden. Ein entsprechend ergänztes Modell entwickelte HELLER 1985 (vgl. Abbildung 9).

Abb. 9: Begabungs-Leistungszusammenhang nach dem Münchner Hochbegabungsmodell

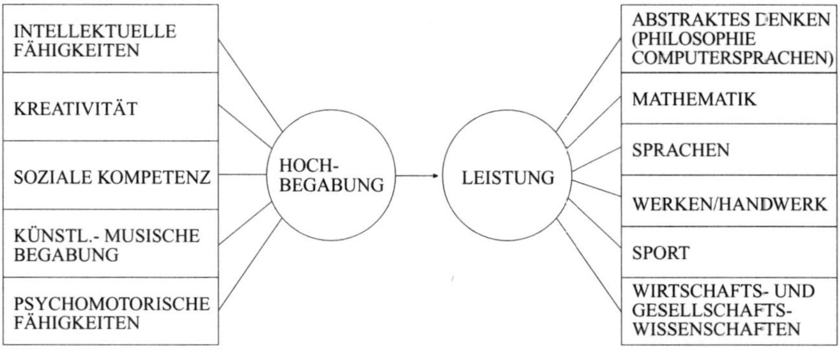

Die Bedeutung von Kreativität und Arbeitsbereitschaft für Hochleistungen ist in vielen Untersuchungen zur Hochbegabung als entscheidende Bedingung nachgewiesen worden. Jene Hochbegabten aus der TERMAN-Studie, die es im Leben nicht sehr weit gebracht hatten, gaben selbst an, daß es ihnen an Ausdauer gefehlt hätte. Sie waren eher an ihren Freizeitaktivitäten als an ihrer Arbeit interessiert (ODEN, 1968).

ROE untersuchte 1952 vierundsechzig berühmte Naturwissenschaftler. Zwar waren alle intelligent, doch hatten sie einen sehr unterschiedlich hohen IQ. Ihr herausragendes gemeinsames Merkmal war jedoch ihre Arbeitsbereitschaft. Die Faszination, die für sie von ihrer Wissenschaft ausging, führte dazu, daß sie sich jahrelang weit über die normale Arbeitszeit hinaus mit ihrem Forschungsbereich beschäftigten. Oft nahmen sie nicht einmal Urlaub, da ihnen ihre Arbeit mehr Befriedigung vermittelte.

MACKINNON (1964) untersuchte kreative und weniger kreative Architekten. Auch er stellte fest, daß nicht der IQ, sondern die Begeisterung für ihre Arbeit zwischen den beiden Gruppen differenzierte.

Es ist klar, daß sich derartig dauerhafte Interessen nur durch eine günstige Interaktion zwischen Individuum und seiner Umgebung entwickeln können (HIDI, 1990). Die neueren Theorien gehen daher von einem dynamischen Begabungsbegriff aus. RENZULLI (1979) stellte dies im Modell (Abb. 10) übersichtlich dar:

Abb. 10: RENZULLI-Modell der Hochbegabung in der Ergänzung nach MÖNKS

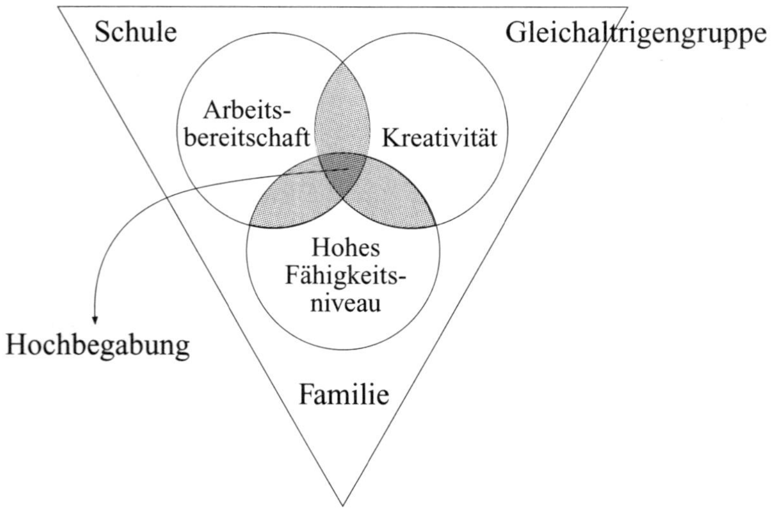

18.2 Schulprobleme Hochbegabter

Man würde annehmen, daß Hochbegabung ein Merkmal ist, das sowohl von Eltern wie von Lehrern und Lehrerinnen geschätzt wird. Erfahrungen aus der Praxis sprechen jedoch gelegentlich eine andere Sprache.

Für manche Eltern kann es schon eine Belastung bedeuten, daß diese Kinder sehr früh entwickelt sind und daher nicht so „pflegeleicht" sind wie andere Kinder; daß sie früh sprechen lernen und Aufmerksamkeit verlangen; daß sie wenig Schlaf brauchen und daher „lästig" sind (vgl. STAPF & STAPF, 1988).

Besonders schwer hat es das intellektuell hochbegabte Kind, das bei weniger begabten Eltern und Geschwistern aufwächst. Hochbegabte sind oft sensibel und reagieren feinfühlig auf ihre Umgebung. Sie sind in der Lage, die wahren Gedanken und Gefühle ihrer Umgebung zu erkennen und bringen damit ihre Eltern und Erzieher in peinliche Situationen, wenn sie sie in ihren Absichten durchschauen (ROLLETT, 1994 b).

WEBB, MECKSTROTH & TOLAN veröffentlichten 1985 eine umfassende Studie zu diesem Thema. Sie konnten folgende Reaktionen der sozialen Umwelt auf Hochbegabung identifizieren:

Tab. 13: Vorurteile Hochbegabten gegenüber (WEBB et al., S. 27)

Hochbegabte Kinder muß man in die Schranken weisen, denn sie sind: – anders – nicht im Schritt mit anderen – manipulatorisch – Angeber, die alles besser wissen – boshaft – hyperaktiv – eigensinnig – anderen gegenüber gefühllos – imstande, meine Art, mein Verhalten in Frage zu stellen – aggressiv – sonderbar – gesellschaftsfeindlich – eingebildet – impertinent und herausfordernd – rechthaberisch – respektlos – immer nur mit sich selbst beschäftigt – nicht bereit, sich an die herkömmlichen Wege zu halten – undiszipliniert

Am besten fahren Hochbegabte, wenn sie Eltern haben, die selbst hochbegabt sind, oder ein ungewöhnliches Maß an Verständnis und Liberalität in ihrer

Erziehung verwirklichen. Dasselbe gilt für die Lehrkräfte, in deren Klasse sie sind.

Weitere Probleme entstehen durch die Tatsache, daß die Hochbegabung in einem oder mehreren Bereichen nicht unbedingt bedeutet, daß diese Kinder auch in anderen Bereichen sehr viel weiter entwickelt sind, als ihre Altersgenossen. Es ist für die Erwachsenen schwer zu verstehen, daß jemand wie ein Kind seines Alters behandelt werden möchte, obwohl er oder sie z. B. in der Lage ist, komplizierte Rechenaufgaben zu lösen, bei denen die Eltern versagen.

18.3 Schulische Förderung Hochbegabter

Die Integration Hochbegabter in die Schulklasse stellt daher ein besonders Problem dar. Sie kann nur gelingen, wenn man diesen Kindern die Möglichkeit gibt, sich mit anspruchvolleren Aufgaben (z. B. Lesen von Büchern oder Durchführen von schriftlichen Arbeiten aus ihrem Interessensgebiet) zu befassen, während die anderen in der Klasse sich mit den Aufgabenstellungen auseinandersetzen, die sie bereits beherrschen (MÖNKS, 1990). Wer allerdings darauf besteht, wie es oft geschieht, daß z. B. ein Kind, das bereits perfekt lesen kann, die Leseübungen der anderen mitmacht, wird ihm sehr rasch die schulische Arbeit verleiden.

Eine weitere Integrationsmöglichkeit besteht darin, den Kindern zu zeigen, wie sie Mitschüler und -schülerinnen bei der Arbeit unterstützen können. Dies erfordert allerdings einen zusätzlichen Aufwand, da man ihnen erst vermitteln muß, wie man geduldig und wirksam hilft. Kinder sind von sich aus meist nicht in der Lage, als gute Lehrer und Lehrerinnen zu handeln: Von seltenen Ausnahmen pädagogischer Hochbegabungen abgesehen, reagieren sie rasch mit Ungeduld und unpädagogischen Haltungen. Es ist daher eine sorgfältige Einschulung notwendig, wenn man Kinder als Helfer einsetzen möchte.

Ein Überpringen einer Klasse ist **nur** bei allgemein hochbegabten Kindern anzuraten. Es bringt nichts, wenn ein sprachlich hochbegabtes Kind, das in Mathematik altersgemäße Leistungen zeigt, versetzt wird, da es in diesem Bereich dann sicher zu Schwierigkeiten kommt.

Auch wenn das Kind in allen Fächern ausgezeichnete Leistungen bringt, empfiehlt es sich, den Wechsel in die höhere Klasse nicht zu Schuljahrsanfang, sondern nach dem Halbjahreszeugnis vornehmen zu lassen, da dann eine Rückkehr noch problemlos möglich ist, sollte es sich herausstellen, daß das Kind in der neuen Klasse nicht zurechtkommt.

Ein großes Problem hochbegabter Kinder ist es, daß sie nicht einsehen können, daß andere so sehr viel mehr Zeit, als sie selbst brauchen, um etwas zu verstehen oder zu können. In der Schule ist Langeweile daher oft für viele

Jahre ihr ständiger Begleiter. Sehr leicht kann es auch geschehen, daß diese Kinder in höheren Klassen den Zeitpunkt übersehen, zu dem der Stoff so anspruchsvoll wird, daß auch sie wie die anderen Lernarbeit investieren müssen. Oft haben sie keinerlei Lerntechniken entwickeln können, da ihnen bisher alles zugeflogen ist. Dasselbe gilt für jene Fächer, in denen ihnen der Begabungsvorsprung abgeht. Sie sehen es oft nicht ein, daß man für diese „uninteressanten“ Bereiche so viel Arbeit aufwenden soll, wenn es in ihren Spezialbereichen so einfach ist.

Die Beratung muß daher sowohl bei den betroffenen Schülern und Schülerinnen, als auch bei ihren Eltern und Lehrenden erfolgen, um günstige Voraussetzungen für eine optimale Persönlichkeits- und Kompetenzentwicklung zu schaffen und die besonderen Probleme dieser Kinder zu lösen. (Zur Psychologie und Pädagogik begabter Kinder und Jugendlicher s. den von Oswald 1994 herausgegebenen Sammelband „Begabungen entdecken – Begabungen fördern“).

19. Psychologie des Unterrichts

19.1 Pädagogische Medien

Erziehung und Unterricht sind nicht denkbar ohne Vermittlung der Erziehungs- und Unterrichtsinhalte durch eine Person oder ein anderes Kommunikationsmedium. Während in der Pädagogik vergangener Zeiten der Lehrer oder die Lehrerin das wichtigste „Medium" darstellte, hat sich heute die Palette der Medien sprunghaft vergrößert: Foto, Film, Fernsehen, Video, Computerpräsentationen und andere Varianten der Übermittlung von Lehrinformationen.

Charakteristisch für die neuen Medien ist es, daß sie sich auch ohne Lehrerunterstützung einsetzen lassen. Eine spezielle Mediendidaktik entwickelte sich, die ihre Aufgabe darin sieht, die Bildungsangebote durch die apersonalen Medien so zu gestalten, daß sie auch für Menschen zugänglich sind, die nicht gelernt haben, aus Büchern zu lernen. Durch die neuen Medien ist eine echte Demokratisierung des Wissens, das früher allein dem Buchgelehrten oder bestenfalls dem gebildeten Laien vorbehalten war, erfolgt.

19.2 Der Programmierte Unterricht

Die ersten Versuche, Wissen ohne Lehrerunterstützung in leicht verständlicher Form zu übermitteln, gehen auf B. F. SKINNER (1954) zurück. Auf der Grundlage der Lehre vom operanten Konditionieren entwickelte er das Prinzip des **Programmierten Unterrichtes**.

Er ging davon aus, daß sich die Lernprinzipien, die sich beim Training von Tieren im Laboratorium bewährt hatten, auch auf menschliche Lernsituationen übertragen lassen müßten. Beobachtungen in Schulklassen hatten ihm gezeigt, daß ein Problem des Klassenunterrichtes darin besteht, daß Kinder viel zu wenig Gelegenheit haben, sich aktiv am Unterricht zu beteiligen, wenn die Lerngruppe größer als acht bis zehn Personen ist.

Tatsächlich rufen Lehrkräfte in einer Stunde nicht mehr als etwa acht Schüler und Schülerinnen regelmäßig auf, wie Unterrichtsbeobachtungen zeigen konnten (vgl. ROLLETT, 1983). Der Rest bildet die „schweigende Mehrheit", die längst resigniert hat und infolge dessen das Aufgerufenwerden nur mehr als Belästigung empfindet.

Die Prinzipien der von SKINNER entwickelten programmierten Texte waren recht einfach:

1. Der Lehrstoff wird in kleine Einheiten, die sogenannten **„Lehrschritte"**, aufgeteilt.
2. In jedem Lehrschritt muß dem Lernenden Gelegenheit gegeben werden, ein **beobachtbares Verhalten** zu zeigen. Es muß daher etwas hingeschrieben oder angekreuzt oder eine andere Reaktion ausgeführt werden können.
3. Das Programm muß so aufgebaut sein, daß **falsche Reaktionen nicht möglich** sind, da sie sich sonst einprägen würden.
4. Nach jedem Lehrschritt erfolgt eine **positive Bekräftigung**. Der Lernende kann sofort seine Antwort mit der richtigen Lösung vergleichen, die auf der nächsten Seite des Programmheftes steht. Meist nimmt man an, daß die Feststellung, daß man es richtig gemacht hat, genügt, um einen positiven Gefühlseindruck zu hinterlassen. Oft steht im Programmheft aber auch eine Bekräftigung in Form einer lobenden Bemerkung.

Programmierte Texte nach SKINNER müssen sehr leicht sein, da alle Lernenden das gesamte Programm in der gleichen Abfolge Schritt für Schritt durcharbeiten. Der von ihm entwickelte Programmtyp wird daher als **„lineares Programm"** bezeichnet.

Abb. 11: Beispiel für einen Lehrschritt nach SKINNER

Der Programmierte Unterricht wurde von SKINNER entwickelt.
Der Begründer des Programmierten Unterrichtes ist daher

....

Setzen Sie das richtige Wort ein!
Derselbe Lehrschritt in Form einer Auswahlantwort:
Der Programmierte Unterricht wurde von SKINNER entwickelt.
Wie heißt der Begründer des Programmierten Unterrichtes?

PIAGET ❍
CROWDER ❍
SKINNER ❍
MAGER ❍

Die sehr leichten Texte, die nach dem Prinzip von SKINNER entstanden, hatten den Nachteil, daß sie Lernende, die bereits über Vorkenntnisse verfügten, unterforderten. Schon bald entwickelte CROWDER (1963) das Prinzip der **verzweigten Programme**. In Untersuchungen hatte es sich nämlich herausgestellt, daß die negativen Effekte von Falschantworten nicht so gravierend waren, wie es SKINNER angenommen hatte. CROWDER baute in die von ihm konstruierten Lehrprogramme daher sogenannte „Schleifen" ein. Personen, die eine falsche Antwort gegeben hatten, erhielten einen Hinweis, auf welcher Seite des Textes sie sich die notwendigen Kenntnisse aneignen konnten.

Abb. 12: Beispiel für einen Lehrschritt nach CROWDER

„Primzahlen sind Zahlen, die nur durch eins und durch sich selbst teilbar sind. Welche der folgenden Zahlen sind Primzahlen?

24 7 9 3 41 53 36

Unterstreiche die richtigen Antworten!"

Auf der nächsten Seite würde etwa folgender Text stehen:

„Vergleiche, ob Du alles richtig gemacht hast:

24 **7** 9 **3** **41** **53** 36

Wenn Du die Zahlen 7, 3, 41 und 53 unterstrichen hast, hast Du Deine Sache sehr gut gemacht!

Wenn Du nicht alle Primzahlen gefunden hast, ist das nicht schlimm. Blättere noch einmal auf die vorhergehende Seite zurück und lies Dir die Definition von „Primzahl" genau durch. Versuche es dann noch einmal!"

In den sechziger Jahren erlebte der Programmierte Unterricht einen großen Aufschwung. Es wurden nicht nur sehr viele Programme entwickelt, sondern auch beträchtliche Summen in empirische Begleituntersuchungen gesteckt. Kurz zusammengefaßt, ergaben sich folgende neue Erkenntnisse:

1. Durch Programmierten Unterricht können Lernerfolge erzielt werden, die dem Lehrerunterricht zumindest entsprechen. Schüler und Schülerinnen mit Lernschwierigkeiten erzielen sogar weit bessere Lernerfolge.
2. Für sehr gute Schüler und Schülerinnen sind programmierte Texte oft zu umständlich. Sie lernen lieber direkt aus Büchern. Auch sie profitieren jedoch von programmierten Prüfungen, die ihnen Gelegenheit geben, ihr Wissen selbständig zu kontrollieren.
3. Besonders günstig läßt sich Programmierter Unterricht bei der inneren Differenzierung einsetzen. Während zum Beispiel eine Gruppe mit Hilfe eines Lehrprogrammes selbständig etwas erarbeitet oder einen Förderunterricht erhält, kann die Lehrkraft sich mit dem Rest der Klasse intensiv beschäftigen. Ebenso gut eignen sich Lehrprogramme für den Einsatz beim Ausgleich von Kenntnisdefiziten.
4. Ein interessanter Nebeneffekt des programmierten Lernens, der sich durchgängig zeigte, bestand in der sehr signifikanten Verbesserung der Lese-

fähigkeit der Schüler und Schülerinnen. Der Grund liegt in der Notwendigkeit für die Lernenden, wirklich auf den Sinn des Gelesenen zu achten. Programmierte Texte kann man daher einsetzen, wenn Kinder Schwierigkeiten beim sinnverständigen Lesen haben.

5. Die guten Lernergebnisse mit programmierten Materialien gehen zu einem beträchtlichen Teil auf das Konto der Tatsache, daß die Lernenden nach ihrem eigenen Lerntempo arbeiten können. Der langsamste Lerner braucht in der Regel etwa fünfmal so lang wie die schnellsten in der Klasse. Da man sich beim Klassenunterricht auf eine mittlere Lernzeit einstellt, gibt es immer Kinder, die überfordert werden.
6. Es hat sich nicht bewährt, den Schulunterricht vollständig durch Programmierten Unterricht zu ersetzen. Ein entsprechender Versuch in 4. Volksschulklassen in Hannover, den Rechenunterricht nur mit Lehrtexten durchzuführen, war nicht erfolgreich, da die Kinder infolge der Monotonie des Unterrichtes ihre Motivation einbüßten. Wer sich bewußt macht, wie wichtig der Methodenwechsel zur Aufrechterhaltung der motivationsbezogenen Aufmerksamkeit ist, wird sich über dieses Ergebnis nicht wundern.

19.3 Computerunterstützter Unterricht

Der Programmierte Unterricht scheiterte trotz der guten Ergebnisse, die bei richtigem Einsatz damit erzielt werden konnten. Dafür war einerseits die Kritik an der behavioristischen Grundkonzeption, andererseits die damit verbundenen Anschaffungskosten für Lehrprogramme verantwortlich. In den Budgets der Unterrichtsverwaltungen waren die notwendigen Mittel nicht vorgesehen.

Den Durchbruch erlebten programmierte Lehrformen erst in den achtziger Jahren, als es möglich wurde, Lehrprogramme über Computer zu administrieren. Zunächst entdeckte die Wirtschaft den Vorteil, Aus- und Weiterbildungsprogramme in individualisierter Form durchzuführen. Statt eines Lehrers, der jeden Monat sein Gehalt erwartet, mußten sie nur die Entwicklungskosten bezahlen und konnten das Programm dann beliebig oft einsetzen.

Der Computer ermöglichte aber auch weit attraktivere Lehrprogramme: Man konnte Simulationen komplexer Vorgänge darstellen, Videofilme einspielen, reichhaltige Bildinformationen verwenden und interaktive Sequenzen einbauen. Es war nicht mehr notwendig, alles über schriftliche Informationen laufen zu lassen.

Unter dem Titel „Computerunterstützter Unterricht", CUU (engl. Computer-Assisted-Instruction, CAI) haben sich diese Lehrformen einen festen Platz erobert. Immer mehr geht man dazu über, Weiterbildungsbedürfnisse durch Computerprogramme zu befriedigen. Seit es möglich geworden ist, billige

Programmkopien herzustellen, ist die Kostenfrage kein derartiges Hindernis mehr, wie in den Anfangsjahren des Programmierten Unterrichts. Durch einfache Bildsprachen ist es möglich geworden, Computerprogramme bereits im Kindergartenalter einzusetzen. In den Schulen ist EDV zu einem Unterrichtsfach geworden.

Wie immer, wenn neue Medien ihren Einzug in die Schule halten, gibt es auch Kritik. So wird befürchtet, daß der Umgang mit dem Computer Kinder in die soziale Isolierung treibt. Tatsächlich ist das Gegenteil der Fall: Kinder, die sich für Computer interessieren, haben ein großes Bedürfnis, sich mit Gleichgesinnten zu treffen und ihre Erfahrungen auszutauschen.

Ein zweiter Kritikpunkt betrifft die „Sucht" mancher Kinder nach Computerspielen. In vielen Fällen leisten Computerspiele jedoch eine „Schrittmacherfunktion", indem sie das Interesse für den Einsatz des Computers für die Textverarbeitung oder das selbständige Programmieren, wecken. Computerspiele schulen die Wahrnehmung und die Reaktionsfähigkeit und haben sich als Trainingsmaßnahme bei Ausfällen in diesen Bereichen bewährt. Wenn man Kindern die Freiheit gibt, die Arbeit mit dem Computer in spielerischer Form für sich zu entdecken, entwickeln sie eine erstaunliche Kompetenz und Kreativität im Umgang mit diesem Medium (CLEMENTS, 1991).

Negative Folgen sind dann zu befürchten, wenn die Computerspiele aggressive Inhalte haben. Daß die Konfrontation mit Gewalt ungünstige Folgen hat, ist bekannt. (Die gelegentlich auch von Experten behauptete „kathartische" (entlastende) Wirkung gewalttätiger Szenen hat sich als falsch herausgestellt. Gewaltdarstellungen haben im Gegenteil Modellfunktion, wie z. B. LUKESCH u. a., 1994[3], zeigten.)

19.4 Film- und Videoeinsatz

Filme und Videos können den Unterricht bereichern und auflockern. Pädagogisch gut aufgebaute Filmsequenzen haben außerdem motivierende Wirkung. Wenn man einen ansprechenden Unterrichtsfilm zu dem Thema einsetzen kann, ist es nicht notwendig, viele Worte zu machen, um die Schüler und Schülerinnen mit einem neuen Gegenstandsbereich vertraut zu machen. Filme lassen sich aber nur dann sinnvoll in den Unterricht einbauen, wenn man einige Regeln beachtet.

So ist es unbedingt notwendig, daß der oder die Lehrende den Film vorher ansieht – eine an und für sich selbstverständliche Forderung. Filmsequenzen, die länger sind, als höchstens zehn Minuten, werden erfahrungsgemäß von den Kindern nicht behalten.

Am besten haben sich daher kurze Filmeinheiten (6–8 Minuten) zu einem Themenbereich bewährt. Zu jeder Filmsequenz muß eine Nachbereitung kommen, in der die Lehrinhalte besprochen und die wichtigsten Erkenntnisse notiert werden. Was nur einmal gesehen oder gehört wurde, wird fast vollständig vergessen.

Gute Lehrfilme müssen die einzelnen Bildeinheiten lang genug darbieten, damit sie von den Schülern und Schülerinnen auch aufgefaßt werden können. Sie müssen zwischen den Bildsequenzen Pausen von ca. zwei Sekunden aufweisen, um die Verarbeitung zu erleichtern (Vitouch, 1986). Durch solche Pausen wird die „Bündelung“ der Informationseinheiten und damit die Übermittlung in das Langzeitgedächtnis gefördert. Es hat sich gezeigt, daß die Betrachter bei Filmen Erwartungen bilden, die sie unter Umständen auch für sich verbalisieren. Dies unterstützt sowohl die genaue Analyse als auch das Merken. Wenn der Szenenwechsel zu abrupt erfolgt, können diese Verarbeitungsprozesse nicht mehr ablaufen, worunter die Lernleistung leidet.

Wir haben oben auf die Bedeutung der Zeitgrenzen für Filmdarbietungen in der Schule hingewiesen. Wenn Filme, die man zeigen möchte, länger sind, sollte man sie bei der Vorführung in Einheiten von ca. 6 bis 8 Minuten aufteilen, falls dies vom Inhalt her möglich ist. Bei der Darbietung von Spielfilmen wird dies allerdings nicht immer sinnvoll sein. In diesem Fall muß man bei der Nachbesprechung berücksichtigen, daß die Erinnerung an ein Filmgeschehen selektiv ist: Menschen merken sich jene Inhalte, die aufgrund ihrer eigenen Biographie für sie bedeutsam sind. Diese Tatsache kann man bei der Aufarbeitung mit der Klasse mit ins Spiel bringen und Unterschiede in der Interpretation des Films durch die einzelnen Schülerinnen und Schüler auf diesem Hintergrund diskutieren.

19.5 Produktion von Tonband- und Videoaufnahmen

Die Eigenproduktion von Tonband- und Videoaufnahmen wird in der Schule noch viel zu wenig genutzt. Dies ist bedauerlich, da beide Formen interessante didaktische Möglichkeiten bieten. Für Lehrende wie Lernende ist es aufschlußreich, sich selbst als Sprechende und Agierende zu erleben. Man ist sich in der Regel nicht bewußt, wie oft man Sätze beim alltäglichem Sprechen falsch konstruiert oder nicht zu Ende bringt. Obwohl die Benützung von Diktiergeräten im Berufsleben heute zu den Selbstverständlichkeiten gehört, wird das fehlerfreie Diktieren von Texten im Deutschunterricht nicht vermittelt. Besonders für Kinder mit Rechtschreibproblemen bedeutet der „mündliche Aufsatz“ außerdem eine gute Übung zur Ausdrucksverbesserung. Aus Angst, Fehler zu machen, neigen sie nämlich dazu, bei schriftlichen Aufsätzen nur jene Wörter zu verwenden, die sie sicher schreiben können.

Ein weiteres Einsatzgebiet stellen Stegreifspiele, Theaterstücke u. ä. dar. Die Ergänzung von Rollenspielen durch Videoaufnahmen ermöglicht eine detaillierte Analyse der Vorgänge, die weit präziser ist, als die Nachbesprechung aus der Erinnerung. Reportagen über einzelne Themenkreise lassen sich so gut wie in allen Fächern durchführen. Sie sind eine attraktive Variante zu den üblichen Referaten.

Dies sollen nur einige Anregungen sein, um die neuen Medien sinnvoll zu nutzen. Die didaktische Aufarbeitung der Möglichkeiten von Tondband- und Videoaufnahmen steckt heute noch in den Anfängen.

19.6 Arbeit mit Folien

Folien haben den Vorteil, daß man sie in Ruhe vorbereiten kann. Schon manche gut durchdachte Stunde ist an einem schlechten Tafelbild gescheitert. Man sollte Folien vor allem dort einsetzen, wo es darum geht, komplexe Zusammenhänge übersichtlich darzustellen: Schwierige Grammatikregeln, schwierige Sachverhalte in der Physik oder Chemie, geometrische Darstellungen usw. Eine wichtige Regel ist, daß man nicht zu viel auf einer Folie bringen sollte, damit die Übersichtlichkeit nicht leidet. Unter Umständen kann man mehrere Folien übereinanderlegen und sukzessive zu immer differenzierteren Darstellungen kommen. Die wichtigste Regel ist aber die, daß **jede** Folie den Schülern und Schülerinnen auch in **Ablichtung** zur Verfügung gestellt werden sollte, um ein zeitraubendes Abschreiben zu vermeiden.

Für die Besprechung sollte man sich genügend Zeit lassen, um sicherzustellen, daß der Inhalt verstanden wurde. Da sich Folien so schnell auf den Tageslichtprojektor legen lassen, wird man leicht verführt, sie eben so schnell wieder wegzuräumen.

Aus dem Programmierten Unterricht ist bekannt, daß das Aufschreiben mehr Lernwirksamkeit hat, als das bloße Denken einer Antwort. Es kann daher sinnvoll sein, die Schüler und Schülerinnen die Beschriftungen ihrer Ablichtungen selbst vornehmen zu lassen. Die Lehrkraft kann dabei so vorgehen, daß die Folie mit Permanentstiften gezeichnet wird, die Beschriftungen jedoch mit wasserlöslichen Stiften in der Stunde erfolgen, um sie wieder verwenden zu können.

Viel zu wenig wird auch die Möglichkeit genutzt, Bildmaterial aus Büchern zu kopieren und mit dem Tageslichtprojektor zu demonstrieren. Es ist mißlich, bei der Besprechung eines Bildes aus dem Schulbuch dieses hochhalten zu müssen, um auf die wichtigen Einzelheiten aufmerksam zu machen, da dies bereits in der dritten Bankreihe nicht mehr gesehen werden kann. Der häufigste Fehler, der gemacht wird, besteht darin, daß die Zeichnungen und Schriften zu klein sind. Man sollte daher ausprobieren, ob die Folie noch in der letzten Bank gut lesbar ist, bevor man eine Folie einsetzt. Normale Druck- und

Schreibmaschinenschrift ist viel zu klein, um entziffert werden zu können. Folien müssen daher mindestens den Schriftgrad 20 aufweisen.

19.7 Medien im Fremdsprachenunterricht

An vielen Schulen gibt es mittlerweile **Sprachlabors**, die sich zur Einübung der Fremdsprache bewährt haben, da sie den Schülerinnen und Schülern die Möglichkeit geben, ihre eigenen Sprachproduktionen selbständig mit den angebotenen Modellen zu vergleichen.

Die Möglichkeit, den Lernenden verschiedene Sprecherinnen und Sprecher durch Tonband- und Videoaufnahmen in der jeweiligen Fremdsprache vorzustellen, kann erheblich dazu beitragen, die Aussprache und das Sprachverständnis zu schulen.

20. Lehr- und Lernziele

Es ist uns im Alltag nicht bewußt, wie assoziativ unsere Gedankengänge sind. Der eine Gedanke führt zum anderen, und ohne es zu merken, kommt man vom „Hundertsten ins Tausendste". Dies hat seinen Grund darin, daß eine Konversation im Alltag sich danach richtet, was die Diskutierenden im Augenblick am meisten anspricht; man gewöhnt sich daher daran, jene Gesprächslinien zu verfolgen, die einen selbst und die Gesprächspartner interessieren. Es gilt als schlechter Konversationsstil, wenn man zu lange und zu „schulmeisterlich" an einem Thema kleben bleibt.

In der Schule ist genau das Gegenteil notwendig: Ein guter Unterricht muß die Lernaufgaben klar und vollständig darstellen. Ein amüsantes Springen von Gegenstand zu Gegenstand ist für den Aufbau einer soliden Wissensbasis wenig geeignet. Es ist daher erforderlich, den Unterrichtsablauf gut zu strukturieren und genaue Vorstellungen davon zu entwickeln, welche Endergebnisse bei den Lernenden erreicht werden sollen. Die Lehrziele, die der oder die **Lehrende** formuliert, stellen für die Schüler und Schülerinnen **Lernziele** dar. Lehr- und Lernziele sollten einander möglichst genau entsprechen.

In der Einleitung zu seinem bekannten Büchlein „Lernziele und Programmierter Unterricht" schreibt Robert F. MAGER (1972): „Wer nicht weiß, wohin er will, braucht sich nicht zu wundern, wenn er ganz wo anders ankommt. Wer daran interessiert ist, seine Unterrichtsziele so klar zu formulieren, daß hinterher sowohl er selbst, als auch andere feststellen können, ob diese Ziele erreicht worden sind, findet in diesem Buch eine nützliche Anleitung."

Dieser auf der ersten Seite stehende Abschnitt gibt gleichsam die Richtschnur seiner Abhandlung an: Das Bemühen, die Ziele einer Lehrsequenz so präzise zu formulieren, daß Lehrende und Lernende genau wissen, welche Mittel am besten einzusetzen bzw. welche Wege zu beschreiten sind, um diese Ziele zu erreichen. Von einem derartigen, klaren Konzept können Unterricht und Lernanstrengung nur profitieren.

Im idealen Fall entsprechen Lehr- und Lernziele einander. Werden Lehrziele zu hoch oder zu niedrig angesetzt, kann der Erarbeitungsprozeß nicht optimal gestaltet werden. Auch Kommunikationsschwierigkeiten zwischen Lehrenden und Lernenden können die „Passung" zwischen Lehr- und Lernzielen stören.

So hatte z. B. ein Lehrer die Gewohnheit, in der Prüfung den genauen Wortlaut der von ihm vorgetragenen Beispiele abzufragen. Dies wurde von den

Schülern und Schülerinnen so verstanden, daß die Beispiele eine Art Gedächtnistest darstellten. Sie wurden von ihnen daher einfach auswendig gelernt, ohne weitere Gedanken darauf zu verschwenden. Der Lehrer war sehr erstaunt, als er durch Zufall feststellte, daß die Klasse die in den Beispielen gelernten Inhalte nicht auf andere Situationen anwenden konnte.

Sein beabsichtigtes Lehrziel war die „Anwendung" und die „Übertragung von Wissen auf neue Situationen" gewesen. Die Schüler und Schülerinnen hatten jedoch aus seinem Verhalten geschlossen, daß es ihm um das Lehrziel „Auswendiglernen" zu tun gewesen sei.

20.1 Kurzdarstellung einiger Lehrzieltaxonomien

Im folgenden werden einige Methoden der Präzisierung von Lehrzielen dargestellt, die es erleichtern, einen Unterricht so zu planen, daß Lehr- und Lernziele einander entsprechen.

20.1.1 Methode der Lehrzieloperationalisierung nach MAGER

MAGER entwickelte ein ebenso einfaches wie praktisches System der Lehrzielbeschreibung, das garantiert, daß sich sowohl Lehrende wie Lernende über den zu vermittelnden Stoff und die zu erreichenden Lernziele klar sind. Das wichtigste Prinzip besteht in der Forderung, nur solche Lehrziele zu formulieren, die auch im Verhalten der Schüler und Schülerinnen zum Ausdruck kommen können. Er bezeichnete sie als „**operationalisierte Lehrziele**".

Operationalisierte Lehrziele sollten drei Kriterien entsprechen, die durch folgende Abfragen überprüft werden können:

1. Beschreibt die Formulierung, welches **Verhalten** der Lernende zeigen sollte, wenn er den Beweis dafür ablegt, daß er das Ziel erreicht hat?
2. Beinhaltet die Formulierung die wichtigen **Rahmenbedingungen** (vorgegebene bzw. einschränkende Faktoren), unter denen der Lernende seine Kompetenz beweisen soll?
3. Beinhaltet die Formulierung einen Hinweis darüber, wie der Lernende **bewertet** wird, welches spezifische Leistungsniveau er erreichen soll? Beinhaltet sie zumindest ein Kriterium, durch das die untere Grenze der akzeptierten Leistung festgelegt wird?

   (zitiert nach MAGER, 1962, S. 52).

MAGER wies ausdrücklich darauf hin, daß vage Formulierungen wie, „die Bedeutung von etwas verstehen", „würdigen", „einsehen" u. ä. keine Beschreibungen eines gewünschten Endverhaltens darstellen und daher nicht überprüfbar sind. Erst wenn es gelingt, diese Begriffe in Form eines Verhaltens auszudrücken, das anzeigt, daß diese Innenzustände durch den Unterricht verwirklicht worden sind, kann man von einem operationalisierten Lehrziel sprechen.

In der folgenden Tabelle sind Ziele aufgelistet, die aus unterschiedlichen Gegenstandsbereichen stammen und von MAGER nach diesen den Kriterien formuliert wurden:

Tab. 14: Operationalisierte Lehrziele nach MAGER (zitiert nach GAGE & BERLINER, 1979[2], S. 37).

- Ohne Notizen wiederholt der Schüler fehlerlos die Formel für die Berechnung des Korrelationskoeffizienten für Rangunterschiede.
- Wenn der Name einer Note und die Tonleiter gegeben wird, kann ein Mitglied des Chores die Note in 9 von 10 Versuchen richtig singen.
- Der Schüler ist in der Lage, innerhalb von 3 Minuten 30 Liegestütze durchzuführen.
- Bei Vorlage von zwei Gemälden kann der Schüler in 7 von 10 Fällen das der impressionistischen Epoche auswählen.

20.1.2 Die Verhaltens-Inhalts-Matrix

Eine weitere Präzisierung der Formulierung von Lehr- und Lernzielen führte TYLER (1964) durch: Es ist nützlich, sich bewußt zu werden, daß es nicht ausreicht, **Verhaltensweisen** der Lernenden zu beschreiben, wenn man nicht gleichzeitig die **Inhalte** benennt, auf die sie sich beziehen sollen.

Man kann daher eine sogenannte „**Verhaltens-Inhalts-Matrix**" bilden, die einerseits die vermittelten Inhalte, andererseits die beim Lernenden intendierten Verhaltensweisen umfaßt. Die folgende Abbildung soll das Vorgehen verdeutlichen:

Tab. 15: Verhaltens-Inhalts-Matrix nach TYLER mit Zielbeispielen (modifiziert nach GAGE & BERLINER, a.a.O., S. 39)

Inhalte		Verhalten		
	Wissen	Verstehen	Anwenden	etc.
Korrelation	Der Student wird fähig sein, eine Definition von Korrelation aufzuschreiben.	Der Student wird fähig sein, folgende Aussage zu interpretieren: die Korrelation zwischen dem Notendurchschnitt in Schule und Hochschule beträgt .45.	Der Student kann die Korrelation zwischen dem familiären Einkommen und dem Motivationsniveau bei Studenten seiner eigenen Seminargruppe bestimmen.	
Kausalität				
Prognose				
etc.				

20.1.3 Typisches und optimales Verhalten

Typisches Verhalten bezeichnet Verhaltensweisen, die eine Person in alltäglichen, sich wiederholenden Lebenssituationen regelmäßig zeigt. Um **optimales Verhalten** handelt es sich, wenn sie in einer Ausnahmesituation (z. B. Wettkampf) ihr Bestes gibt. Bei der Festlegung des Lehrziels muß daher entschieden werden, ob man Dauerverhalten aufbauen oder einmalige Spitzenleistungen erzielen möchte.

20.1.4 Drei Bereiche von Lehrzielen und zugeordneten Lernzielen

Bereits 1956 entwickelten B. BLOOM und seine Schule eine Lehrzieltaxonomie, die drei verschiedene Gebiete unterschied: Den kognitiven, den affektiven und den psychomotorischen Bereich:

> „**Kognitive Lernziele** handeln von Prozessen wie Wissen, Wahrnehmen, Erkennen, Denken, Auffassen, Beurteilen und Begründen. Wenn sich eine Lehrerin über Karls Schwierigkeiten, richtig zu buchstabieren, Sorgen macht, handelt es sich um den kognitiven Bereich.
> **Affektive Lernziele** haben etwas mit Gefühl, Emotion, Einstellung, Anerkennung oder Wertschätzung zu tun. Wenn sich die Lehrerin über

Karls Langeweile beim Lesen Sorgen macht, denkt sie über den affektiven Bereich nach.

Psychomotorische Lernziele handeln von Bewegungsfertigkeiten, wie mit der Hand oder Maschine schreiben, tanzen oder ein Musikinstrument spielen" (GAGE & BERLINER, a.a.O., S. 45).

Das wesentlichste Verdienst der BLOOMschen Taxonomie bestand darin, auf das einseitige Betonen kognitiver Lehrziele im normalen Schulunterricht hingewiesen zu haben. Kognitive Lehrziele lassen sich viel leichter vermitteln und abprüfen, als dies bei affektiven Lehrzielen der Fall ist. Nicht selten findet man Beispiele einer kognitiven Lehrzielformulierung auch dort, wo psychomotorische Lehrziele wesentlich sinnvoller wären. So werden z. B. in den meisten Lehrgängen zur Verkehrserziehung Verkehrsvorschriften auswendig gelernt, ohne die Bereitschaft bei den Lernenden aufzubauen, daß diese auch ausgeführt werden (affektives Lehrziel) und ohne daß sicheres Verhalten im Verkehr selbst geübt wird (psychomotorisches Lehrziel).

I. Der kognitive Bereich

Die Lehrziele des kognitiven Bereiches lassen sich wie folgt untergliedern:

„1. **Kenntnisse**
Die Fähigkeit zur Erinnerung (aus dem Gedächtnis reproduzieren; wiedererkennen) an Ideen, Tatsachen usw. in einer Situation, in der bestimmte Stichwörter, Signale oder Anhaltspunkte gegeben werden, um festzustellen, welches Wissen gespeichert wurde.

2. **Verständnis**
Die Fähigkeit, das, was kommunikativ vermittelt wird, aufzunehmen und zu verarbeiten, ohne es notwendigerweise auf andere Bereiche zu übertragen oder ohne die Implikationen des vermittelten Stoffes zu erkennen.

3. **Anwenden**
Die Fähigkeit, in festgelegten, konkreten Situationen Abstraktionen, Regeln, Prinzipien, Ideen und Methoden zu verwenden.

4. **Analyse**
Die Fähigkeit, eine Mitteilung in ihre konstitutiven Elemente oder Teile aufzugliedern.

5. **Synthese**
Die Fähigkeit, mit Teilen, Elementen usw. umzugehen und sie in einer Art und Weise zusammenzufügen oder zu kombinieren, daß ein Ganzes geformt oder eine neue Struktur gebildet wird.

6. **Beurteilung**
   Die Fähigkeit, quantitative oder qualitative Urteile abzugeben über das Ausmaß, in dem Materialien und Methoden bestimmte Kriterien erfüllen."

(BLOOM, ENGELHART, FURST, HILL & KRATHWOHL, 1956; zitiert nach GAGE & BERLINER, a.a.O., S. 46)

II. Der affektive Bereich

Die Taxonomie von Lernzielen im affektiven Bereich behandelt Einstellungen, Prinzipien, Werturteile und andere emotional gesteuerte Prozesse (vgl. KRATHWOHL, BLOOM & MASIA, 1964, S. 30). Die Stufen sind:

1. **Aufnehmen**
2. **Reagieren**
3. **Bewerten**
4. **Einordnen**
5. **Charakterisierung durch Werte und Wertkomplexe**

Es handelt sich um systematisch geordnete Stufen der **Internalisierung** (Verinnerlichung) von neuen, wertgesteuerten, emotionalen Haltungen und Einstellungen.

In der gegenwärtigen Diskussion hat die Frage der Vermittlung affektiver Lehrziele durch die Arbeiten von SALOVEY zur „emotionellen Intelligenz" eine neue Aktualität erhalten. Der von ihm erstmals propagierte Begriff stieß zunächst in Fachkreisen auf heftige Kritik. Erst durch eine populäre Darstellung durch Daniel GOLEMAN (1995), die zum Beststeller wurde, konnte sich der Begriff der emotionellen Intelligenz durchsetzen. Die deutsche Übersetzung verwendete leider in Analogie zum Intelligenzquotient den mißverständlichen Titel „Emotioneller Quotient, EQ". Tatsächlich gibt es aber noch kein Testverfahren, das alle Aspekte der emotionellen Intelligenz zu erheben gestattet und sie zu einem Abweichungsquotienten zusammenfaßt, wie dies bei Intelligenztests der Fall ist. Es fragt sich auch, ob eine derartige globale Bewertung überhaupt sinnvoll ist.

SALOVEY definiert emotionale Intelligenz wie folgt: „Wir definieren emotionale Intelligenz als eine Teilmenge der sozialen Intelligenz, die durch die Fähigkeit bestimmt ist, die eigenen und die Gefühle und Emotionen anderer zu steuern, zwischen diesen zu unterscheiden und die erhaltenen Informationen benützen zu können, um das eigene Denken und Handeln zu leiten" (SALOVEY & MAYER, 1989, S. 189, Übers. d. Verf.).

Für die Lehrzielentwicklung im affektiven Bereich bedeuten diese Arbeiten einen Fortschritt, da sie eine sinnvolle Erweiterung der anzustrebenden Lehrziele beinhalten: Erkennen der eigenen Gefühle als Voraussetzung des empathischen Erkennens der Gefühle anderer, Entwicklung der Differenzierungsfähigkeit zwischen verschiedenen affektiven Zuständen, Entwickeln der Kompetenz, die eigenen und fremden Emotionen zu beeinflussen, um Emotionen nicht hilflos ausgeliefert zu sein, sondern sie in kompetenter Weise bei der eigenen Denk- und Handlungsplanung und den darauf bezogenen Vollzügen einsetzen zu können.

III. Der psychomotorische Bereich (KIBLER, BARKER & MILES, 1970)
Die psychomotorischen Lehrziele gliedern sich nach dieser Taxonomie in folgende Teilgebiete:

1. **Grobkoordination**
2. **Feinkoordination**
3. **Nonverbale Kommunikationsmuster**
4. **Sprachverhalten**

In der Entwicklung formen Kinder zunächst einmal die **Grobkoordination** aus, die **Feinkoordination** gelingt erst später. Damit ist ein Schwierigkeitmaßstab für den Erwerb motorischer Leistungen vorgegeben.

Zur „Feinkoordination“ zählt KIBLER u. a. auch die Koordination verschiedener Funktionsbereiche: Hand-Auge-Koordination, Hand-Ohr-Koordination, Hand-Auge-Fuß-Koordination. Derartige „intermodale“ Leistungen und die zugeordneten Lehrziele haben ihre besondere Bedeutung in der Förderdiagnostik und bei den darauf aufbauenden Trainingsmaßnahmen.

Störungen der Visumotorik (Hand-Auge-Koordination) deuten in der Regel auf minimale cerebrale Dysfunktion, d. h., leichte neurologische Beeinträchtigungen. Werden sie nicht behandelt, so kann es zu Schwierigkeiten beim Erlernen des Lesens, Schreibens und Rechtschreibens kommen, wie sie für bestimmte Ausprägungen der Legasthenie typisch sind.

Unter den **nonverbalen Kommunikationsformen** verstehen die Autoren Mimik, Gestik, Gebärden und Ausdrucksbewegungen des gesamten Körpers. Es gibt sowohl kulturübergreifende wie kulturabhängige nonverbale Kommunikationsmuster. Erstere werden durch Lernvorgänge aus angeborenen Reflexen, die als „Platzhalter“ dienen, entwickelt. So entsteht die Überraschungsgeste „Ausbreiten der Arme“ aus dem Moro-Reflex, der zu den Neugeborenenreflexen gehört. Obwohl René SPITZ (1957) meinte, daß die Ausdrucksbewegungen für „Nein“ und „Ja“ auf ähnlichem Wege aus Ursituationen der Säuglingsperiode entstanden seien, gibt es zumindest Ausnahmen: Im griechischen Kulturkreis wird „Nein“ durch einfaches Heben des Kopfes, „Ja“ dagegen durch Senken ausgedrückt. Im bulgarischen Raum wird „Ja“ durch Kopfschütteln und „Nein“ durch Nicken kundgetan. (SPITZ dagegen glaubte, daß z. B. das verneinende Kopfschütteln durch die Verweigerung der Brust oder Flasche entstünde.) Die Bewußtmachung und Vermittlung derartiger kulturspezifischer nonverbaler Kommunikationsmuster hat in einer Zeit wie der heutigen besondere Bedeutung erlangt, in der durch eine weltweite Migration die Kulturen einander näher gerückt sind.

Es mag verwundern, daß auch das **Sprachverhalten** unter die psychomotorischen Lehrziele eingereiht ist, obwohl die Sprache zu den kognitiven Fähigkeiten gehört. Hier ist zwischen dem Sprachverständnis und der Planung eigener sprachlicher Äußerungen sowie den diesen Prozessen zugrundeliegenden Fähigkeiten einerseits und der motorischen Sprachproduktion andererseits zu unterscheiden. „Sprachverhalten", wie es in der Taxonomie von KIBLER et al. verstanden wird, deckt nur letzteres ab.

Zu typischen Lehrinhalten dieses Bereiches gehört die Sprecherziehung allgemein, die Sprachheilerziehung (Logopädie), das Rezitieren, die Beherrschung des konnotativen Ausdrucks der Sprache, die Entwicklung einer akzentfreien Aussprache im Fremdsprachenunterricht u. ä.

In der Taxonomie von KIBLER u. a. (1970) wurde allerdings ein weiterer, wichtiger Teilbereich übersehen, die musikalische Stimmbildung, die eine eigene Kategorie von psychomotorischen Lehrzielen ausmacht.

20.1.5 Oberflächen- und Tiefenstrukturen von Lehrzielkonzeptionen: Choreographien des unterrichtlichen Lernens

FRITZ OSER und seine Arbeitsgruppe entwickelten einen weiterführenden Ansatz der Lehrzielkonzeption, der zwischen der beobachtbaren „**Sichtstruktur**" des Unterrichts und den zugrundeliegenden „**Basismodellen**" unterscheidet (vgl. OSER & PATRY, 1990; PATRY & OSER, 1994; PATRY & GASTAGER, 1996). Unterricht wird als ein Prozeßgeschehen aufgefaßt, das sich einerseits an feste Regeln (Zeitstrukturen, Lehrplanvorgaben usw.) halten muß, sich aber andererseits in diesem Rahmen in Freiheit entfaltet, wie dies in analoger Weise beim Ballett geschieht. Aus diesem Grund wurde für diesen Ansatz die Bezeichnung „Choreographien des Unterrichts" gewählt.

Die Sichtstruktur des Unterrichts besteht in der sichtbaren und damit beobachtbaren Aneinanderreihung von Handlungen im Unterricht. OSER & PATRY (1990, S. 3) definieren sie wie folgt: „Die Sichtstruktur ist also das Wechselhafte, Austauschbare, das an den Lernenden und vom Lernenden immer neu Adaptierbare. Dazu gehören Methoden, Sozialformen, Veranschaulichungen, Unterrichtsstil, Lernstil, Funktionsrhythmus, Medien, Kontrollformen u. a. Die Sichtstruktur stellt das freie und frei zu gestaltende Moment des Lernverlaufs dar." Die Basisstrukturen beinhalten dagegen die zugrundeliegenden, gesetzmäßigen Verkettungen von Lernschritten und werden wie folgt charakterisiert: „Die Basisstruktur besteht aus einer für jeden Lernenden absolut notwendigen, feststehenden Kette von Operationen, die nicht durch etwas anderes ersetzt werden kann. Der ganzheitliche Charakter dieser jeweiligen Kette wird bestimmt durch lernpsychologische Gesetzmäßigkeiten einerseits und durch den Typ des Ziels bzw. die Inhalte andererseits" (a.a.O.).

Die ursprüngliche Matrix der Basismodelle (a.a.O., S. 6) umfaßte 10 Modelltypen, die auf der nächsten Seite im Überblick dargestellt sind (Tab. 16).

Tab. 16: **Basismodelle des Lernens mit besonderen Merkmalen**

Name des Basismodells	Zieltyp des Lernens	Besonderes Merkmal	Sichtstruktur
1. Lernen durch Eigenerfahrung	Aneignung von Erfahrungswissen	Unmittelbarer Lebensbezug	Arbeit in Sozial- und Produktionsbetrieben
2. Entwicklung als Ziel der Erziehung	Transformation von Tiefenstrukturen (z.B. moralisches Urteil)	Desäquilibrationsvorgänge	Kontroverse Diskussionen
3. Problemlösen (entdeckendes Lernen)	Lernen durch Versuch und Irrtum	Hypothesenbildung und Analogienbildung	Experimentieren, Konfliktlösen
4. Wissensaufbau (Begriffsbildung)	Memorierbare Fakten, Fähigkeiten, „Narrativs“	Struktur; Strukturierung von Lehrgängen	Darbietender und entwickelnder Unterricht
5. Konzeptbildung	Verwendung von Schemata, Skripts, Theorien	Differenzierung und Analogiebildung	Lernen durch Anwendung/ Transfer komplexer Denksysteme
6. Lernen von Strategien	Lernen lernen (Metalernen)	Gebrauch und Einsatz von allerlei Strategien	Reflexion über eigenes Lernen
7. Routinebildung und Training von Fertigkeiten	Routinen mit Fertigkeiten ohne Belastung des Bewußtseins verwenden	Hohe Übungsfrequenz im Feld (Autofahren, Mathematische Reihen, Sprachen lernen)	Differenzierender Unterricht und Übungskreativität
8. Motilitätsmodell	Verarbeitung affektiver Spannungen durch schöpferisches Tun	Aufbau v. affektiver Erregung, Indignation, Freude, Trauer etc. Durch Narration vermittelt	Gestalterisches Zeichnen, Musizieren, „Dichten“, Tanzen, Gestalterische Mimik etc.
9. Lernen dynamischer Beziehungen. Lernen gemeinsamer Normen durch Partizipation (Kooperationslernen, soziales Verhalten)	Positiver Verhaltensaustausch mit Einzelnen. Aktive Gestaltung des Zusammenlebens einer Lern- und Arbeitsgemeinschaft	Verhandlungsfähigkeit, Diskursfähigkeit und Normkonstituierung	Gestaltung von Freundschaften, Kooperationsarbeiten, Schulversammlungen, Teilnehmerbeschlüsse
10. Wert- und Identitätsaufbau	Wandel des Werbewußtseins (politische, menschliche, religiöse Werte)	Reflektierte Hierarchien von Werten	Wertklärungsverfahren, politische Bildung, Kunsterziehung

Im Zuge der weiteren Ausformung des Ansatzes wurde z. B. das Basismodell „Meditation" ergänzt (vgl. PATRY & GASTAGER, 1996).

Programmatisch beschrieben OSER & PATRY die Zielsetzung ihrer Konzeption wie folgt:

„Die Anwendung und der Einsatz der hier beschriebenen Basismodelle bedingt eine ganz bestimmte pädagogische Grundhaltung: Die Zumutung von Einsicht, Verantwortungsübernahme, Wahrhaftigkeit und Sinnkonstituionsfähigkeit durch das Kind" (a.a.O., S. 50).

21. Die Beurteilung von Schülerleistungen

Es gibt so gut wie kein Schulsystem auf der Welt, in dem nicht Beurteilungen der Leistungen der Schülerinnen und Schüler vorgesehen sind. Aus bestimmten Gründen ist die Aufgabe der Leistungsbeurteilung jedoch weder so einfach, noch so unproblematisch, wie man zunächst annehmen könnte.

Für den Beurteilten kann eine negative Leistungsrückmeldung, besonders, wenn sie in aggressiver und verletzender Form erfolgt, den Lernprozeß massiv beeinträchtigen. Sie führt nämlich zu negativen, emotionellen Reaktionen, die Lernmotivation blockieren kann. Aggressive, herabsetzende Leistungsrückmeldungen sollten in der Schule daher keinen Platz haben.

Zu solchen negativen, emotionellen Rückmeldungen kann es aber auch kommen, wenn die Lehrenden sich zu sehr mit ihrem Unterricht identifizieren und als Folge davon auf jede schlechte Schülerleistung enttäuscht reagieren. Hier gilt es, zwischen zwei Haltungen zu unterscheiden. Wer gekränkt oder verärgert ist, wenn die Lernenden schlechte Leistungen zeigen, reagiert als **Betroffener.** Was Schüler und Schülerinnen mit einem Leistungsdefizit in Wirklichkeit brauchen, sind nicht Vorwürfe, sondern Hilfen, um es besser zu machen. Lehrerinnen und Lehrer sollten daher, genau so wie dies im Rahmen der Psychotherapieausbildung gefordert wird, lernen, als **Verantwortliche** zu reagieren. Dies bedeutet, daß sie gemeinsam mit dem Kind darauf hinarbeiten, das **Problem** zu lösen, das zu dem Konflikt geführt hat, und zwar in einer Weise, daß kein negatives Gefühl zurückbleibt.

21.1 Beurteilungsfehler

Ein weiteres grundlegendes Problem der Notengebung besteht darin, daß Menschen zwar gute Relativbeurteiler, aber schlechte Absoluturteiler sind. Dies ist notwendig, damit wir uns in ständig wechselnden Alltagssituationen zurechtfinden können: Ein schwarzes Papier zu Mittag angesehen, ist in Wirklichkeit sechsmal so hell, wie ein weißes Papier am Morgen betrachtet. Trotzdem kämen wir nie in Verlegenheit, Weiß mit Schwarz zu verwechseln.

Diese nützliche Eigenschaft unseres Wahrnehmungssystems führt jedoch dazu, daß wir große Schwierigkeiten haben, wenn es um die exakte Beurteilung auf einer Absolutskala geht. Dazu ein Beispiel: In der Verkäuferschulung eines großen österreichischen Schuherzeugungskonzerns wurden die Verkäufer angewiesen, sich möglichst rasch ein Bild davon zu machen, was der Käufer wirklich möchte, und dann einige Schuhe zu bringen, die diesem Wunsch überhaupt nicht entsprachen. Erst nach dieser „Vorbereitung" sollte der Verkäufer das Paar bringen, das dem Wunschbild noch am ehesten nahekam. Relativ zu den vorher gezeigten Paaren erscheint dieses dann viel „geeigneter", so daß der Käufer verführt wird, es zu erstehen.

Denselben Beurteilungsfehler findet man bei der Beurteilung von Schülerleistungen. Es ist der sogenannte „**Kontrasteffekt**": Benotet man eine mittlere Leistung nach einer Reihe sehr schlechter Arbeiten, ist man geneigt, sie besser zu beurteilen. Umgekehrt ist es bei einer mündlichen Prüfung ungünstig, nach einem brillanten Prüfling dranzukommen, da selbst eine sonst als sehr gut bewertete Leistung dann schlechter beurteilt wird. Weiter unten werden wir darstellen, wie man durch Objektivierung der Prüfungen diese und ähnliche Fehler vermeiden kann.

Ein weiterer Beurteilungsfehler ist der sogenannte „**Halo-Effekt**" oder „Hofeffekt" (Halo = engl. für Heiligenschein). Es ist durch Untersuchungen (vgl. INGENKAMP, 1977) nachgewiesen, daß man bei guten Schülern und Schülerinnen dazu neigt, Fehler zu übersehen und bei schlechten auch dort Fehler findet, wo eigentlich keine sind. So kann zum Beispiel dasselbe, falsch geschriebene Wort, wenn es zweimal in einem Text vorkommt, im einen Fall nur als ein Fehler, im anderen aber als zwei Fehler gerechnet werden; was beim guten Schüler als leichter Fehler angesehen wird, wird bei einem schlechten als schwerer Fehler bewertet u. a. m.

Eine schlechte Schrift kann eine gute schriftliche Leistung drücken. Bei mündlichen Prüfungen kann ein schlechter Vortrag des Prüflings eine ähnliche Wirkung haben. Um die Genauigkeit der Leistungsfeststellung bei mündlichen Prüfungen zu steigern, kann man die Grundlage dafür zu verbessern versuchen. So kann man mit der Klasse üben, wie man die Antworten in einer mündlichen Prüfung am besten aufbaut, wie man einer Frage entnimmt, welche Antwort erwartet wird und anderes mehr. Diese Fertigkeiten haben mit dem eigentlichen Zweck der Prüfung, nämlich der Leistungsfeststellung, nur am Rande etwas zu tun, können aber das Endergebnis im Sinne des Halo-Effektes positiv oder negativ beeinflussen. Manchmal genügt es, einem Kind eine bessere mündliche Prüfungstechnik beizubringen, um seine Noten zu verbessern. Ohne es zu wollen, hatte der Lehrer oder die Lehrerin den schlechten Vortrag des Kindes mitbeurteilt.

Der „**Welleneffekt**" ist ein Beurteilungsfehler, der damit zusammenhängt, daß menschliche Leistungen – und dazu gehört auch das Beurteilen von Schülerleistungen – von mannigfachen Einflüssen wie Interesse, Ermüdung usw. abhängen. Bei längeren Beurteilungsserien kann man daher feststellen, daß die ersten Beurteilungen eher streng sind, um zunächst besser zu werden und dann wieder strikter zu werden usw.

Hat der Beurteilungsvorgang eine bestimmte Anzahl an positiven Noten ergeben, kann subjektiv der Eindruck entstehen, daß man nun langsam zu milde geworden sei, und es an der Zeit sei, wieder etwas strenger zu werden. Wenn man sehr viele Schularbeiten hintereinander zu beurteilen hat, kann dies zu einer richtigen Wellenbewegung führen, wenn man den Effekt nicht kennt und sich daher auch nicht dagegen zu schützen versucht. Der Welleneffekt ist Betreuern von Eiskunstläufern wohlbekannt: Die Läufer, die als erste laufen, werden am strengsten bewertet, die nächsten zunehmend milder, bis schließlich die Wertungen wieder strenger werden.

Neben diesen allgemeinen Beurteilungsfehlern gibt es **individuelle Beurteilungsbevorzugungen**, die ebenfalls zu fehlerhaften Beurteilungen führen können. Dazu gehört die individuelle Neigung zu Extremurteilen oder im Gegenteil zur Mitte der Notenskala. Es gibt Beurteiler, denen es schwer fällt, schlechte Noten zu geben („Mildefehler") und andere, die grundsätzlich nur schlechte Noten vergeben.

Derartige Tendenzen können ein ganzes Fach betreffen. So kann man beispielsweise feststellen, daß die Noten in Mathematik insgesamt schlechter sind, als die Noten in anderen Fächern. In so einem Fall wäre es empfehlenswert, entweder den Unterricht insgesamt zu verbessern, oder die Notenskala besser auszunützen. Es ist sicher wenig damit gewonnen, den Lernenden insgesamt zu bescheinigen, daß sie mathematisch unbegabt sind.

21.2 Funktionen der Notengebung in der Schule

Die Beurteilungsfehler sind besonders deshalb problematisch, weil die Schulnoten für die gegenwärtige und zukünftige Situation der Schülerinnen und Schüler von großer Bedeutung sind. Es wäre daher wichtig, daß man sich auf ihre Aussagekraft verlassen könnte.

Leistungsbeurteilungen haben mehrere Funktionen:

1. Die **Rückmeldefunktion** für den Lehrer bzw. die Lehrerin: Sind die Noten ein Spiegelbild der tatsächlichen Leistungen der Schüler und Schülerinnen, dann können sie den Lehrenden ein Bild vom Erfolg ihres Unterrichtes vermitteln.
2. Die **Rückmeldefunktion** für den Schüler bzw. die Schülerin: Die Lernenden können sich einen Eindruck von ihren eigenen Leistungen verschaffen, wenn die Noten geeignet sind, diese wiederzuspiegeln.
3. Die **Berichtsfunktion:** Man darf nicht übersehen, daß die Noten eine wichtige Informationsquelle für die Eltern darstellen. Es muß jedoch eindringlich darauf hingewiesen werden, daß Noten oft von den Eltern mißverstanden werden. Eine mündliche oder schriftliche Interpretation ist

daher in den meisten Fällen notwendig, um sie nicht zu falschen Reaktionen zu veranlassen.
So kann es zum Beispiel für einen Legastheniker (Legasthenie = Lese-Rechtschreibschwäche bei normaler oder sogar hoher Intelligenz) eine große Leistung sein, sich von durchschnittlich zwanzig Fehlern pro Schularbeit auf zwölf Fehler verbessert zu haben; trotzdem würde dies für eine positive Note noch nicht ausreichen. Hier ist ein schriftlicher Kommentar unbedingt erforderlich.
Sehr viele Eltern reagieren auf schlechte Noten mit Schimpfen, Strafen, Streichen von Freizeitaktivitäten und ähnlichem. Diese Maßnahmen sind völlig ungeeignet, um mehr Mut und Freude am Lernen zu vermitteln. Überehrgeizige Eltern machen ihren Kindern womöglich Vorwürfe, wenn sie einmal statt eines Einsers „nur" eine Zwei nach Hause bringen. Der Kommunikationsforscher WATZLAWICK (1969) formulierte den Grundsatz: „Man kann nicht **nicht** kommunizieren." Wir können ergänzen: Oft aber werden die Botschaften falsch verstanden. Schulnoten stellen immer eine Nachricht an die Eltern dar. Es ist daher von Bedeutung, sich mit dieser Berichtsfunktion pädagogisch auseinanderzusetzen und dafür zu sorgen, daß die Botschaft den Intentionen des oder der Lehrenden enspricht.

4. Die **Anreizfunktion:** Diese Funktion wird von Lehrenden bei weitem überschätzt, soweit es schlechte Noten betrifft. Die Meinung, eine schlechte Zensur könnte die Lernenden „motivieren", mehr zu leisten, ist, von wenigen Ausnahmen abgesehen, unzutreffend. Eher wirkt sie entmutigend und schafft Resignation.
   Wenn schlechte Noten überhaupt Anreizfunktionen haben, dann haben sie diese nicht für die Schülerinnen und Schüler, sondern eher für die Eltern, die sich veranlaßt sehen, Maßnahmen zu setzen. Da die meisten Eltern keine ausgebildeten Pädagogen sind, kann man davon ausgehen, daß diese nicht immer optimal sein werden. Gute Noten, von denen die Lernenden den Eindruck haben, daß sie sie verdient haben, können natürlich den Lerneifer steigern.
5. Die **Disziplinierungsfunktion:** Die Praxis, Lernende, die sich etwas zu schulden haben kommen lassen, durch schlechte Noten zu „bestrafen", ist rundheraus abzulehnen: **Noten sollen ein Spiegelbild der Leistungen der Lernenden nach einem objektiven Maßstab sein**. Ihr Einsatz als Strafmittel wird zurecht von den Betroffenen als unfaire Maßnahme aufgefaßt. Durch ein solches Vorgehen wird nicht nur die Lernmotivation, sondern auch das Vertrauensverhältnis zu den Lehrenden zerstört.
6. Die **Sozialisierungsfunktion:** Man darf sich jedoch nicht vor der Einsicht verschließen, daß auch gerechte Noten Rückwirkungen auf das Selbstkonzept der Kinder haben, die nicht immer erwünscht sind. Solange es noch

nicht zur Schule geht, ist, um es überspitzt auszudrücken, jedes Kind ein Genie: Jeden Tag lernt es etwas dazu, über das es selbst und seine Eltern sich freuen können.

Erst in der Schule werden Heranwachsende mit verbindlichen Leistungsnormen konfrontiert, die nur zu oft dazu führen, daß Eltern und Kinder in ihren Erfolgserwartungen zurückstecken müssen.

Um diesem Dilemma zu begegnen, sind eine Reihe von Maßnahmen entwickelt worden, wie zum Beispiel die verbale Beurteilung in den Anfangsklassen. Ein bekanntes Unterrichtsmodell ist das „Mastery Learning" („Alle schaffen es") von B. BLOOM (1968).

7. Die **Klassifizierungsfunktion:** Durch unterschiedliche Noten werden Lernende in Bewertungsklassen eingeteilt. Sie können die Grundlage für individuelle Fördermaßnahmen oder die Zuteilung zu unterschiedlichen Leistungsgruppen werden.
8. Die **Selektionsfunktion:** Seit alters her werden Schulnoten für verschiedene schullaufbahnbezogene und berufliche Selektionsaufgaben eingesetzt.
9. Die **Zuteilungsfunktion:** Eine der wichtigsten Funktionen der Noten ist es, Lebenschancen im Sinne von Berechtigungen zu vergeben. Dies gilt besonders in einer Zeit knapper Ressourcen.

   Ende der sechziger Jahre, zur Zeit des Wirtschaftswunders, konnte sich selbst jeder Sonderschüler die gewünschte Lehrstelle aussuchen. In Zeiten der wirtschaftlichen Rezession haben nur jene eine Chance auf dem Arbeitsmarkt, die mindestens einen sehr guten Hauptschulabschluß vorweisen können. In solchen Zeiten gewinnen Noten eine überragende Bedeutung, wobei oft übersehen wird, daß es nicht auf die Note, sondern auf die Kompetenzen des Jugendlichen ankommt. Diese Überlegung gilt auch für die nächste Funktion.
10. Die **Chancenausgleichsfunktion:** Gelegentlich werden Noten nicht zur objektiven Leistungsfeststellung verwendet, sondern als Mittel, um vermutete Benachteiligungen (z. B. durch ein ungünstiges Milieu) oder Vorteile auszugleichen. Paradoxerweise sind es nicht selten gerade „Lehrerkinder", die Ziel einer derartig mißverstandenen „ausgleichenden Gerechtigkeit" werden, weil sich so manche Lehrkraft vorstellt, daß ein solches Kind strenger beurteilt werden müsse, da es ja zu Hause mehr Unterstützung erhält.

    Lehrer und Lehrerinnen sollten sich daher ihrer Verantwortung für das spätere Schicksal der ihnen Anvertrauten bewußt sein und ihren Unterricht so gestalten, daß sie mit vollem Recht gute Zensuren für den hohen Leistungsstand ihrer Schülerinnen und Schüler geben können.

21.3 Objektivität, Reliabilität und Validität

In der Testpsychologie hat man zur Bewertung der Meßeigenschaften eines Testverfahrens drei Kriterien entwickelt, die man mit Vorteil auf die Leistungsbeurteilung in der Schule anwenden kann.

1. **Objektivität:** Eine Benotung ist objektiv, wenn verschiedene Lehrkräfte bei der Beurteilung derselben Schülerleistung zu demselben Ergebnis kommen.
   Nach dem oben Ausgeführten wird es nicht verwundern, daß Untersuchungen ergeben haben, daß Schulnoten nicht objektiv sind. So ließ WEISS (1965) zwei Aufsätze durch 92 Lehrer beurteilen. In beiden Fällen wurden alle Noten von eins bis fünf vergeben (Tabelle 17).

Tab. 17: Aufsatzbeurteilung durch 92 Lehrer

	Notenskala					Aufsatz
	1	2	3	4	5	
% Noten	10 %	18 %	41 %	24 %	7 %	„Nikolaus und Krampus“
	7 %	28 %	39 %	22 %	4 %	„Ein Hund allein auf der Straße“

   Ähnlich aufgebaute Untersuchungen führten immer wieder zu vergleichbaren Ergebnissen: Die Noten für dieselbe Arbeit streuten über die gesamte Notenskala (vgl. ZIEGENSPECK, 1973). Selbst Mathematikschularbeiten sind davon nicht ausgenommen, da der Lösungsansatz und die tatsächliche Rechnung unterschiedlich gewichtet werden können. Schulnoten können daher nicht als objektiv angesehen werden.

2. **Die Reliabilität (Zuverlässigkeit)**: In der Testpsychologie bezeichnet die Reliabilität die Eigenschaft eines Meßinstrumentes, sich während des Meßvorganges nicht zu verändern.
   Niemand würde z. B. mit einem Gummiband seine Taillenweite feststellen. Der oben besprochene Welleneffekt läßt bereits erwarten, daß es um die Zuverlässigkeit von Schulnoten schlecht bestellt ist. Auch hierzu wurden Untersuchungen angestellt.
   Bereits 1930 ließ EELLS 61 Lehrer je drei Biologiearbeiten und zwei Geschichtsarbeiten beurteilen und nach 11 Wochen wieder bewerten. Die Korrelationen zwischen den beiden Bewertungsvorgängen waren keineswegs

1,0 (wie dies bei einer perfekten Übereinstimmung hätte sein müssen), sondern lagen viel niedriger (zwischen .25 und .51).
Ähnlich enttäuschend waren die Ergebnisse einer Untersuchung von DICKER (1973). Er ließ eine Mathematikarbeit von 24 Hauptschullehrern nach drei Monaten erneut bewerten. Nur acht Lehrer gaben beim zweiten Mal dieselbe Note.

3. **Validität (Gültigkeit)**: Unter Gültigkeit versteht man die Forderung, daß ein Test oder eine Benotung wirklich das mißt, was gemessen werden soll. So simpel diese Forderung klingt, ist sie gar nicht so leicht zu erfüllen. In der ersten deutschen Version des bekannten Intelligenztests für Erwachsene (HAWIE) kam im Untertest „Gemeinsamkeiten finden" die Frage vor: „Was ist das Gemeinsame von Luft und Wasser?" Überraschenderweise wurde neben anderen Antworten als „gute Antwort" die Aussage akzeptiert: „Elemente". Derartige Konstruktionsfehler können die Gültigkeit beeinträchtigen, da es heute wohl kaum mehr ein Intelligenzzeichen ist, Luft und Wasser für Elemente zu halten.

Manche Lateinschularbeiten „messen" vor allem die Fähigkeit, geschickt im „Schmierer" zu lesen, als die tatsächlichen Lateinkenntnisse. Mündliche Prüfungen sind oft eher ein Test der Angstfreiheit, als eine objektive Leistungsfeststellung. Manche Lehrkräfte sind der Meinung, daß ein „sehr gut" nur jemand verdient, der etwas weiß, was er oder sie nicht in der Schule gelernt hat. Sie glauben damit so etwas wie „Interesse an der Sache" mitzuerfassen. Durch eine solche Praxis spiegelt die Note nicht mehr den tatsächlichen Zusammenhang zwischen Schulunterricht und Lernergebnis wieder.

Die Gültigkeit eines Verfahrens muß daher immer durch ein **Kriterium** nachgewiesen werden. So können Lehrende ihre eigene Beurteilungspraxis gelegentlich überprüfen, indem sie einen objektiven Schulleistungstest durchführen, der es gestattet, die Leistungen der Klasse mit einer Normpopulation zu vergleichen. Es muß allerdings gesichert sein, daß die Schüler und Schülerinnen Gelegenheit hatten, den Stoff im Unterricht zu lernen. Manchmal kann man dabei Überraschungen erleben, und zwar nach beiden Seiten: Man stellt fest, daß die Klasse weit besser, gelegentlich aber auch, daß sie in ihrer Leistung schlechter ist, als man gedacht hat. Eine andere Praxis der Überprüfung der Passung zwischen Unterricht und Prüfverfahren und damit Verbesserung der Gültigkeit der Benotung ist die Probeschularbeit oder die Probeprüfung, die nicht benotet wird, sondern vor allem dem Zweck dient, festzustellen, ob die Prüfmethode geeignet ist, den Kenntnisstand zu erfassen. (Natürlich wird man bei dieser Gelegenheit auch auf Kenntnislücken – die gar nicht so selten Unterrichtslücken sind – aufmerksam gemacht.)

Eine spezielle Variante der Gültigkeit ist die **Vorhersagegültigkeit**. Wenn eine Note geeignet ist, späteren Lernerfolg vorherzusagen, dann muß es einen hohen Zusammenhang zwischen der augenblicklichen Note eines Kindes und späteren Noten geben. Dies ist ebenso oft der Fall, wie es Ausnahmen von dieser Regel gibt.

In verschiedenen Untersuchungen konnte gezeigt werden, daß die Grundschulzeugnisse die Leistungen in der höheren Schule nicht in ausreichendem Maße vorhersagen. Die Anforderungen der beiden Schultypen sind nämlich so unterschiedlich, daß Veränderungen des Leistungsniveaus recht häufig sind. Kinder, die gerne auswendig lernen, haben es in der Grundschule leicht. Sie sind überrascht, wenn diese Technik ihnen in der weiterführenden Schule nicht mehr so viel Erfolg bringt, weil eigenständiges Denken verlangt wird. Aber auch sehr intelligente Kinder, die in der Volksschule überhaupt nicht lernen mußten, da ihnen alles zuflog, können in der weiterführenden Schule Schwierigkeiten bekommen, da sie nicht an regelmäßige Lernarbeit gewöhnt sind. Auf der anderen Seite können die Zuweisungsnoten der Grundschule aus diesen Gründen auch zu schlecht ausfallen, wenn die Grundschullehrerinnen und -lehrer diese Effekte kompensieren wollen. ROLLETT (1983) untersuchte die langfristige Prognosegenauigkeit der Schulnoten und des darauf aufbauenden Urteile der Grundschule bei 176 Jugendlichen der 9. Schulstufe der Gesamtschule. 3,4 % der Schüler und Schülerinnen waren zu gut, aber 19,3 % zu schlecht eingestuft worden.

Wie die Beispiele zeigen, sind Zensuren als Prognoseinstrument späterer Leistungen nur sehr eingeschränkt verwendbar. Es ist sicher erfreulich, wenn ein Kind gute Schulnoten hat. Diese sind aber keine Garantie für späteren Lebenserfolg, genausowenig wie schlechte Noten bedeuten müssen, daß jemand im Leben nicht zurechtkommen wird. Für manches Kind ist daher die Tatsache ein Trost, daß Einstein ein Abschlußzeugnis mit lauter Vierern aufwies (was auch in der Schweiz eine gerade noch genügende Leistung bezeichnet).

21.4 Bezugssysteme der Notenermittlung

Empirische Untersuchungen haben gezeigt, daß in der Schule im wesentlichen drei Systeme der Notenermittlung verwendet werden.

21.4.1 Die normorientierte Beurteilung

Bei der normorientierten Bewertung wird nach einem sozialen Bezugssystem, nämlich dem Leistungsstand der jeweiligen Schulklasse, vorgegangen. Nach dem bereits Ausgeführten ist klar, daß eine solche Bewertung zu ungerechten Benotungen führen muß: Im Extremfall könnte der beste Schüler einer schlechten Klasse der schlechteste Schüler einer guten Klasse sein. Eltern eines Kindes mit schwächeren Leistungen könnte in einem solchen System nur geraten werden, das Kind in eine möglichst schlechte Klasse zu stecken. Dort würde es zwar wenig lernen, hätte aber gute Noten. Das Beispiel zeigt, welche absurden Konsequenzen das normorientierte Bewertungssystem hat.

Besonders nachteilig wirkt es sich aus, wenn die Lehrenden die Noten außerdem nach festen Quoten vergeben. In so einem Fall legt der Lehrer oder die Lehrerin vorher fest, wie viele Einser, Zweier, Dreier, Vierer und Fünfer vergeben werden. Sie bringen dann die Schularbeiten in eine Rangordnung vom besten bis zum schlechtesten Ergebnis und vergeben genauso viele Einser usw. wie sie sich vorher vorgenommen haben.

In so einem System können die Kinder so viel lernen, wie sie wollen, sie erreichen nur, daß der Standard steigt, aber nicht, daß mehr gute Noten vergeben werden. Aus diesem Grund hat dieses Bewertungssystem sehr negative Auswirkungen auf die Leistungsmotivation. Eine ganze Reihe von Schülerinnen und Schülern resignieren vorzeitig, zwischen den anderen entbrennt ein gnadenloser Konkurrenzkampf um die wenigen guten Noten. Keiner hilft dem anderen, denn dies würde ja nur dazu führen, daß der andere einem den begehrten Einser wegschnappt.

Anschaulich wurde dies in einem Versuch demonstriert, bei dem den schlechtesten Mathematikschülern einer zweiten Grundschulklasse Nachhilfeunterricht gegeben wurde. Er war sehr erfolgreich, so daß die Betreffenden anschließend Vierer oder sogar Dreier bekamen. Wer aber erwartet hätte, daß nunmehr in dieser Klasse keine Fünfer mehr vergeben würden, sah sich enttäuscht. Die Kinder, die bisher einen sicheren Vierer hatten, wurden nun plötzlich zu Fünferkandidaten gestempelt.

Wie man sieht, erzeugt dieses System der Bewertung immer Gewinner und Verlierer. Als scheinbar wissenschaftlich abgesichertes System wird es dennoch gelegentlich von „Experten" empfohlen, und zwar in der Form, daß sie verlangen, daß die Schulnoten nach dem Modell der Gauß'schen Glockenkurve vergeben werden. Dies ist schon deshalb unsinnig, da Schulklassen keine Zufallsstichprobe darstellen. Vereinfacht dargestellt, gibt es bei diesem System viele mittlere und wenige sehr gute bzw. sehr schlechte Noten. Es handelt sich um das normorientierte Bezugssystem in anderem Gewand und ist daher ebenfalls abzulehnen.

21.4.2 Das kriterienbezogene Beurteilungssystem

Die Zwecke eines Beurteilungsvorganges, der die tatsächlichen Leistungen wiederzuspiegeln vermag, werden weit besser durch das kriterienbezogene Bewertungssystem erreicht. Dazu ist es notwendig, nach den von MAGER

(1962) entwickelten Richtlinien (vgl. dazu den entsprechenden Abschnitt in diesem Text) Kriterien für die Leistung, die festgestellt werden soll, zu entwickeln.

Die schlechten Ergebnisse hinsichtlich der Objektivität und Zuverlässigkeit von Schulnoten gehen zu einem Großteil darauf zurück, daß keine klaren Vorstellungen über die zu beurteilenden Aspekte der Leistung entwickelt wurden: Wenn der eine Mathematiker eine Rechnung zumindest als halb richtig bewertet, wenn wenigstens der Ansatz stimmt, der andere aber verlangt, daß kein einziger Fehler vorkommen darf, dann muß man sich nicht wundern, wenn unterschiedliche Noten herauskommen. Ansichten darüber, was ein schwerer und was ein leichter Fehler ist, gehen sehr weit auseinander. Man sollte daher vor einer Schularbeit oder Prüfung die Kriterien der Leistungsfeststellung genau festlegen.

Eine zweite, wichtige Voraussetzung ist die Festlegung der Übersetzung der erzielten Gutpunkte und Fehlerpunkte in Noten. Auch dies muß vor der Prüfung geschehen, damit man nicht in Versuchung kommt, die Ergebnisse im Nachhinein zu korrigieren. (Diese ist besonders groß, wenn die Arbeit so schlecht ausgefallen ist, daß man sie wiederholen muß. Im Interesse der Schüler und Schülerinnen sollte man ihnen diese Chance, einen unzureichend erarbeiteten Stoff noch einmal durchzugehen, nicht nehmen, zumal sie vom Gesetzgeber vorgesehen ist.)

Wie leicht eigene Vorurteile eine Benotung in ungerechter Weise verändern können, wenn man sich nicht an diese Regeln hält, zeigt folgendes Beispiel: In einem schriftlichen Physiktest wurden sieben Fragen gestellt. Eine Schülerin löste davon fünf Fragen richtig. Sie erhielt die Note „Fünf". Als Erklärung gab der Lehrer folgende Begründung: Alle Fragen, die sie gekonnt hatte, hätte er mit einem Punkt bewertet; alle Fragen, die sie nicht gekonnt hatte, hätte er mit vier Punkten bewertet: 4 + 4 = 8, sie hätte von 13 möglichen daher nur 5 Punkte erzielt. Für diese schlechte Leistung hätte er ihr nur einen Fünfer geben können. Er ließ auch die Einsicht in die Arbeiten der anderen Schüler und Schülerinnen nicht zu. Gespräche in der Klasse hatten jedoch ergeben, daß die „Punktebewertung" bei allen höchst willkürlich gehandhabt worden war.

Sicher ist nichts dagegen einzuwenden, daß Fragen unterschiedlich gewichtet werden, doch muß dies für alle Lernenden in der gleichen Weise geschehen. Es ist außerdem unumgänglich notwendig, diese Gewichtungen auf dem Testblatt zu vermerken, damit sich die Schüler und Schülerinnen die Arbeit entsprechend einteilen können.

Vorher festgelegte, kriterienbezogene Bewertungsmaßstäbe haben den Vorteil, daß sie den Beurteilenden helfen, sich an einem absoluten Maßstab zu orientieren. Wer die Kriterien erfüllt und damit das Lehrziel erreicht hat, kann sicher sein, die dafür vorher festgesetzte Note zu erhalten. Natürlich kann es dabei vorkommen, daß alle Schüler und Schülerinnen einer Klasse eine gute Note bekommen, weil sie das Verlangte beherrschen – eine Vorstellung, die manche Pädagogen mit Schrecken erfüllt, die sich an das normorientierte Bezugssystem gewöhnt haben. Sie argumentieren dann, daß die Arbeit „zu leicht" gewesen sei, statt einzusehen, daß die Lehrkraft gute Arbeit geleistet und es verstanden hat, ihren Schülern und Schülerinnen wirklich etwas beizubringen. Selbstverständlich sieht daher das Mastery-Learning-Konzept vor, daß kriterienbezogen beurteilt wird.

21.4.3 Das individuelle Bewertungssystem

In manchen Fächern ist es möglich, mit Vorteil ein drittes Bewertungssystem einzusetzen. Beim kriterienbezogenen Bewertungssystem wurden alle Schüler und Schülerinnen nach demselben Maßstab beurteilt. Nun gibt es Fächer, bei denen Begabungen sehr stark streuen: Musik, bildnerische Erziehung, Turnen. Ein Ziel des Turnunterrichtes ist es zum Beispiel, den Schülerinnen und Schülern die Freude an der Bewegung zu vermitteln, ganz gleich, auf welchem Niveau sich ihre Leistung befindet. Natürlich wird sich jede Lehrkraft freuen, wenn sie einen potentiellen Hochleistungssportler unter ihren Schülern hat. Wenn man die Leistung dieses Kindes jedoch zur Norm für den „Einser" macht, müssen alle anderen verzweifeln. Es ist daher vernünftig, die Notengebung individuell aufzubauen.

Es wird zunächst die Ausgangslage in einem bestimmten Bereich, der zu bewerten ist, für jedes Kind festgestellt. In der Psychotherapieforschung nennt man dies die „Grundrate" oder „Baseline". Für Verbesserungen der individuellen Ausgangsleistung werden Gutpunkte vergeben, die dann zu einer guten Note führen. Natürlich muß man diese Vorgangsweise den Schülerinnen und Schülern erklären, damit sie einsehen, weshalb jemand für eine, absolut gesehen, nicht besonders gute Leistung eine gute Note bekommt. Eine weitere selbstverständliche Maßnahme ist, daß Kinder, die bereits die Maximalleistung zeigen, also nichts mehr dazulernen können, ebenfalls sehr gute Noten bekommen (Berücksichtigung des sog. „Deckeneffekts").

Dieses Vorgehen ist in der Volksschule ganz allgemein sehr empfehlenswert. Im Laufe von vier Jahren kann so gut wie jedes Kind Lesen, Schreiben und Rechnen lernen. Verlangt man diese Leistungen jedoch innerhalb von 2 Jahren, dann ergeben sich die üblichen Leistungsstreuungen und die damit verbundenen, negativen Auswirkungen auf die Leistungsmotivation.

Die Art der Benotung hat einen maßgeblichen Einfluß auf die Persönlichkeitsentwicklung von Kindern. Dies sollte ein Anlaß sein, sich mit diesem Problem intensiv auseinanderzusetzen und optimale Möglichkeiten der Leistungskontrolle zu verwirklichen.

21.4.4 Schriftliche und mündliche Prüfungen

Bei Prüfungen kommt es darauf an, die Beherrschung eines bestimmten Lernstoffes zu dokumentieren. Eine gute Prüfung muß daher das Stoffgebiet, für das sie entwickelt wurde, **angemessen repräsentieren.** Es sollte nicht vorkommen, daß ein Teilgebiet sehr genau, ein anderes dafür überhaupt nicht abgefragt wird. Eine weitere, sehr wichtige Bedingung ist, daß der Prüfling auch Gelegenheit gehabt haben muß, sich mit dem Stoff vertraut zu machen: Es sollten nur Inhalte geprüft werden, die entweder im Unterricht erarbeitet wurden, oder für welche Unterlagen bzw. Bücher für das Selbststudium angegeben wurden.

Die erste Entscheidung, die der oder die Lehrende zu treffen hat, betrifft die Frage, ob die Prüfung mündlich oder schriftlich erfolgen soll.

Der Vorteil der mündlichen Prüfung besteht darin, daß es möglich ist, die Prüfungsfragen individuell an den Prüfling anzupassen. Wurde die Frage nicht ausreichend beantwortet oder mißverstanden, können weitere Fragen den Sachverhalt klären. Der Prüfling erhält auf diese Weise die Chance einer richtigen Antwort. Er oder sie hat außerdem die Möglichkeit, bei Verständnisschwierigkeiten selbst rückzufragen, ob die Prüfungsfrage richtig verstanden wurde.

Wenn es die Prüfenden verstehen, eine Atmosphäre der Akzeptanz zu gestalten, ist die mündliche Prüfung für Prüfungsängstliche günstiger. Im anderen Fall, wenn nämlich in aggressivem Ton gefragt wird, wenig Hilfen gegeben oder herabsetzende Bemerkungen gemacht werden, spricht alles für die schriftliche Prüfung.

Mündliche Prüfungen sind daher sicher subjektiver als schriftliche Prüfungen. Auch die bekannten Beurteilungsfehler wirken sich in der Regel stärker bei mündlichen Prüfungen aus.

Der entscheidende Vorteil der schriftlichen Prüfungsform ist ihre größere Objektivität. Dazu kommt, daß man die formalen Testgütekriterien (Objektivität, Reliabilität und Validität) der Prüfung insgesamt sowie die Trennschärfen und die Schwierigkeiten der einzelnen Testaufgaben nach Abschluß der Prüfung berechnen und auf diese Weise eine kritische Kontrolle der Brauchbarkeit der Prüfungsfragen vornehmen kann. Allerdings bedeutet dies einen relativ hohen Zeitaufwand.

Bei schriftlichen Prüfungsfragen unterscheidet man mehrere Typen:

21.4.4.1 Die Aufsatzform

Bei diesem Typus wurde eine oder mehrere, umfassende Fragestellungen vorgegeben, die entweder alle zu beantworten sind oder aus denen der Prüfling eine Auswahl treffen kann. Im letzteren Fall ist es notwendig, dafür zu sorgen, daß die Fragen ungefähr gleich schwierig sind bzw. ein gleich umfassendes Gebiet abdecken. Bei der Formulierung der Fragen sollte man außerdem überprüfen, ob sie verständlich ist und alle Gesichtspunkte enthält, die der oder die Prüfende sich als Antwort erwartet.

Beispiel:
Die Bedeutung der individuellen Ausprägung der Leistungsmotivation für die Entwicklung eines positiven Selbstkonzepts.

Erwartet der oder die Prüfende, daß sowohl die Entwicklung der Leistungsmotivation als auch die des Selbstkonzepts in der Fragenbeantwortung abgehandelt wird, dann müßte die Frage entsprechend ergänzt werden.

Die Auswertung kann erheblich objektiver gestaltet werden, wenn sie nach einem festgelegten, vorher ausgearbeiteten Kriterienraster erfolgt. Fehler und Ungerechtigkeiten in der Bewertung lassen sich so reduzieren.

Die Aufsatzform stellte eine „offene" Beantwortung dar. Sie ist damit flexibler und gibt den Kandidaten und Kandidatinnen mehr Chancen, ihr Wissen zu zeigen. Auf der anderen Seite ist die Vergleichbarkeit der Prüfungsleistungen damit natürlich eingeschränkt.

21.4.4.2 Der Kurzaufsatz

Der Kurzaufsatz stellt ebenfalls eine offene Beantwortungsform dar, wenn auch die Antwortmöglichkeiten bereits durch die Einschränkungen der Formulierung und den vorgegebenen Platz eingegrenzt sind. Die Vergleichbarkeit ist daher eher gesichert; andererseits sind gute, aber ungewöhnliche Antworten weniger wahrscheinlich. Zur Verbesserung der Objektivität müssen Auswertungskriterien vorgegeben werden.

1. Beispiel:
Nennen Sie die fünf Bedingungen leistungsmotivierten Verhaltens nach HECKHAUSEN.

Die Kurzaufsatzform ermöglicht es, den Schwierigkeitsgrad der Frage durch die Wahl der Formulierung entweder zu erhöhen oder zu senken. Will man die oben angegebene Frage schwieriger gestalten, läßt man z. B. die Zahl fünf weg. Möchte man sie leichter machen, könnte man sie z. B. wie folgt formulieren: Nennen Sie drei der fünf Bedingungen leistungsmotivierten Verhaltens nach HECKHAUSEN.

Das Kriterienraster für die Auswertung könnte im ersten Fall z. B. vorsehen, daß die korrekte Nennung aller fünf Bedingungen zwei Punkte ergibt, die

Nennung von vier Bedingungen einen und jene von drei einen halben Punkt wert ist. Selbstverständlich kann man sich auch für andere Punktbewertungen entscheiden.

2. Beispiel:
Welches Ergebnis erbrachte die Untersuchung von TRUDEWIND zum Einfluß des Benotungssystems auf die Entwicklung der individuellen Ausprägungen des Leistungsmotivs bei Grundschülern und -schülerinnen?

Mögliche Auswertungskriterien: Richtige Beschreibung des Zusammenhanges von individueller Bezugsnorm der Lehrenden und Entwicklung von Hoffnung auf Erfolg bei niedrigen Werten für Prüfungsangst und Anstrengungsvermeidung = 1 Punkt.

Richtige Beschreibung des Zusammenhangs von sozialer Bezugsnorm der Lehrenden und Entwicklung von Furcht vor Mißerfolg, Prüfungsangst und Anstrengungsvermeidung = 1 Punkt.

Insgesamt erreichbare Punktezahl: 2.

Die weiteren im folgenden Text besprochenen Antwortformen stellen verschiedene Versionen gebundener Aufgabenbeantwortung dar:

21.4.4.3 Lückentexte

Bei dieser Aufgabenform wird ein Text vorgegeben, in dem eine oder mehrere Lücken ausgespart sind, die vom Prüfling auszufüllen sind. In gewissen Grenzen bedeutet dies noch immer, daß individuelle Formulierungen möglich sind. Je eindeutiger die Frage formuliert ist, desto sicherer läßt sich das Spektrum möglicher Antworten einschränken. Im Idealfall sollten nur jene Wörter gewählt werden können, die der richtigen Antwort entsprechen. Ist man an originellen Beantwortungen interessiert, sollte man besser die Kurzaufsatzform wählen.

Beispiel:
Der Begründer der Genfer Schule der Entwicklungspsychologie war …
(Antwort: PIAGET)

21.4.4.4 Richtig-Falsch-Antworten

Richtig-Falsch-Antworten eignen sich nur für solche Fälle, in denen es tatsächlich eindeutig richtige Aussagen gibt. Einschränkende Bemerkungen

(„meistens“, „gewöhnlich“, „selten“, etc.) dürfen daher nicht verwendet werden.

Beispiel:
Das Geschlecht des Kindes wird durch den Vater bestimmt.
❍ richtig
❍ falsch

Der Nachteil der Richtig-Falsch-Antworten besteht in der hohen Zufallstrefferrate bei der Beantwortung: Durch Ankreuzen einer der Alternativen hat man eine 50 %ige Chance, das Richtige zu treffen, auch wenn man die Antwort nicht weiß.
Richtig-Falsch-Antworten lassen sich jedoch mit Kurzaufsatzformen kombinieren und stellen dann eine interessante Variante dar, die eine persönliche Stellungnahme provoziert.

Beispiel:
„Die gesunde Ohrfeige macht krank“
❍ richtig
❍ falsch
Begründen Sie Ihre Entscheidung: ....

21.4.4.5 Zuordnungsaufgaben

Bei den Zuordnungsaufgaben wird der Prüfling aufgefordert, die Elemente einer Menge A entsprechenden Elementen einer Menge B zuzuordnen.

Beispiel:
Ordnen Sie die korrekten Definitionen den Begriffen zu, indem sie die richtige Ordnungszahl in den Kreis schreiben:

1. Objektivität	❍ prüft, ob der Test mißt, was er messen soll
2. Reliabilität	❍ prüft, ob die Testauswertung von den Beurteilenden unabhängig ist
3. Validität	❍ prüft die Zuverlässigkeit des Meßinstruments

21.4.4.6 Auswahlantworten (Mehrfachantworten, Multiple-Choice-Antworten)

Bei den Auswahlantworten sind mehrere Untergruppen zu unterscheiden: Die direkte Frage, die unvollständige Aussage und die Anweisung zur Auswahl.

Es ist außerdem möglich, entweder nur **eine** richtige Antwort vorzusehen, oder **mehrere** richtige Antworten einzubauen, die anzukreuzen sind. Für alle Auswahlantwortformen gilt, daß die Ratewahrscheinlichkeit umso geringer wird, je mehr plausible, aber falsche Antwortalternativen (sogenannte „Distraktoren“) vorgegeben werden.

1. Auswahlantworten bei direkter Fragestellung
Bei diesem Typus wird eine direkte Frage gestellt. Die Antwort ist aus einer Liste möglicher Antworten durch Ankreuzen der richtigen Alternative auszuwählen.

Beispiel:
Wie heißt die Hauptstadt von Italien?
❍ Rom
❍ Mantua
❍ Pisa
❍ Triest

2. Auswahlantwort als unvollständige Aussage
Bei diesem Typus wird eine Aussage gemacht, die vervollständigt werden soll.

Beispiel:
Die Hauptstadt von Italien ist
❍ Pisa
❍ Mantua
❍ Rom
❍ Triest

3. Auswahlantwort als Anweisung zur Auswahl
Eine weitere Formulierungsmöglichkeit von Auswahlantworten stellt die „Anweisung zur Auswahl“ dar.

Beispiel:
Kreuze die Hauptstadt Italiens an
❍ Pisa
❍ Rom
❍ Mantua
❍ Triest

Bei allen diesen Beispielen beträgt die Ratewahrscheinlichkeit 1/4, da jeweils vier Alternativen angegeben sind. Will man die Ratewahrscheinlichkeit weiter einschränken, müssen mehr Alternativen angegeben werden.

21.4.4.6.1 Einige Regeln zur Konstruktion von Auswahlantworten

Bei der Konstruktion von Prüfungsfragen als Auswahlantworten sind bestimmte Regeln zu beachten, um eine Verfälschung der Aussagekraft der Antworten zu vermeiden:
- Die richtige Antwort muß immer in einer **anderen Position** der Liste der anzukreuzenden Alternativen stehen.
- Jede Alternative muß für den Prüfling, der nichts gelernt hat, **gleich plausibel** erscheinen.
- Es dürfen **keine ungewollten Hinweise** für die richtige Beantwortung in der Formulierung der Distraktoren vorkommen: Die richtige Antwort darf weder auffällig länger oder kürzer als die anderen Alternativen sein; sie soll weder anspruchsvoller noch einfacher formuliert sein.
- Bei der Konstruktion der Aufgabe sollte man berücksichtigen, daß **negative Formulierungen erheblich** schwerer sind, als positive Formulierungen.

1. Beispiel:
Bei welchem der folgenden Beispiele handelt es sich um operationalisierte Lehrziele?
❍ bekannte Volkslieder in drei verschiedene Tonarten transponieren können, wenn der erste Ton auf dem Klavier vorgespielt wird;
❍ Querverbindungen zwischen Geschichte und Literatur zur Zeit des „Biedermeier" erklären können;
❍ einen Topflappen aus Baumwollgarn samt Randverzierung fehlerfrei häkeln können;
❍ unterschiedliche Konfliktsituationen meistern können;
❍ den Pythagoreischen Lehrsatz auf zwei verschiedenen Wegen beweisen können,
❍ ohne Hilfestellung den „Fenstersturz" auf den Ringen im Turnsaal durchführen können;
❍ den Einfluß der deutschen Klassik auf die Weltliteratur würdigen können.

2. Beispiel:

Welche Angaben sind **falsch**?

Der Programmierte Unterricht wurde von folgenden Wissenschaftlern entwickelt:

❍ Crowder
❍ Bandura
❍ Rorschach
❍ Skinner
❍ Piaget
❍ Bowlby
❍ Thorndike

Falls man eine negative Formulierung wählt, sollte man das Wort „nicht" oder „falsch" unterstreichen, um es besonders hervorzuheben.

Doppelte Verneinungen sind zu vermeiden, da man in diesem Fall nicht nur den sachlichen Inhalt abprüft, sondern die grammatische Kompetenz der Prüflinge. Dies bedeutet eine Einschränkung der Validität der Prüfungsfrage.

Sind mehrere richtige Antworten aus einer Gruppe von Alternativen zu wählen, müssen ebenfalls einige Regeln beachtet werden:

So ist festzulegen, ob den Prüflingen mitgeteilt wird, wieviele richtige Alternativen gefunden werden müssen, ob man sich darauf beschränkt, sie zu informieren, daß es sich um eine Mehrfachwahlaufgabe handelt oder auch diese Information zurückhält. Je nachdem, wie man sich entscheidet, wird die Schwierigkeit der Prüfung erhöht oder verringert.

Beispiel:

Welche Bereiche werden in der Lehrzieltaxonomie von Bloom behandelt?

❍ sozialer Bereich
❍ affektiver Bereich
❍ psychomotorischer Bereich
❍ kreativer Bereich
❍ motivationsgesteuerter Bereich
❍ kognitiver Bereich

Aus der Fragestellung geht bereits hervor, daß mehrere Ankreuzungen notwendig sind, da die Formulierung „Bereiche" gewählt wurde. Wenn man es für zweckmäßig hält, könnte man die Frage weiter erleichtern, indem man angibt, daß drei Ankreuzungen vorzunehmen sind.

Bei Mehrfachwahlantworten müssen außerdem einige zusätzliche Überlegungen zur Punktbewertung angestellt werden: Es ist einleuchtend, daß kein Punkt vergeben wird, wenn jemand alle Alternativen ankreuzt, obwohl er damit auch die drei richtigen Antworten angestrichen hat. Man kann sich nun so helfen, daß nur die korrekte Ankreuzung aller drei richtigen Alternativen mit einem Punkt belohnt wird.

Will man für eine teilweise korrekte Lösung einen halben Punkt vergeben, kann man z. B. folgende Strategie wählen:

Zwei richtige Ankreuzungen = 1/2 Punkt.

Drei richtig angekreuzte Alternativen, aber zusätzlich eine falsche = 1/2 Punkt.

Nach diesem Muster lassen sich für jede Anzahl und jede Kombination richtiger und falscher Alternativen Punktbewertungen festlegen.

Selbstverständlich ist es möglich, Prüfungsfragen insgesamt unterschiedlich zu gewichten, wenn sie vom Anspruch her sehr verschieden sind. Man sollte dies allerdings den Prüflingen mitteilen, da diese sich dann entscheiden können, ob sie mehr Zeit für eine schwierige Frage, die mehr Punkte bringt, aufwenden wollen, oder lieber viele leichte Fragen bearbeiten möchten.

21.4.5 Lehrziele und Prüfungsfragen

Im idealen Fall sollten Prüfungsfragen ein Spiegelbild der Lehrziele darstellen, die durch den Unterricht vermittelt werden sollten. In der Praxis ist dies jedoch nicht immer der Fall. Der wichtige Grund dafür ist der folgende: Reine Wissensfragen (d. h. Fragen nach Fachausdrücken, Namen, Daten, Einteilungsgesichtspunkten, Definitionen etc.) sind erheblich leichter zu konstruieren und zu bewerten. Dies gilt in gleicher Weise für mündliche wie für schriftliche Prüfungen. Man hat gelegentlich den Eindruck, daß sich manche längst überholte Inhalte oder didaktische Konzeptionen nur deshalb halten, weil sie attraktive Prüfungsfragen ermöglichen. Dies gilt z. B. für die alten, empirisch nicht geprüften „Phasenlehren“ in der Entwicklungspsychologie, die klassische Lehre von den vier Temperamenten oder auch das Abfragen von Jahreszahlen im Geschichtsunterricht.

Auch die Lernenden erkennen in der Regel bald, welche Fragen in der Prüfung zu erwarten sind und beschränken sich bei ihren Lernbemühungen auf die betreffenden Inhalte. Der Unterricht kann noch so hochstufig gewesen sein – wenn in der Prüfung reines Faktenwissen abgefragt wird, sind dies die Inhalte, die gelernt werden. In der Praxis kann man dem vorbeugen, indem man die Prüfungsfragen entwickelt, bevor man den Unterricht selbst plant und ausarbeitet, um auf diese Weise zu verhindern, daß man ungewollt eine Verschiebung der Schwerpunktsetzung vornimmt.

Sicher ist es notwendig, auch Basiswissen abzufragen, wo es aktuell und für das Verständnis des Sachbereiches erforderlich ist. Dies darf jedoch nicht bedeuten, daß die anspruchsvolleren Lehrziele in der Prüfung zu kurz kommen.

Leider gilt, daß gute Prüfungsfragen, mit deren Hilfe Lehrziele, wie z. B. Verständnis, Anwendung von Wissen, Bewertungen, kreative Weiterentwicklungen, selbständige Beurteilung von Sachverhalten u. ä. abgeprüft werden können, wesentlich schwieriger zu entwickeln sind. Bei derartigen Fragen wird Wissen vorausgesetzt; die eigentliche Leistung besteht aber darin, daß man mit Hilfe dieser Kenntnisse anspruchsvollere Probleme löst.

Beispiel:
Zwei kleine Gläser A und A 1, gleich groß und von gleicher Form, werden mit einer gleichen Anzahl von Perlen gefüllt; dadurch, daß das Kind die Gläser selbst füllt – es legt jeweils gleichzeitig in beide Gläser eine Perle – weiß es um die Äquivalenz der Perlenanzahl. Danach wird der Inhalt des einen Glases A 1 in ein anderes Glas B von verschiedener Form geschüttet, während A als Beweisstück unverändert bleibt. Das Kind behauptet nun, daß sich die Anzahl der Perlen verändert habe.

A) Dieses Kind befindet sich in der
   - ❍ sensumotorischen
   - ❍ vorbegrifflich-symbolischen
   - ❍ anschaulichen
   - ❍ konkret-logischen
   - ❍ formal-logischen

   } Phase

B) Welche entwicklungspsychologischen Gesetzlichkeiten sind dafür verantwortlich, daß sich das Kind für seine Antwort entscheidet?

   ....

C) Entwickeln Sie selbst einen Vorschlag für eine weitere Versuchsanordnung zur Untersuchung des oben dargestellten Sachverhaltes:

   ....

21.4.6 Informelle Tests

Falls man die schriftliche Prüfung anschließend einer Testanalyse unterzieht, d. h. die Testgütekriterien, die Trennschärfe und Schwierigkeit der Items und eventuell für einen bestimmten, eingeschränkten Benutzerkreis geltende Normen berechnet, bezeichnet man sie als „informellen Test". In den siebziger Jahren meinte man, das Prüfungswesen erheblich verbessern und objektivieren zu können, indem man Lehrer und Lehrerinnen ermutigte, informelle Tests für ihren Unterricht zu konstruieren. Obwohl dies tatsächlich von Vorteil ist und ein zusätzlicher Gewinn darin besteht, daß den Lehrenden durch die Entwicklung informeller Tests die Anforderungen, die sie an ihre Schüler und Schülerinnen stellen, bewußter wird, haben sich die informellen Tests nicht allgemein durchsetzen können, da der damit verbundene Arbeitsaufwand sich als zu groß erwies. Informelle Tests werden jedoch nach wie vor mit Gewinn zur Objektivierung universitärer Prüfungen (vor allem im US-amerikanischen Raum, aber auch in der Medizinerausbildung in der Deutschland) oder im Bereich des computerunterstützten Unterrichts zur Selbstevaluation eingesetzt.

22. Curricularer Aufbau und Evaluation im Rahmen des Mastery-Learning

Das Konzept des zielerreichenden Lernens (Mastery Learning, Bewältigungslernen) von B. S. BLOOM (1968) geht davon aus, daß der Unterricht im Idealfall die vollständige Beherrschung des im Lehrplan festgelegten Lehrstoffes durch die gesamte Lerngruppe zum Ziel hat, wobei natürlich vorausgesetzt wird, daß es sich nicht um seltene Spitzenleistungen, z. B. im Hochleistungssport, handelt, die nur von wenigen erreicht werden können. Die curricularen und unterrichtlichen Voraussetzungen dazu müssen im Rahmen eines sorgfältig geplanten Programms geschaffen werden, dessen Durchführbarkeit an ein System von diagnostischen Informationen gebunden ist. Sie werden an mehreren Stellen des Programms erhoben. Auf diese Weise ist es möglich, den Unterricht optimal an die individuellen Lernenden anzupassen.

22.1 Planung eines kompetenzorientierten Lehrgangs

TORSHEN, der 1977 einen ausführlichen Überblick über Theorie und Anwendung des kompetenzorientierten Unterrichts gab, faßte die Planungsschritte wie folgt zusammen (vgl. TORSHEN, 1977): Erstens werden die **Lehrziele** der Unterrichtseinheit definiert; zweitens die **minimalen Lernniveaus** festgelegt, die als ausreichend betrachtet werden, um einen bestimmten Lernabschnitt als abgeschlossen zu betrachten. Weiterhin werden in Form einer **Eingangsdiagnose** die Vorkenntnisse des Schülers bzw. die Schülerin ermittelt und die beste **„Einsprungstelle"** in das Programm und der **Lernweg** festgestellt.

Eine wichtige Funktion erfüllt die **lernprozeßbegleitende Diagnose**, die die Voraussetzung für die Anpassung des Unterrichts an die Bedürfnisse der Lernenden bilden. **Remediale Passagen** sollen bestimmte Lerndefizite ausgleichen. **Neuplazierung** erfolgt, wenn sich im Laufe des diagnostischen Prozesses herausstellt, daß ein Schüler, eine Schülerin oder eine Lerngruppe von dem Programm nicht profitiert.

Enrichment erfolgt, wenn die diagnostische Evaluation gezeigt hat, daß ein bestimmter Abschnitt bereits erfolgreich bearbeitet wurde und Zeit und Interesse für eine Vertiefung des Gelernten besteht.

Unter **Recycling** versteht man andererseits das Durchlaufen einer Schleife aus remedialen (Wissensdefizite ausgleichenden) Passagen und Bearbeitung von zugeordneten, kriterienorientierten Tests, bis das für den Abschnitt festgelegte, minimale Lernniveau erreicht ist.

Die letzte Komponente des Modells betrifft die **Evaluation des Endniveaus** des gesamten Kurses.

Eine Erweiterung des Modells ist möglich, indem man die Behaltensleistung nach einem definierten, längeren Zeitraum miteinbezieht, sie durch eine weitere Testung erfaßt und, falls notwendig, Wiederholungsschritte einplant. Das Modell von TORSHEN stellt die entwickeltste Form eines Konzepts des Mastery Learning dar. An ihm lassen sich daher die diagnostischen Fragestellungen im Rahmen des zielerreichenden Lernens (= Mastery Learning) paradigmatisch studieren.

Tatsächlich ist es mit Hilfe des hier geschilderten Konzeptes möglich, daß etwa 80 % der Schüler 80 % des Lehrstoffes sicher beherrschen. Dies ist wesentlich mehr, als dies im konventionellen Unterricht der Fall ist. Ausschlaggebend dafür sind die im Programm enthaltenen Individualisierungsmaßnahmen: Jeder lernt nach seinem eigenen Lerntempo; es wird erst zum nächsten Teil des Lehrganges übergegangen, wenn der vorhergehende Schritt beherrscht wird, Wissenslücken werden sofort geschlossen. Dadurch, daß jeder Lernende das Gefühl hat, es zu schaffen, ist auch die Motivation gesichert.

In einem gut strukturierten Einzelunterricht im Sinne einer Lerntherapie können noch spektakulärere Erfolge erzielt werden, da es in diesem Rahmen möglich ist, weit individueller auf das Kind einzugehen, als dies in Lerngruppen möglich ist.

Die Erfahrungen mit dem Mastery Learning haben in eindrucksvoller Weise gezeigt, daß wir unsere Vorstellungen über die Stabilität von Fähigkeits- und Kenntnisunterschieden zwischen Lernenden revidieren müssen.

Eine Metaanalyse von 108 Evaluationsstudien von Mastery-learning-Programmen in Schulen und Universitäten von KULIK & KULIK (1990) zeigte, daß sie nicht nur zu verbesserten Lernleistungen (vor allem bei schwächeren Schülern und Schülerinnen) führen, sondern auch zu mehr Lernfreude und Interesse an den Lerninhalten. Wie nicht anders zu erwarten, ist dafür aber mehr Lernzeit aufzuwenden.

23. Fähigkeits- und Kenntnisunterschiede zwischen Schülern und Schülerinnen

23.1 Die Diskussion um den Ursprung und die Natur der Intelligenz und ihre Auswirkungen auf die Bildungspolitik

Jedes Schulsystem muß sich mit der Frage auseinandersetzen, wie es mit unterschiedlichen Fähigkeiten und Kenntnissen der Lernenden umgeht. Die Beantwortung dieser Frage wird je nach sozialen und politischen Rahmenbedingungen verschieden ausfallen.

In der längst vergessenen Zeit des „Wirtschaftswunders“ in den 60er und den frühen 70er Jahren bestand ein erhöhter Bedarf an besser ausgebildeten Arbeitskräften. Um diesen zu befriedigen, waren vermehrte Anstrengungen notwendig, um möglichst vielen jungen Menschen einen qualifizierten Schul- und Berufsabschluß zu sichern. Dies führte zu einem Bildungsoptimismus, der sich nicht zuletzt in intensiven Bemühungen um die Verwirklichung einer echten Chancengleichheit ausdrückte, die zur Entwicklung neuer, zum Teil sehr erfolgreicher pädagogischer Konzepte Anlaß gab. Nicht die Begabung als Sammelbegriff für überdauernde Dispositionen zu kompetentem Verhalten, sondern die gesellschaftlichen Rahmenbedingungen wurden für schulisches Versagen verantwortlich gemacht. Diese Betonung des Milieuaspektes äußerte sich unter anderem darin, daß man nicht von Kindern mit unterschiedlicher Intelligenz, sondern von „schnellen“ (rapid learners) und „langsamen“ Lernenden (slow learners) sprach (vgl. z. B. BIEHLER & SNOWMAN, 1986, S. 207 ff und S. 201 ff), wobei davon ausgegangen wurde, daß die Schüler und Schülerinnen mit einem langsamen Lerntempo durch entsprechende pädagogische Programme auf den Stand der schnell Lernenden angehoben werden könnten, was, wie im letzten Kapitel bereits ausgeführt wurde, tatsächlich möglich ist, wenn das Leistungsziel für beide Gruppen konstant gehalten wird und die zusätzlich benötigte Lernzeit für die langsamer arbeitende Gruppe in einem vertretbaren Rahmen bleibt.

Der Erfolg der auf diesem Hintergrund konzipierten Förder- und Bildungsprogramme äußerte sich nicht nur in einer Zunahme der Absolventenzahlen, sondern auch in einem in allen entwickelten Ländern zu beobachtenden verstärkten Zustrom zu den höheren Bildungseinrichtungen, da deren Lernziele nun für eine viel größere Gruppe junger Menschen erreichbar wurden. Daß das Beschäftigungssystem bis Mitte der 80er Jahre dennoch weitgehend im Gleichgewicht blieb, hing mit dem gestiegenen Bedarf an höher qualifizierten Arbeitskräften in vielen Berufszweigen zusammen. Ein guter Schul- bzw. Studienabschluß stellte eine Garantie für eine berufliche Karriere dar.

Seit die Aufnahmefähigkeit des Beschäftigungssystems in allen Bereichen, selbst für besser qualifizierte Absolventen des sekundären und tertiären Bildungssystems nur mehr begrenzt vorhanden ist, tritt die Frage des Offenhaltens des Zugangs zu höher qualifizierenden Bildungseinrichtungen unter den verschiedensten Etikettierungen in immer stärkerem Maße in den Vordergrund. Statt sich der Tatsache zu stellen, daß Bildung für alle möglich und wünschenswert, berufliche Karriere aber von wirtschaftlichen Zwängen bestimmt wird, versucht man durch Rückgriff auf Theorien der alleinigen genetischen Bedingtheit der Kompetenzentwicklung bei gleichzeitiger Annahme der Unveränderbarkeit dieser Ausgangsbedingungen den Kreis der zu qualifizierten Bildungsabschlüssen Berechtigten einzuschränken. Dieser Paradigmenwechsel läßt sich bis in die sprachlichen Formulierungen verfolgen: So scheinen in der 7. Auflage (1993) des oben zitierten Buches die Schlagworte „slow learners“ und „rapid learners“ nicht mehr auf, sondern werden durch die Stichworte „intellektuell Zurückgebliebene“ (mentally retarded) und „Talentierte bzw. Hochbegabte“ (talented and gifted learners) ersetzt. Bedenklich ist daran, daß solche Formulierungen nicht beliebig sind, sondern die Bereitschaft zu pädagogischem Engagement entweder stützen oder verhindern.

Wie diese Beispiele zeigen, hat die Frage nach dem Ursprung und Wesen der Intelligenz eine wichtige bildungspolitische Dimension, da bildungs- und gesellschaftspolitische Entscheidungen von unterschiedlichen Auffassungen der Entstehung und der Förderbarkeit intellektueller Begabung abhängig gemacht werden. Der Bildungsoptimismus der 60er und 70er Jahre, der davon ausging, daß es bei entsprechendem Einsatz möglich ist, gleiche Bildung und damit gleiche Chancen für (fast) alle zu verwirklichen, ist anläßlich der Verknappung der Ressourcen in den späten 90er Jahren einem Bildungspessimismus gewichen, der Vorstellungen von angeborenen und unveränderlichen Fähigkeitsunterschieden als vorgeschobene Begründung für Restriktionen im Bildungsbereich einsetzt.

Die Kontroverse um die genetische oder Milieubedingtheit der Intelligenz wurde aufgrund dieser Ausgangslage besonders durch das Buch von Herrnstein & Murray „The bell curve – intelligence and class structure in American life“ (1994) wieder entfacht, obwohl kaum neue Daten zu dieser Problematik präsentiert wurden. In den Medien wurden vor allem die von den Autoren zitierten Ergebnisse aus einer 1980 veröffentlichten großen Studie über die im Vergleich zu „Euroamerikanern“ niedrigere Intelligenz von Afroamerikanern bzw. über die im Vergleich zu ersteren noch höhere Durchschnittsintelligenz von japanischen und chinesischen Einwanderern und der Bevölkerungsgruppe der Ashkenasin kommentiert, da die Autoren diese als Hauptbeleg für ihre These der genetischen Determiniertheit der Begabung präsentierten.

Als Reaktion auf diese und verwandte Kontroversen schrieb der bekannte Intelligenzforscher Robert J. STERNBERG 1996 dazu einen programmatischen Artikel, in dem er „Mythen" und „Gegenmythen" der Intelligenz entlarvt und der tatsächlichen Forschungslage gegenüberstellt. In der folgenden Tabelle werden jene kontroversiellen Standpunkte aus seiner Liste aufgeführt, die auch in Europa diskutiert werden.

Tab. 18: Intelligenz: Mythen, Gegenmythen und Forschungsstand (nach Robert J. STERNBERG, 1996)

„Mythos"	„Gegenmythos"	„Wahrheit"
Intelligenz ist eine einheitliche Sache, g (oder IQ)	Intelligenz besteht aus so vielen Teilfaktoren, daß man sie kaum zählen kann	Intelligenz ist multidimensional, aber wissenschaftlich erforschbar
Es ist nicht möglich, Intelligenz in einem nennenswerten Ausmaß zu fördern	Wir können unglaubliche Erfolge darin erzielen, Einzelpersonen intelligenter zu machen	Wir können Intelligenz zumindest in einem gewisssen Ausmaß fördern, können aber keine radikalen Änderungen in dieser Hinsicht erzielen.
IQ-Tests messen praktisch alles, was für den Erfolg in der Schule und im Beruf notwendig ist	IQ-Tests messen praktisch nichts von dem, was für den Erfolg in der Schule und im Beruf notwendig ist	IQ-Tests messen Fertigkeiten, die von mittlerer Bedeutung für den Schulerfolg und von bescheidener Bedeutung für den beruflichen Erfolg sind
Wir setzen Tests zu wenig ein und verlieren dadurch wichtige Informationen	Wir setzen Tests zu häufig ein und sollten sie abschaffen	Richtig interpretiert können Tests eine nützliche, aber spezifische Funktionen erfüllen, werden aber häufig nicht richtig interpretiert
Intelligenz ist im wesentlichen vollständig angeboren, abgesehen von geringfügigen, unerklärten Varianzanteilen	Intelligenz ist im wesentlichen erworben, abgesehen von geringfügigen, unerklärten Varianzanteilen	Intelligenz beinhaltet sowohl beträchtliche angeborene als auch Milieukomponenten, die miteinander interagieren

23.2 Alltagserklärungen für schulisches Versagen

Bei der Erkärung von Schulversagen im Alltag ist die Lage kaum anders. Auch hier spielen verschiedenste, wenig hinterfragte implizite Theorien eine entscheidende Rolle. In der Regel wird auf sehr einfache Kausalerklärungen zurückgegriffen: „Begabungsmangel“, „Faulheit“, „mangelnde Unterstützung durch die Eltern oder Schule“ und vieles andere mehr.

Bei der Besprechung der Ursachen für Leistungsmängel mit Eltern und Erziehern kann man immer wieder einige charakteristische Mißverständnisse feststellen. WEINERT hat sie bereits 1974 prägnant zusammengefaßt:

Erstes Mißverständnis

„Schulleistungen sind notwendigerweise normal verteilt.“

Der Glaube an die Normalverteilung scheint universell zu sein. Man ist daher der Meinung, daß auch Schulleistungen normal verteilt sein müssen. Tatsächlich ist es jedoch so, daß ein guter Unterricht dazu führt, daß alle Schüler und Schülerinnen den Lehrplananforderungen in ausreichendem Maße gewachsen sind, vor allem, wenn ihnen genügend Lernzeit zur Verfügung gestellt wird, wie z. B. CARROLL bereits 1973 nachwies.

Zweites Mißverständnis

„Die Leistungsunterschiede zwischen verschiedenen Schülern sind notwendigerweise über die Zeit hinweg stabil.“

Die Forschungsgruppe MANDL (1977) konnte feststellen, daß zwar die Schulleistungen der zweiten Klasse Volksschule durch jene der ersten Klasse gut vorhergesagt werden können, nicht jedoch die Ergebnisse der dritten Klasse aus den Noten der zweiten Klasse. Die Erklärung war sehr einfach: In der dritten Klasse findet häufig ein Lehrerwechsel statt (es handelte sich um deutsche Untersuchungsergebnisse). Die scheinbare Konstanz der Leistungen wird zu einem Teil durch die Lehrererwartungen hervorgerufen und ändert sich, wenn neue Lehrkräfte die Unterrichtsarbeit übernehmen (vgl. MANDL & KRAPP, 1978).

Welchen Einfluß solche Erwartungen haben können, konnten ROSENTHAL & JACOBSON in ihrem Buch „Pygmalion im Klassenzimmer“ (Pygmalion in the Classroom, 1968) feststellen. Sie hatten nach einem Intelligenztest den Lehrkräften der getesteten Schüler und Schülerinnen mitgeteilt, daß einige von ihnen im Laufe des nächsten Jahres einen erheblichen Leistungszuwachs zeigen würden, da es sich um „late bloomers“ (Spätentwickelte) handle. Tatsächlich waren diese Betroffenen nur nach dem Los ausgesucht worden. Nach einem Dreivierteljahr hatten die Kinder, von denen den Lehrenden gesagt worden war, daß sie einen Leistungszuwachs erzielen würden, sich tatsächlich leistungsmäßig verbessert.

Nachuntersuchungen in anderen Klassen ergaben allerdings keine derartigen dramatischen Effekte (vgl. ELASHOFF & SNOW, 1971; s. dazu auch die Kritik von WINEBURG, 1987 und die Antwort ROSENTHALS, 1987). Dies hängt aber damit zusammen, daß die Untersuchung ROSENTHALS in den Medien sehr stark popularisiert wurde, so daß Lehrer und Lehrerinnen gewarnt waren, auf derartige Prognosen noch sehr viel zu geben. Der „ROSENTHAL-Effekt" oder „Pygmalion-Effekt" läßt sich sehr leicht nachprüfen, wenn man die Auswirkungen beobachtet, die es hat, wenn man für jemand ein „gutes Wort" einlegt. Die größere Geduld und die Bereitschaft, mehr positive Rückmeldungen zu geben, führt in jedem Fall dazu, daß sich die Leistungen bessern.

Umgekehrt ist es leicht, einen Schüler zur Resignation zu bringen, wenn man jedem seiner schüchternen Versuche, sich mehr anzustrengen, mit Kritik begegnet. Es ist daher nicht schwer, sich selbst den „Beweis" zu liefern, daß Leistungsunterschiede stabil sind. Wie die Untersuchung von ROSENTHAL zeigt, ist das Gegenteil jedoch eben so leicht nachzuweisen.

Die scheinbare Stabilität von Leistungsunterschieden hat aber noch einen weiteren Grund. Sehr oft sind Kenntnislücken die Ursachen für schlechte Leistungen. Werden sie nicht geschlossen, dann führen sie zu einem sogenannten „kumulativen Lerndefizit".

Drittes Mißverständnis

„Schulleistungsunterschiede sind fast vollkommen durch Intelligenzunterschiede erklärbar."

Die Überschätzung der Intelligenz in unserer Bevölkerung hat eine lange Tradition. Kein Geringerer als GOETHE formulierte dagegen den Satz: „Genie ist Fleiß". Spitzenleistungen sind in der Regel nur dann zu erzielen, wenn zu einer guten Intelligenz auch noch sehr viel Arbeitsdisziplin dazukommt. Durch die Intelligenz sind etwa 25 % der Schulleistung erklärbar. Der Rest ist zu einem beträchtlichen Anteil durch die Bereitschaft, Einsatz zu erbringen und damit durch motivationale Faktoren, bestimmt. Außerdem spielt die zur Verfügung stehende Zeit eine wichtige Rolle. Einen letzten Anteil an der Leistung wird durch die bereits erworbenen Vorkenntnisse, die sogenannte „Wissensbasis" bestimmt.

Selbst Spitzenbegabungen in Kunst, Sport und Wissenschaft müssen täglich mindestens fünf Stunden Training in ihrem gewählten Bereich erbringen, um zu Hochleistungen befähigt zu sein. Derartige Leistungen kann man nur durchhalten, wenn die Sache selbst einen so interessiert, daß sie „Freizeitwert" hat. Die Motivation erweist sich damit als eine weitere wichtige Voraussetzung für gute Leistungen.

Viertes Mißverständnis

„Bei der Intelligenz als Bedingung der Schulleistung handelt es sich um eine relativ einheitliche Fähigkeit."

Zu den vielen Vorurteilen im Bereich der Schulleistung gehört es, daß man meint, zwischen „Intelligenten" und „Unintelligenten" unterscheiden zu können, da die Intelligenz im wesentlichen eine einheitliche Fähigkeit darstellt. Tatsächlich gibt es jedoch viele verschiedene Faktoren der Intelligenz. Es kann durchaus sein, daß jemand in einem Bereich sehr gute Leistungen zeigt und in einem anderen versagt. Im Rahmen einer lerntherapeutischen Beratung kann und sollte man daher den Betreffenden Möglichkeiten der Kompensation bzw. des systematischen Aufbaus mangelhaft entwickelter Bereiche eröffnen.

Bereits 1938 stellte der Psychologe THURSTONE im Rahmen faktorenanalytischer Untersuchungen sieben grundlegende Dimensionen der Intelligenz fest:

Tab. 19: Die sieben Primärfähigkeiten der Intelligenz nach THURSTONE

- Fähigkeit, sprachliche Bedeutungen und Beziehungen zu erfassen;
- Fähigkeit, relativ einfache Rechenoperationen auszuführen;
- Fähigkeit zur räumlichen Vorstellung;
- Flüssigkeit der Wortproduktion;
- Gedächtnisfähigkeit für mechanisches Einprägen und Reproduzieren;
- Fähigkeit zu schlußfolgerndem Denken;
- Fähigkeit zum raschen Erkennen von Wahrnehmungsdetails.

Sie haben sich als grundlegend für viele Lernleistungen erwiesen. Für jeden Bereich gibt es Trainingsmöglichkeiten, falls er unzureichend entwickelt ist.

Eine weitere, wichtige Unterscheidung wurde von GUILFORD getroffen (vgl. GUILFORD, 1974). Er differenzierte zwischen „konvergentem" und „divergentem" (kreativem) Denken: Konvergente Denkprozesse verlaufen in eingefahrenen Bahnen, kreative Formen des Denkens gehen neue, ungewöhnliche Wege. Der Unterschied in den beiden Denkweisen soll durch das folgende Beispiel erläutert werden:

„Was ist das Gemeinsame von Maus und Ratte?"

Konvergente Antwort: Säugetiere (oder Nagetiere).

Divergente Antwort: Lieblingstiere von Psychologen.

Es leuchtet ein, daß es Situationen gibt, wo eher die eine oder die andere Form der intelligenten Problemlösung gefordert wird. Dies führt zu einer weiteren wichtigen Unterscheidung, auf die STERNBERG (1985) in seiner „Triarchischen Theorie der Intelligenz" aufmerksam gemacht hat: Neben der klassischen, **Komponentenbezogenen Intelligenz,** die von üblichen Intelligenztests erfaßt wird, gibt es die **Kontextbezogene Intelligenz**, das heißt, die Fähigkeit, **situationsbezogen** intelligent zu reagieren. Die dritte Gruppe von Fähigkeiten wird durch die **Erfahrungsbezogene Intelligenz,** die Fähigkeit, aus der Erfahrung zu lernen, gebildet.

Für die Lerntherapie ergeben sich hieraus vielfältige Ansatzmöglichkeiten, die Lernleistungen eines Kindes zu verbessern.

Fünftes Mißverständnis

„Schulleistungsunterschiede erweisen sich deshalb als stabil, weil sie erblich bedingt und fixiert sind."

Die schon in den Anfangskapiteln dieses Buches angesprochene Verwechslung von „vererbt" mit „unveränderbar" muß auch hier zur Klärung des Mißverständnisses herangezogen werden. Manches, was erworben ist, kann leider nicht mehr verändert werden. Der Verlust eines Auges durch einen Unfall ist sicher erworben, die Behinderung bleibt aber „stabil". Grundlegende Temperamentseigenschaften sind zwar angeboren, doch lassen sie sich durch Erziehungseinflüsse weitgehend kompensieren.

Die Entwicklung der Intelligenz stellt, wie wir bei der Besprechung des Systems von PIAGET gesehen haben, das Paradebeispiel für das strukturierende Lernen im Sinne einer Interaktion von Anlage- und Umweltbedingungen dar. Für den Pädagogen bedeutet das, daß Anregungs- und Förderprogrammen in der Regel Erfolg beschieden ist. Je jünger Kinder sind, desto abhängiger sind sie jedoch von der freundlichen Zuwendung und dem Interesse an ihren Aktivitäten durch ihre Umgebung. Negative Rückmeldungen können Kinder so schädigen, daß ihre intellektuelle Entwicklung stagniert. Umgekehrt blühen Kinder auf, wenn sie günstige Rückmeldungen von ihrer sozialen Umwelt erhalten, wie das bereits dargestellte Beispiel des „Pygmalioneffektes" zeigt. (Einen extremen Fall einer derartigen Förderung eines vernachlässigten Kindes bringt das Büchlein von Jutta WESTPHALEN „Und keiner wollte ihn haben", Wien 1986.)

In der Regel stellt man eine deutliche Korrelation zwischen Intelligenz und Schulleistung vor allem in jenen Schulklassen fest, in denen sich die Lehrenden weniger Mühe mit der Unterrichtsvorbereitung geben. In so einem Fall sind die Kinder auf ihre eigene Intelligenz angewiesen, wenn sie erfolgreich sein wollen. In Klassen mit einem gut vorbereiteten Unterricht sinkt die Korrelation, da alle eine Chance bekommen, die geforderten Leistungen zu zeigen.

24. Die Unterrichtsvorbereitung

Eine gute Unterrichtsvorbereitung ist die halbe Unterrichtsarbeit. Hier sollen einige Hinweise zu diesem Problemgebiet gegeben werden, die für die Vorbereitung in **allen** Fächern gelten. Die intensive Einführung in die speziellen Problemstellungen des jeweiligen Faches muß jedoch im Rahmen der Fachdidaktik der einzelnen Fächer erfolgen.

24.1 Der Zeitaufwand für die gute Vorbereitung

Die tatsächliche Vorbereitungsarbeit für eine Unterrichtsstunde von 50 Minuten nimmt genau so viel Zeit in Anspruch, wie eine Referatsvorbereitung an der Universität: In der Regel rechnet man dafür eine Woche oder 40 Stunden Arbeitszeit.

Es leuchtet ein, daß dieser Vorbereitungsaufwand nicht für jede der fünf bis sechs Stunden geleistet werden kann, die an einem Schulvormittag zu geben sind.

Wir können daher zwei Typen von Vorbereitungen unterscheiden: Die sorgfältig ausgearbeitete Modellstunde und die Kurzvorbereitung. Kurzvorbereitungen kann man sich allerdings nur leisten, wenn man mit dem Gegenstand der Stunde sehr gut vertraut ist. Für alle Stunden, für die dies nicht zutrifft, muß man den intensiven Vorbereitungsaufwand einrechnen oder auf fertige Stundenvorbereitungen zurückgreift, die man an die besondere Situation der Klasse adaptiert.

Es ist daher sinnvoll, bereits während der Universitätszeit in den fachdidaktischen Seminaren gut ausgearbeitete Stundenvorbereitungen zu sammeln. Ebenso ist es anzuraten, jene Stoffgebiete, von denen man weiß, daß man sie in der Schule unterrichten wird, besonders intensiv zu studieren. (Nach den Ergebnissen der Gedächtnispsychologie beeinflußt der bloße Entschluß, eine Sache langfristig zu behalten, die Erinnerungsdauer in positiver Weise.)

Wenn man eine bereits ausgearbeitete Stundenunterlage zur Verfügung hat, ist es erheblich leichter, sich auf den Unterricht vorzubereiten. Selbstverständlich spart dies auch sehr viel Zeit.

24.2 Jahres-, Monats- und Wochenplanung

Eine gute Stundenvorbereitung setzt voraus, daß auch die Gesamtplanung stimmt, in die sie eingebettet ist. Man sollte sich daher zu Beginn des Jahres eine Grobplanung machen, wie man den Stoff im Laufe des Jahres, der einzelnen Monate und Wochen durchzunehmen gedenkt. Die Möglichkeit, eigene Schwerpunkte zu setzen sollte man nutzen.

Bereits bei diesem Planungsschritt sollte etwa ein Viertel bis ein Drittel der Zeit unverplant bleiben: Durch unvorhergesehene Ereignisse, Schikurse, Krankheiten, aber auch die Notwendigkeit, bestimmte Dinge ausführlicher zu wiederholen, fallen nämlich immer wieder Stunden aus. Sollte man am Ende des Jahres noch Zeit übrig haben, kann man bestimmte „Pufferstoffgebiete“ einplanen.

Wenn man sich nicht an diese Regel hält, kann es leicht passieren, daß man die Gebiete zu Beginn des Jahres sehr genau behandelt und den Rest schlampig und verkürzt durchnehmen muß. Wenn ein Lehrer z. B. ein Jahr lang mit der Besprechung der Novelle „Der Schimmelreiter“ von STORM vertrödelt, und dann versucht, in den letzten vier Wochen den Stoff des ganzen Jahres durchzujagen, dann muß er sich nicht wundern, wenn die Schüler die Freude an dem Fach verlieren und auch keine guten Lernergebnisse erzielen.

24.3 Die Zeitplanung bei der Stundenvorbereitung

Ähnlich wichtig ist die gute Zeitplanung bei der Stundenvorbereitung. Interessanterweise haben viele angehende Lehrer und Lehrerinnen dagegen große Widerstände. Sie halten es für eine überflüssige Schikane, sich die Zeit vorher überlegen zu müssen. Tatsächlich ist es so, daß eine verfehlte Zeitplanung den Erfolg der Stunde zunichte machen kann.

Im Laufe der Praxis bekommt man ein gutes Gespür dafür, wie lange bestimmte Einheiten dauern. Um dieses Zeitgefühl zu entwickeln, ist es notwendig, daß man sich daran gewöhnt, exakte Zeitplanungen durchzuführen.

Einige Erfahrungswerte: Für die Hausaufgabenkontrolle sollten etwa 10 Minuten vorgesehen werden. Mehr wäre nicht sinnvoll, da man sonst zu wenig Zeit für den eigentlichen Inhalt der Stunde hat. Eine Gruppenarbeit sollte mindestens 20 Minuten Zeit reserviert bekommen, da allein für die Vorbereitung (Umstellen der Tische, Austeilen des Materials, Erklären der Arbeitsaufgaben) 5 Minuten verloren gehen. Die Aufarbeitung des Gruppenergebnisses wird außerdem mindestens 10 Minuten in Anspruch nehmen. Diese Zeit sollte man daher ebenfalls mit einplanen. Eine Diskussion benötigt wenigstens 10 Minuten, wenn man mehr erreichen möchte, als einige gute Schüler und Schülerinnen zu Wort kommen zu lassen. Bei schriftlichen Arbeitsaufträgen sollte man ausprobieren, wie lange man selbst dafür benötigt und mindestens die doppelte Zeit für die Klasse als Schätzung der mittleren Arbeitszeit ansetzen.

Für eine gute Zeitplanung sollte man sich **drei verschiedene** Zeitplanungen überlegen: Eine optimistische Zeit, d. h. eine Planung, bei der alles perfekt gelingt. In einem zweiten Durchgang sollte man sich überlegen, wieviel Zeit man braucht, wenn sozusagen alles schief geht. Dies ist die pessimistische Zeit. Der Mittelwert aus beiden stellt in der Terminologie der „Netzplantechnik", der Wissenschaft, die sich mit Zeitplanungen beschäftigt, die wahrscheinliche Zeit dar. Diese sollte man bei der Stundenplanung zugrundelegen. Um für alle Zufälle gewappnet zu sein, sollte man außerdem einen Pufferteil vorbereiten, den man einsetzt, wenn noch Zeit übrig bleibt, d. h., wenn die optimistische Zeitplanung die richtige gewesen wäre. Außerdem sollte man sich überlegen, welchen Inhalt man unter Umständen weglassen könnte, falls es sich im Rahmen der Stunde herausstellt, daß die pessimistische Zeitplanung zutreffend ist. Völlig verfehlt wäre es, den Teil, den man nicht geschafft hat, als Hausaufgabe zu geben. In der Regel fehlen den Kindern dann wichtige Informationen, um den Arbeitsauftrag ordnungsgemäß durchführen zu können.

24.4 Die „Spickzetteldidaktik" von Hilbert Meyer

Unsere Vorüberlegungen haben bereits gezeigt, daß der Regelfall die Kurzvorbereitung sein wird. In seinem „Leitfaden zur Unterrichtsvorbereitung" (1980[2]) bezeichnet Hilbert Meyer diese Art der Kurzvorbereitung mit dem Wort „Spickzetteldidaktik". Auf S. 60 seines Buches stellt er einen solchen Merkzettel vor (Abbildung 13).

Er gibt außerdem einige Regeln für die Kurzvorbereitung an, die sich gut bewährt haben: Seiner Meinung nach muß auf dem Zettel alles vermerkt werden, was man sich nicht auswendig merken kann, aber während der Stunde wissen muß. Im einzelnen ist dies folgendes:

1. Eine Beschreibung des Einstiegs in die Stunde, der vorgesehenen Unterrichtsschritte und des denkmöglichen Unterrichtsergebnisses;
2. eine grobe Zeiteinteilung für diese Schritte;
3. Notizen zu wichtigen organisatorischen Regelungen.
4. Vorformulierung wichtiger Fragen/Impulse und der Arbeitsaufträge.
5. Notizen über den Einsatz von Materialien, Arbeitsblättern, Tafelbenutzung oder Hausaufgaben.

(Hilbert Meyer, a.a.O., S. 61)

Abb. 13:

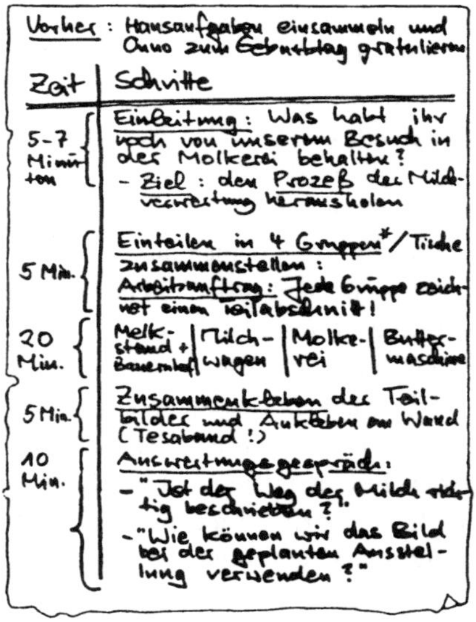

Noch ein Tip: Wenn man etwas zu unterrichten hat, wofür man nicht besonders gut vorbereitet ist, ist es sinnvoll, die kritischen Stellen als Folie auszuarbeiten. In diesem Fall ist es besonders wichtig, zu jeder Folie Ablichtungen für die Schüler und Schülerinnen vorzubereiten.

24.5 Die ausführliche Vorbereitung

Für besondere Zwecke, wie die Ausarbeitung eines neuen Stoffgebietes oder für Demonstrationsstunden ist es empfehlenswert, die Stunde genau zu planen und ein ausführliches Stundenbild zu entwickeln. In der pädagogischen Praxis sind dazu die verschiedensten Schemata entwickelt worden. Die ausführliche Vorbereitungsarbeit soll im folgenden exemplarisch am Beispiel einer Stundenvorbereitung für den Englischunterricht zum Thema „If clauses“ dargestellt werden.

Zunächst einige Begriffserklärungen: Unter „**Unterrichtseinheit**“ ist der größere Zusammenhang zu verstehen, in den die Stunde eingegliedert ist. Das **Thema der Stunde** selbst stellt daher die kleinere Einheit dar.

Die **Lehrziele** der Stunde sind für die Planung besonders wichtig. Je nach Ziel der Stunde wird der Schwerpunkt unterschiedlich gelegt werden müssen. Wer z. B. mit den Lernenden ein Unterrichtsgespräch mit dem Ziel führt, ihre

Diskussionsfähigkeit zu schulen, wird besonderen Wert darauf legen müssen, daß die Schüler und Schülerinnen sich auch mit kontroversiellen Standpunkten auseinandersetzen und ihre **eigene Meinung** schlüssig vertreten. Wer dagegen dieselbe Diskussion führt, um ein bestimmtes Arbeitsergebnis zu erzielen, wird besonderes Gewicht darauf legen müssen, daß die Schüler und Schülerinnen **Sachinformationen** über diesen Bereich zur Verfügung gestellt bekommen, um sie im Laufe des Gesprächs ins Spiel bringen zu können. Derselbe Stoff wird daher bei unterschiedlichen Lehrzielen in verschiedener Weise präsentiert werden müssen.

Ein weiteres wichtiges Prinzip besteht in der bereits erläuterten Forderung, daß Lehrziele und Prüfungsziele übereinstimmen müssen. Wer mit den Kindern z. B. im Englischunterricht Sprechen und Verstehen übt, aber bei der Schularbeit Lesen und Übersetzen prüft, wird mit den Ergebnissen seines Unterrichts nicht sehr zufrieden sein können.

Das unten abgedruckte Stundenbild enthält einen **Raster** für die folgenden Angaben:

1. Zeit
2. Stoff
3. Lehreraktivität
4. Geplante Schüleraktivität
5. Bemerkungen und Begründungen

Bei der **zeitlichen Planung** ist vor allem darauf zu achten, daß Zeit und Arbeitsvorhaben zusammenpassen müssen. Die Erfahrung zeigt, daß die Zeit meistens zu kurz angesetzt wird. In die Spalte, die mit „**Stoff**" überschrieben ist, soll das zu behandelnde Stoffgebiet in eindeutiger Form eingetragen werden. Steht dort z. B. nur „Wiederholung der letzten 2 Stunden", dann kann sich niemand ein Bild davon machen, welche Inhalte nun tatsächlich wiederholt werden sollen. Sind für diese „Wiederholung" dann nur 3 Minuten vorgesehen, dann fragt man sich, welchen Stellenwert eine solche Rekapitulation wohl haben kann! Wiederholungsschritte müssen besonders sorgfältig geplant werden. Wenn sie sinnvoll sein sollen, sollten dabei die Kerninformationen aus der vergangenen Unterrichtsstunde herausgearbeitet werden. Wenn man dies nicht macht, dann gerät man leicht in eine unsystematische Gesamtwiederholung des Stoffs. Wiederholungen müssen auch deshalb genau geplant werden, weil für den Fall vorgesorgt werden muß, daß sich es herausstellt, daß einige Kinder etwas nicht verstanden haben.

In der Spalte, über der „**Lehreraktivität**" steht, sollen alle Aktivitäten des oder der Lehrenden aufgeführt werden: Vortragen, Rückgabe der Schularbeitenhefte, kommentieren, differenziertes Feedback geben, diskutieren, an die Tafel schreiben, den Schülern und Schülerinnen bei der Durchführung des Experimentes helfen, eine Folie erläutern usw. usw. Selbstverständlich müssen die Angaben in der „Stoffspalte“ mit jenen der Spalte „Lehreraktivität“ zusammenpassen.

Die mit **„Geplante Schüleraktivität“** überschriebene Spalte enthält alle Angaben darüber, was nach dem Plan von den Schülern und Schülerinnen getan werden soll. Nicht immer läßt sich genau voraussehen, was diese *wirklich* tun werden. Steht z. B. dort „diskutieren“, dann setzt dies voraus, daß die Lernenden ein Interesse daran haben, über die Sache zu diskutieren. Ist dies nicht der Fall, muß der Plan in der Stunde selbst modifiziert werden. Es ist daher wichtig, sich auch Gedanken darüber zu machen, was in einem solchen Fall geschehen soll.

Die Spalte **„Bemerkungen und Begründungen“** enthält alle Kommentare zu den Angaben der anderen vier Spalten, die man braucht, um die getroffenen Planungsentscheidungen zu verstehen. Insbesonders sollte sie die didaktischen und methodischen Begründungen enthalten. Die **Didaktik** behandelt dabei die Frage der Stoffauswahl (**was** wird gelehrt); die **Methodik** beschäftigt sich mit der Art und Weise, **wie** der Stoff gebracht wird: durch Medienunterstützung, als Lehrer-Schüler-Gespräch, als Lehrervortrag, durch selbständiges Erarbeiten in der Gruppe, in Einzel- oder Partnerarbeit, mit Hilfe von Arbeitsblättern usw. usw.

Auch hier gibt es viele weitere Möglichkeiten. Für welche man sich entscheidet, ist nicht beliebig, da verschiedene Arbeitsformen auch verschiedene Arbeitsergebnisse mit sich bringen. Die Erfahrung zeigt z. B., daß durch den Frontalunterricht (Lehrervortrag) zwar viel Stoff geschafft wird, die Motivation der Lernenden aber, langfristig gesehen, sinkt. Umgekehrt bedeutet selbst eine gut funktionierende Gruppenarbeit, daß relativ viel Zeit für die Erarbeitung eines Inhalts aufgewendet werden muß, mit der die Lernenden sich dafür aber intensiver auseinandersetzen konnten.

Abb. 14: **Stundenbildbeispiel**

Thema der Unterrichtseinheit: If clauses
Thema der Stunde: If clauses type I, II, III, Bedeutungsunterschiede

Klasse: 4
Lehrziele der Stunde: Unterschiede in der Bedeutung der drei Typen erkennen können; Zeitenfolge richtig anwenden können.

Stundenablauf

Zeit	Stoff	Lehreraktivität	geplante Schüleraktivität	Bemerkungen und Begründungen
11'	Song: „If you go to Rome"	Verteilt Text, spielt Kassette ab, gibt Impuls: „read the text and listen carefully"	Hören zu, lesen Text leise mit	Motivation
9'	Grammatische Struktur der If-clauses type I Folie, Arbeitsblatt zu den drei Typen	Stellt Fragen aus dem Text, Lehrer-Schüler-Gespräch. Legt Folie auf, teilt Arbeitsblätter aus, Hinweis auf die Struktur von Type I	Antworten unter Zuhilfenahme des Textes Erarbeiten die Regel für die Zeitenfolge	Durch das Wiederholen der grammatischen Strukturen wird die Zeitenfolge eingeübt.
9'	Einüben von Typ II, Übungskarten	Gibt Impuls, verteilt Übungskärtchen	Lesen die Fragen vor, rufen einander auf, antworten	Methodenwechsel
9'	Bedeutungsunterschied und Zeitenfolge des If clause type III	Erklärt grammatische Struktur und Bedeutung; Aufforderung: „Findet eigene Beispiele"	Schüler und Schülerinnen bringen Beispiele	Eigenaktivität
3'	Grammatische Struktur der If-clauses Tafeltext (s. u.)	Schreibt Text an die Tafel	Schreiben ins Grammatikheft	Zusammenfassung
7'	Unterscheidung der drei Typen Übungsblatt	Teilt Übungsblätter aus, erklärt Arbeitsaufgabe	Füllen das Übungsblatt aus (Stillarbeit)	Festigung (Puffer, kann gekürzt werden)
2'	Lückentext zur Einübung der If clauses als Hausaufgabe	Teilt Lückentext aus, erklärt Hausaufgabe		Wiederholung und Festigung

Tafeltext:

	if clause	main-clause
I	present	future I
II	past	conditional I
III	past perfect	conditional II

24.6 Einige allgemeine Hinweise für die Unterrichtsgestaltung

Eine gut geplante Stunde sollte die Lernenden weder unter- noch überfordern. Sind in der Klasse Kindern mit einem sehr unterschiedlichen Leistungsniveau, wird es notwendig sein, mit den Mitteln der „inneren Differenzierung" zu arbeiten und unterschiedliche Arbeitsmaterialien für die einzelnen Leistungsgruppen anzubieten. Während z. B. die leistungsstarke Gruppe selbständig einen Text bearbeitet, kann sich die Lehrkraft mit den schwächeren Schülern und Schülerinnen intensiver beschäftigen.

Eine gute Arbeitsatmosphäre ist eine wichtige Voraussetzung jeder Unterrichtsarbeit. In sehr unruhigen Klassen ist es günstig, die ersten drei bis fünf Minuten etwas zu diktieren, da dann erfahrungsgemäß eine gewisse Beruhigung eintritt. Ist die Klasse dagegen sehr „verschlafen", dann sollte man für eine bessere Aktivierung sorgen. Geeignete Mittel sind der Einsatz von Methoden, die eine Eigenaktivität der Schüler und Schülerinnen herausfordern.

Man sollte sich überhaupt bemühen, den Unterricht motivierend zu gestalten. Aus diesem Grund sind Unterrichtsformen günstig, die die Eigeninitiative von Kindern fördern. Der Einstieg in eine Stunde kann bereits darüber entscheiden, ob die Schüler und Schülerinnen gezielt mitarbeiten werden oder nicht. Er sollte daher motivierend wirken: durch ein interessantes Beispiel, das zur Stunde hinführt, einen Kurzfilm, ein fesselndes Dia, ein überraschendes Problem u. a. m.

Vor einer Fehlentscheidung soll hier allerdings gewarnt werden: Wenn der motivierende Einstieg nicht zu dem Stoff der Stunde paßt, ist die Auswirkung nicht positiv, sondern negativ. Wer z. B.: Eine spannende Geschichte vorträgt, und den Kindern dann den Auftrag gibt, die Haupt- und Nebensätze herauszufinden, darf sich nicht wundern, wenn die Begeisterung für diese Tätigkeit nicht sehr groß ist.

Ein brauchbarer Einstieg in eine derartige Stunde muß dagegen den Kindern die sprachlichen Möglichkeiten interessant machen. Dazu ein Beispiel: Man stellt zwei Sätze auf einer Folie einander gegenüber. „Es regnet", „Ich gehe spazieren" und läßt die Kinder diskutieren, wie sich der Sinn verändert, wenn man ein „obwohl" oder ein „deshalb" zur Konstruktion eines gegliederten Satzes verwendet.

Ein allgemeines Prinzip lautet, daß der Einstieg

1. nicht von der Sache ablenken darf und
2. in einer überraschenden Form auf die Problemgebiete aufmerksam machen soll, die der Unterrichtsstunde zugrunde liegen; er soll zum Nachdenken anregen.

Eine gut konstruierte Stunde soll außerdem mit dem Prinzip des **„Methodenwechsels"** arbeiten. Effizienter Unterricht lebt davon, daß Phasen der Aufmerksamkeit mit Erholungsphasen abwechseln.

Etwa alle 10 Minuten sollte entweder die Arbeitsform oder das Stoffgebiet, oder wenn dies möglich, der Inhalt, der bearbeitet wird, gewechselt werden. Auf eine Diskussionsphase kann eine Stillarbeit folgen, auf einen Lehrervortrag eine Phase der Gruppenarbeit usw.

Auch die **Hausaufgabe** und die **häusliche Lernarbeit** müssen gut geplant sein. Sie ist prinzipiell nicht dazu bestimmt, neuen Stoff zu erarbeiten. Hierdurch würden nämlich jene Schüler und Schülerinnen benachteiligt, die niemanden haben, den sie fragen können und der ihnen dabei helfen könnte. Ein ganz unprofessionelles Vorgehen ist es, wenn man die Teile der Unterrichtsstunde, die man nicht geschafft hat, als Hausaufgabe aufgibt!

Insgesamt sollten die Schüler und Schülerinnen in der Unterstufe der weiterführenden Schulen nicht mehr als 45–60 Minuten täglich, die Schüler der Oberstufe nicht mehr als $1^1/_2$ bis 2 Stunden täglich am Nachmittag für die Schule arbeiten müssen. In der Grundschule sollten 30 bis 45 Minuten nicht überschritten werden.

Die Lehrkräfte müssen sich daher hinsichtlich der Menge der Hausaufgaben absprechen, damit es zu keiner Überlastung kommt. Besonders irreal sind die Forderungen erfahrungsgemäß in der Oberstufe in den Sprachfächern und im Fach Deutsch, wenn es um das Erarbeiten von Literatur zu Hause geht. Je nach Lesegeschwindigkeit und Druckgröße kann man in einer Stunde etwa 10 bis 20 Seiten schaffen, wenn der Text wirklich gelesen und nicht nur überflogen wird. In den Fremdsprachen wird es in der Regel noch weniger sein. Um die Kinder zum selbständigen Lesen zu erziehen, ist es daher vernünftiger, ihnen nicht ein ganzes Buch aufzugeben, sondern z. B. 10 Seiten eines besonders interessanten Teiles eines Buches.

Für alle Hausaufgaben gilt das Prinzip: Lieber weniger aufgeben, dieses dann aber tatsächlich genau und individuell nachprüfen.

24.7 Acht Schritte zur Instruktionsoptimierung nach F. E. Weinert (1974)

Im folgenden sollen jene Schritte überblicksmäßig dargestellt werden, die eine Verbesserung des Unterrichtes mit sich bringen können.

1. **Konkretisierung der Lernziele**

   Der erste Schritt einer guten Unterrichtsplanung besteht darin, jene Verhaltensweisen anzugeben, die die Lernenden nach Beendigung des Unterrichtes zeigen sollen, wenn dieser erfolgreich war. Im ersten Schritt sollen daher

   a) inhaltlich begründete Lehrzielentscheidungen getroffen werden und die Ziele konkretisiert, hierarchisiert und nach den von Mager entwickelten Kriterien operationalisiert werden. Die Übersetzung von Lehr- und Lernzielen in Verhaltensziele empfiehlt sich auch, wenn man eine andere Lehrzielsystematik als die MAGERS zugrunde legt und

b) die so gewonnenen Lehrziele anschließend danach geordnet werden, ob sie unbedingt unterrichtet werden müssen (Basiscurriculum = grundlegende Lehrplaninhalte) oder ob es sich um mögliche, zusätzliche, vertiefende Inhalte (Differenzierungscurriculum) handelt.

2. **Diagnose relevanter Lernvoraussetzungen**
Da das Basiscurriculum für alle Lernenden verbindlich ist, muß es das Ziel sein, den Unterricht so zu gestalten, daß auch alle die Lernziele erreichen können. Es ist daher notwendig, sich ein Bild vom Stand der relevanten Lernvoraussetzungen bei den Schülern und Schülerinnen zu machen. Bedeutungsvoll für den Unterricht sind vor allem folgende Voraussetzungen:
a) Die kognitive Leistungsfähigkeit der Lernenden und ihre individuelle Lernzeit
b) Die aufgabenrelevanten Vorkenntnisse, die sogenannte „Wissensbasis", die ihnen zur Verfügung steht (engl. knowledge base)
Untersuchungen von MANDL u. Mitarbeitern haben gezeigt (1977), daß die Wissensbasis umso wichtiger wird, in einer je höheren Klasse sich das Kind befindet. Das gilt besonders für Fächer, in denen ein kohärenter (zusammenhängender, aufbauender) Lehrstoff unterrichtet wird, wie dies z. B. bei der Mathematik oder den grammatischen Kenntnisse in den Sprachen der Fall ist. Ein Unterricht, der so aufgebaut ist, daß die Kinder nach der Prüfung alles wieder vergessen dürfen, weil nie mehr auf das Gelernte zurückgegriffen wird, kann daher insgesamt wenig erfolgreich sein. Lernschwierigkeiten einzelner sind nicht selten durch Wissenslücken bedingt.
c) Die aufgabenrelevanten Fähigkeiten
Fähigkeitsunterschiede können durch einen Unterrichtsstil ausgeglichen werden, der Kinder mit unterschiedlichen Fähigkeitsschwerpunkten anspricht. Es gibt Lernende, die im sprachlichen Bereich, und andere, die im nonverbalen Bereich ihre Schwerpunkte haben. Es ist daher günstig, den Unterricht durch Anschauungshilfen zu unterstützen, um jedem gerecht werden zu können. Manche Schüler können sich besser schriftlich ausdrücken, andere wieder zeigen ihre Kenntnisse besser im Rahmen mündlicher Prüfungen. Man sollte daher beide Formen der Leistungskontrolle verwenden. Die Liste der Beispiele ließe sich beliebig verlängern.
d) Individuelle Bevorzugungen bestimmter Unterrichtsinhalte und -stile
Selbstverständlich bestimmen auch die individuelle Motivation, die Interessen für bestimmte Sachgebiete und die Bevorzugung einer bestimmten Form des Unterrichtens den Lernerfolg. Auch hier ist die Auf-

gabe der Lehrkraft, durch Variation jedem etwas anzubieten, um, langfristig gesehen, alle in den Lernprozeß einbeziehen zu können.

3. **Abbau von individuellen Unterschieden in den Lernvoraussetzungen von Schülern und Schülerinnen**
   Eine gute Arbeitsatmosphäre wird in der Klasse nur entstehen können, wenn es gelingt, die dargestellten, individuellen Unterschiede durch entsprechende Maßnahmen auszugleichen.
4. **Analyse der Lernaufgaben**
   Sie umfaßt vier Schritte:
   a) Die inhaltliche Beschreibung der Lernaufgabe;
   b) Die Differenzierung der Lernzielkomponenten, d. h. die Identifikation kognitiver, affektiver, kommunikativer und psychomotorischer Teillernziele;
   c) Die Beschreibung der für die Lösung der Aufgaben notwendigen, untergeordneten Kenntnisse und Fähigkeiten;
   d) Die Bestimmung der typischen Lernprozesse zum Erwerb der fehlenden Vorkenntnisse und zur Lösung der Kriteriumsaufgaben.
5. **Motivierung der Lernenden**
6. **Steuerung und Unterstützung der individuellen Lernprozess**
7. **Diagnose der Lernergebnisse**
   Eine optimale Gestaltung des Lernprozesses im Unterricht setzt voraus, daß Lehrende und Lernende Rückmeldungen darüber erhalten, welche Lernaufgaben bereits bewältigt sind und welche nicht.
8. **Bereitstellung zusätzlicher Lernmöglichkeiten und Lernhilfen**
   Der letzte Punkt dieses Modells der Instruktionsoptimierung betrifft die Differenzierung des Unterrichts nach zwei Seiten hin: Bereitstellung zusätzlicher Lernmöglichkeiten für besonders interessierte und rasch lernende Schüler und Schülerinnen und für jene, die zusätzliche, remediale Lernmöglichkeiten im Sinn von Förderunterricht benötigen.
   Beide Formen dienen der Individualisierung des Unterrichts im Sinne einer Anpassung des Lehrangebotes an die Lernvoraussetzungen der einzelnen Lernenden.

24.8 Individualisierte Instruktion

Es lassen sich folgende vier Grundformen der Individualisierung unterscheiden:

a) **Die Bildung homogener Lerngruppen aufgrund bestimmter Leistungsmerkmale der Schüler und Schülerinnen.** Dieses System wird beim Unterricht in Leistungsgruppen angewendet.

b) **Individuelles Durchlaufen eines Lehrganges entsprechend den jeweils vorhandenen, relevanten Vorkenntnissen.**
An dem bekannten „Learning Research and Development Center“ an der Universität Pittsburgh wurde unter Leitung von Robert Glaser (vgl. Glaser, 1978) ein individualisiertes System des Unterrichts unter dem Namen „Individualized Prescripted Instruction“ entwickelt, das in der Folge zum Modell für viele schulische Systeme wurde. 1968 veröffentlichte der Verhaltenspsychologe F. S. Keller sein Personalized System of Instruction (PSI), das auch unter dem Namen „Keller-Plan“ bekannt geworden ist. Es geht von folgenden Voraussetzungen aus:
Individuelles Lerntempo: die Materialien können von den Lernenden selbständig durchgearbeitet werden. Nach jeder Sequenz findet ein Test statt.
Beherrschen des Stoffs als Ziel: zur nächsten Einheit kann erst weitergegangen werden, wenn der Stoff der vorangegangenen beherrscht wird.
Einsatz von Tutoren: um genügend Lehrpersonal zur Verfügung zu haben, werden Schüler und Schülerinnen, die den Kurs bereits erfolgreich durchlaufen haben, als Tutoren eingesetzt (Helfersystem).
Arbeitshilfen: für jede Unterrichtseinheit gibt es Arbeitshilfen, in deren Rahmen Ziele formuliert und Vorschläge für das Lernen gemacht werden, auf verfügbare Quellen hingewiesen wird und Projekte oder Experimente beschrieben werden.
Ergänzung durch traditionelle Unterrichtstechniken zur Anregung und Verdeutlichung: Vorträge, Filme, Fernsehprogramme, Kurzfilme, Gastvorträge, Demonstrationen usw.

c) **Die Verwendung unterschiedlicher Lehrmethoden durch Berücksichtigung bestimmter Fähigkeitsschwerpunkte bei gleichzeitiger Kompensation von Fähigkeitsmängeln**. Systematisch erforscht wurden diese Möglichkeiten der Optimierung des Unterrichts im Rahmen des sog. ATI-Ansatzes (Aptitude-Treatment-Interaction, vgl. den Überblicksartikel von Corno & Snow, 1986).
Der Ansatz geht davon aus, daß nicht jede Methode für jeden Schüler und jede Schülerin gleich wirksam ist. Relativ gesichert sind die folgenden Ergebnisse:
Für ängstliche Schüler und Schülerinnen ist ein eher strukturierter Unterricht, der wenig Eigeninitiative fordert, zunächst einmal günstiger. Kreative Lernende benötigen im Gegenteil einen flexiblen, selbstbestimmten Unterricht. Die selbständige Erarbeitung eines Referates, wie z. B. „Die Auswirkungen der Wasserverschmutzung“ fällt weniger Ängstlichen leichter. Ängstliche Lernende wollen genau wissen, was sie zu tun haben und scheuen die Verantwortung für ihre eigene Arbeit.

Lernende, die ein weniger gutes Gedächtnis haben, lernen besser, wenn in den Text Strukturierungs- und Lernhilfen eingebaut sind. Für Personen mit guten Lernstrategien stellt dies jedoch eine Erschwernis dar, da sie es als Einmischung in ihren Lernstil empfinden.
Ältere und intelligentere Schüler und Schülerinnen kommen besser mit einem deduktiven Unterricht zurecht, bei dem zunächst ein allgemeines Prinzip vorgestellt wird, aus dem dann Schlußfolgerungen gezogen werden. Jüngere Kinder und schwächere Schüler und Schülerinnen können mehr mit einem Unterricht anfangen, bei dem von Einzelbeispielen ausgegangen und daraus eine allgemeine Regel abgeleitet wird.
Unterricht nach dem **Akkomodations-Kompensations-Prinzip** nach ROLLETT: Würde man nach den Prinzipien des ATI-Ansatzes nur von den natürlichen Bevorzugungen der Lernenden ausgehen, dann käme es dazu, daß sie in ihrer einseitigen Ausrichtung bestärkt werden. Es ist daher günstiger, den Unterricht zunächst an ihre individuellen Bedürfnisse anzupassen (Akkomodation), um ihnen anschließend Hilfen zur Entwicklung jener Kompetenzen zu bieten, die sie noch nicht oder nicht in ausreichendem Maße besitzen (Kompensation).

d) **Die Ermöglichung individueller Wahlen:** Eine sehr freie Form der Individualisierung besteht darin, den Schülern und Schülerinnen die Wahl zwischen verschiedenen Instruktionsformen zu lassen. Dies bedeutet natürlich, daß diese Möglichkeiten auch angeboten werden müssen, was einen zusätzlichen Vorbereitungsaufwand für die Lehrenden bedeutet. Programme, die dies verwirklichen, sind im Rahmen des „Offenen Lernens“ und in der FREINET-Pädagogik entwickelt worden

25. Schulklassen als Gruppen

Seit Jahren wendet man sich auch in der pädagogisch-psychologischen Forschung intensiv den Gruppenaspekten der Schulklassen zu. Wichtige Impulse kommen aus der gruppentherapeutischen Forschung. Die Reform des Schulwesens, die eine verstärkte Einbeziehung von Gruppierungsaspekten z. B. im Rahmen der Gesamtschule oder von Kern-Kurs-Systemen mit sich brachte, stellte dabei von der Praxis her ein auslösendes Moment dar.

Der Themenbereich ist nur angemessen beschreibbar, wenn psychologische, erziehungswissenschaftliche und soziologische Ansätze integrativ verwendet werden.

Die Bedeutung sozialer Gruppierungen innerhalb der Schulklasse wurde bereits in den 50er Jahren durch die Untersuchung von LIPPITT & GOLD (1959) nachgewiesen. Diese Autoren stellten fest, daß der soziometrische Status sowohl die Leistung als auch die Persönlichkeitsentwicklung von Schülern und Schülerinnen nachhaltig beeinflußt. Grundschüler, die einen niedrigen soziometrischen Status hatten, entwickelten auch ein negativeres Selbstwertgefühl. In ihren Beziehungen zu den anderen Kindern in der Klasse waren sie defensiver und weniger sensitiv. Dabei zeigte es sich, daß die Lehrkräfte dazu neigten, diese Interaktionsmuster zu verstärken, indem sie sich diesen Kindern gegenüber ebenfalls wenig konstruktiv verhielten.

25.1 Zur Definition der Gruppe

Die besondere Schwierigkeit bei der Untersuchung von sozialen Gruppen besteht darin, daß zwischen Gruppe und Nichtgruppe in der Praxis oft ein fließender Übergang besteht. Meist begnügt man sich daher bei der Definition der Gruppe mit der Angabe jener Merkmale, die an gut funktionierenden Gruppen festzustellen sind.

Aus der großen Zahl der **Gruppencharakteristika** seien hier einige wesentliche herausgegriffen: Eine Gruppe verfügt über

1. gemeinsame Ziele, Motive und Interessen;
2. gemeinsame Werte und Normen;
3. Zusammenhalt: Kohäsion, Sympathie und Wirgefühl;
4. Strukturmerkmale, wie Größe, Hierarchien, Status- und Rollenstrukturen;
5. eine Interaktions- und Kommunikationsstruktur, deren Veränderungen die dynamischen Komponenten der Gruppe ausmachen.

In der klassischen Kleingruppenforschung wurde die **Interaktion** als wesentlichstes und konstituierendes Merkmal der Gruppe angesehen (HOMANS, 1960; PARSONS, 1951; BALES, 1957 u. a. m.). Allerdings ergeben sich sofort Widersprüche, wenn man Interaktion zu operationalisieren versucht. Es gibt Gruppenmitglieder, die ihre Zugehörigkeit zur Gruppe durch bloße Anwesenheit dokumentieren. BALES versuchte, dem gerecht zu werden, indem er als empirischen Nachweis für eine stattgefundene Interaktion bereits die Tatsache gelten ließ, daß Mitglieder einer Gruppe sich an den Betreffenden erinnern können. Daß dieses Merkmal eine notwendige Bedingung darstellt, wird niemand bestreiten; hinreichend ist es jedoch keineswegs, da „Sich erinnern" auch in bezug auf Nichtgruppenmitglieder möglich ist. Als definitorisches Merkmal der Gruppe ist der Interaktionsbegriff aber auch dann nicht geeignet, wenn man darunter aufeinanderbezogenes Handeln oder Sprechen versteht: Bei Konflikten mit Fremdgruppen sind die Interaktionen streng einander zugeordnet; jede Aktion eines Gegners wird mit einer darauf abgestimmten Reaktion eines oder mehrerer Gruppenmitglieder beantwortet; dennoch handelt es sich um klar getrennte Gruppen.

25.2 Die Präferenzstruktur von Gruppen und ihre Erfassung

Wesentlich geeigneter zur Definition der Gruppe sind daher die **Kooperationsangebote und -verweigerungen** der Gruppenmitglieder untereinander und gegenüber Außengruppenangehörigen, da hierdurch der graduelle Übergang von der Nichtgruppe zur organisierten Gruppe darstellbar ist: Die gut funktionierende soziale Gruppe wird durch ein hohes Ausmaß an Kooperationsangeboten und ein geringes Ausmaß an Kooperationsverweigerungen innerhalb der Gruppe definiert, während gegenüber Außenstehenden das Gegenteil der Fall ist.

Es ist unmittelbar ersichtlich, daß sich hieraus ebenfalls Maße für Desintegrationstendenzen innerhalb der Gruppe oder für den drohenden Ausschluß von Gruppenmitgliedern ableiten lassen. Je weniger gruppeninterne Kooperationsangebote gemacht werden und je höher die Verweigerungsrate wird, desto eher ist die Gruppe von der Auflösung bedroht. Der Ausschluß eines Gruppenmitgliedes kündigt sich in ähnlicher Weise an. Auch die Hierarchie ist auf der Grundlage der Kooperationsangebote und -verweigerungen definierbar: Mitglieder mit hohem Status erhalten bekanntlich mehr Kooperationsangebote als Gruppenmitglieder mit niedrigem Status. Mit Hilfe einer Modifikation des Soziogramms sind diese Daten über Gruppenprozesse erhebbar.

Das Soziogramm, von MORENO in den zwanziger Jahren entwickelt, gehört trotz methodischer Schwächen und einer sehr umständlichen Auswertungsprozedur zu den am meisten verwendeten Verfahren zur Beschreibung von Gruppenstrukturen. Es ist vor allem in der pädagogischen Praxis beliebt (vgl. MORENO, 1964) .

Bekanntlich liegt dem Soziogramm ein Partnerwahlverfahren zugrunde, bei dem die Versuchspersonen zumeist drei oder eine frei zu wählende Anzahl von Mitschülern und -schülerinnen benennen, mit denen sie im Hinblick auf verschiedene Fragestellungen („Kriterien" genannt) kooperieren oder nicht kooperieren möchten. Durch das Partnerwahlverfahren wird versucht, innerhalb der formellen Gruppe der Schulklasse informelle Gruppen (Cliquen, Freundschaften, informelle Führer u. a.) zu identifizieren, wobei durch die Fragestellung entweder eher der emotionelle Austausch oder die Kooperation im Aufgabenbereich zur Beurteilung angezielt werden kann (z. B. „neben wem möchtest Du sitzen" oder „wen möchtest Du zum Geburtstag einladen?„).

Aus vielen zum Teil schon sehr frühen Untersuchungen zur Beschreibung von Gruppenstrukturen mit Hilfe des Partnerwahlverfahrens ist bekannt, daß die Ergebnisse sehr wenig stabil sind (vgl. z. B. MIKULA, 1972). Diese Mängel können durch eine andere Form der Datenerhebung beseitigt werden.

25.2.1 Erhebung der vollständigen Kooperationsmatrix

Bei dem modifizierten soziometrischen Verfahren wird eine vollständige Erhebung der Kooperationsbereitschaft in Form von Ratingskalen durchgeführt. Hierbei wird von jedem Mitglied der Klasse auf einer 5–Punkte-Skala angegeben, wie gern oder ungern er oder sie mit jedem anderen Mitglied kooperieren möchte (vgl. dazu ESSER & FÖRSTER, 1968; KRÜGER, 1973; BARTRAM u. a., 1978). Die Kriterien sind je nach interessierender Fragestellung zu wählen.

Abb. 15: Fragebogen zur Erfassung der Kooperationsbereitschaft

Beispiel:
Kriterium: „Demnächst werden an der Schule kleine Arbeitsgruppen eingerichtet. Mit wem möchtest Du dann zusammenarbeiten? Kreuze an!"

Beurteiler(in): *Hans* ....

	sehr gern	gern	mittel	ungern	sehr ungern
Hans	1	2	3	4	5
Silke	1	2	x	4	5
Uwe	x	2	3	4	5
Fritz	1	2	3	4	x
usw.					

Am bequemsten lassen sich die erhaltenen Wahlen mit Hilfe des Computers auswerten. Als Verfahren hat sich die Clusteranalyse nach WARD (1963) bewährt, das in allen gängigen Statistikprogrammpaketen enthalten ist.

Wenn dies nicht möglich ist, empfiehlt es sich, eine Übersichtstabelle der Beurteilungen anzulegen. Die Spalten stellen die Bewertungen dar, die die Kinder **abgegeben** haben. Aus den Zeilen kann entnommen werden, wie jedes Kind **von den anderen beurteilt** wurde:

Abb. 16: Überblickstabelle der Beurteilungen: Kooperationsmatrix

Beurteilte	Beurteiler				Mittelwert der **erhaltenen** Beurteilungen
	Hans	Silke	Uwe	Fritz	
Hans	-	3	2	4	3,3
Silke	3	-	2	1	2
Uwe	1	1	-	2	1,3
Fritz	5	3	5	-	4,5
Mittelwert der **abgegebenen** Urteile	3	2,3	3	2,3	

Eine Inspektion der Tabelle ergibt, daß Uwe der „Star" der Gruppe ist, während Fritz von fast allen abgelehnt wird. Er erwidert diese Ablehnung zwar im Fall von Hans, macht aber Silke und dem Gruppenführer Uwe Kontaktangebote.

Wie die Auswertung zeigt, benötigt Fritz jedenfalls Hilfe bei der Lösung seiner Kontaktprobleme. Da Silke ihm gegenüber wenigstens eine neutrale Einstellung hat und sie selbst eine gute Stellung in der Gruppe besitzt, könnte man versuchen, über sie den Kontakt zu den beiden anderen zu verbessern.

Das Soziogramm kann daher eine wertvolle Hilfe für die Lehrenden sein, um Probleme einzelner Kinder oder von Gruppen in der Klasse zu erkennen und gezielte Maßnahmen, wie im Beispiel dargestellt, zu setzen.

25.3 Die Kommunikationsstruktur der Gruppe

Die Kommunikation in der Schulklasse als Gruppe spielt sich, wie in jeder sozialen Gruppe auf drei Ebenen ab, die im folgenden dargestellt werden sollen:

1. **Die Anderen als Publikum:** Zwischen dem oder der Agierenden finden zwar meist keine direkten Interaktionen statt, das bloße Vorhandensein ei-

nes Publikums bleibt aber dennoch nicht ohne Wirkung. Für diese Situation ist der sogenannte Publikumseffekt ausschlaggebend. Wenn ein Publikum vorhanden ist, ändert sich das Verhalten von Menschen. Wer ein gutes Verhältnis zu seiner sozialen Umwelt hat und ihr mit Vertrauen begegnet, fühlt sich durch das Publikum angeregt, bessere Leistungen zu zeigen. Selbstverständlich handelt es sich dabei um einen Wechselwirkungseffekt: Positive Rückmeldungen wirken motivierend.
Auf der anderen Seite kann Angst dazu führen, daß das Publikum eine leistungshemmende Wirkung hat. Selbst große Schauspieler sind gelegentlich vor Lampenfieber nicht sicher. Prüfungen vor Publikum können sowohl besser als auch schlechter ausfallen, als Prüfungen ohne Zuschauer, und zwar nicht nur, weil sich die Prüflinge anders verhalten, sondern auch, weil sich die Prüfenden anders verhalten. Wollen diese z. B. „ein Exempel statuieren", um das Publikum zu mehr Lerneifer anzustacheln, so kann die Prüfung unter Umständen strenger bewertet werden, als dies ohne Zuhörer der Fall wäre. Besteht eher das Bedürfnis sich als fairer Prüfer oder Prüferin zu zeigen, kann sich das Vorhandensein des Publikums positiv auswirken.

2. **Die Anderen als Koagierende:** Auch wenn nur nebeneinander und nicht miteinander agiert wird, wirkt sich die Anwesenheit anderer aus. Aus dem Sport ist das sogenannte „Schrittmacherphänomen" bekannt. Sportler, die nur gegen die Uhr trainieren, haben schlechtere Leistungen, als solche, die mit einem Partner üben. Jeder Lehrer und jede Lehrerin kennt die Auswirkungen, die das gute oder schlechte Beispiel auf die übrigen Klassenmitglieder hat.
   Dieser positive, aktivierende Effekt gilt jedoch nur für Leistungen, die entweder bereits gut gekonnt werden oder im Gegenteil Kreativität das Produzieren neuer Ideen erfordern. Schwierige Denkaufgaben, die Konzentration brauchen, werden durch die Anwesenheit anderer eher behindert.
3. **Das Individuum und die anderen in Interaktion:** Je besser eine Gruppe funktioniert, desto intensiver werden die Interaktionen. Die Kommunikationen innerhalb der Gruppe führen dabei zur Entwicklung einer **Kommunikationsstruktur**. In eng vernetzten Gruppen hat jeder die Möglichkeit, mit jedem zu kommunizieren. Ist dies nicht der Fall, da eine bestimmte Kommunikationsstruktur vorgegeben ist, entsteht eine Ungleichheit der Kontakt- und Kommunikationsmöglichkeiten. Eine frühe Studie dazu stammt von LEAVITT (1951)
   Er ließ Fünfergruppen von Personen Aufgaben lösen: Jedes Gruppenmitglied bekam eine Liste mit Symbolen, wobei jeweils ein Symbol in allen Listen vorkam. Dieses war herauszusuchen. Es wurde die Zeit bis zur Lösung des Problems, die Fehleranzahl und die Anzahl der Kommunikationen gemessen.

Abb. 17:

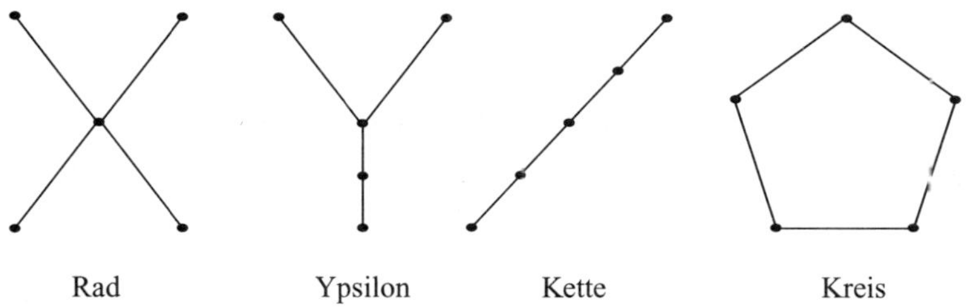

Die Kommunikation mußte im Rahmen bestimmter vorgegebener Informationskanäle erfolgen: Rad, Ypsilon, Kette und Kreis (vgl. Abb. 17).

Es zeigte sich, daß der Kreis das langsamste Netz war und die meisten Fehler aufwies. Im Kreis waren auch die meisten Kommunikationen notwendig, um eine Nachricht zu übermitteln. Für eine dauerhafte Arbeitsorganisation ist der Kreis daher weniger gut geeignet. Rad-, Ypsilon- und Kettengruppe konnten im Vergleich dazu ihre Arbeit gut organisieren, wenn alle Informationen zur zentralen Person geschickt wurden. Fragte man jedoch die Mitglieder nach ihrer Zufriedenheit, dann waren die Mitglieder des Kreises am zufriedensten. Die geringste Zufriedenheit gab es beim Rad.

Zentralisierte Netze sind nur bei relativ einfachen Aufgaben und klaren Problemstrukturen überlegen. Bei schwierigeren Aufgaben und kreativen Problemlösungen sind dezentralisierte Netze besser geeignet. Die Kommunikationsstruktur beeinflußt daher auch die Präferenzstruktur. In zentralisierten Netzen bildet sich rascher eine **Rollenstruktur**, da gewöhnlich eine zentrale Figur Führungspositionen übernimmt.

25.4 Formelle und informelle Gruppen, emotionale und Arbeitsebene

Formelle Gruppen haben eine vorgegebene, oft schriftlich festgelegte Rollenstruktur. „Schuldirektorin" oder „Lehrer" sind z. B. solche festgelegten Rollen. Die Rolle stellt den dynamischen Aspekt des **Status**, des mit einer Rolle verbundenen Kataloges von Rechten und Pflichten dar.

Die Schüler und Schülerinnen in der Klasse bilden **informelle Gruppen**. Statuszuweisungen und Rollen innerhalb der Klassengemeinschaft ergeben sich erst aufgrund der Erfahrungen, die die Kinder miteinander sammeln. **Werte und Normen** regeln in beiden Fällen das Verhalten. In informellen Gruppen bilden sich auch diese erst im Laufe der Zeit heraus, wobei Verhandlungen über das, was als Norm gelten soll, stattfinden.

Lehrenden ist oft nicht bewußt, daß sie als formelle Gruppenleiter für die Werte und Normen, die in der Klasse gelten, und die die Strukturierung der informellen Gruppierungen mitbestimmen, entscheidend mitverantwortlich sind. Sie sollten im Gegenteil diese Möglichkeit der Normsetzung nutzen, um eine gute Kooperations- und Arbeitsatmosphäre zu schaffen. Schulklassen als Gruppen entgleisen nur dann, wenn die Lehrenden, und besonders der Klassenlehrer oder die Klassenlehrerin diese Funktion nicht wahrnehmen: Was geduldet wird, gilt in jedem Fall als erlaubt. Wer z. B. bei den ersten Aggressionen der Gruppenmitglieder untereinander nicht normsetzend eingreift, riskiert, daß die Aggressiveren die Leitung der Gruppe übernehmen und sie entsprechend beeinflussen.

Wer dagegen rasch in freundlicher Form eingreift und dabei die geltenden Gruppennormen formuliert, kann sich dies ersparen. Beispiel: „Worum geht es? Was habt ihr für ein Problem? Wir wollen in dieser Klasse nicht herumstreiten, sondern versuchen, Probleme zu lösen."

In jeder Gruppe gibt es eine **rationale oder Arbeitsebene** und eine Ebene der **emotionalen Grundannahmen** (basic assumptions). Wer sich wem emotionell verbunden fühlt, wer zu wem „hält" und wer wen nicht leiden kann, gehört zu den emotionellen Grundannahmen. Bricht „Gruppenhysterie" aus, so ist es die affektive Basis der Gruppe, die sich auswirkt.

Da das Ziel des Schulunterrichts in erster Linie im Arbeitsbereich liegt, können die emotionellen Grundlagen nicht im Zentrum der schulischen Arbeit stehen. Man sollte aber um ihre Existenz wissen und sie bei der erzieherischen Arbeit berücksichtigen.

Die emotionellen Bereiche sind besonders wichtig, wenn es darum geht, Neuerungen einzuführen, wenn z. B. ein neuer Lehrer oder eine neue Lehrerin die Klasse übernimmt oder Veränderungen im Stundenplan vorgenommen werden müssen. Eine wichtige Regel besagt, daß einschneidende Veränderungen immer mit der Gruppe vorbesprochen werden sollten, damit sich die Gruppenmitglieder emotionell darauf einstellen können. Neuerungen, selbst wenn sie für die Gruppe von Vorteil sind, werden von ihr nicht angenommen, wenn sie nicht die Möglichkeit hat, sich vorher damit auseinanderzusetzen.

In Gruppen entwickeln sich oft zwei Führerpersönlichkeiten. Die „tüchtige" Führerpersönlichkeit ist für die Arbeitsebene verantwortlich und gibt dort die Richtlinien vor, die „charismatische" Führerpersönlichkeit versteht sich darauf, die Emotionen der Gruppenmitglieder zu beeinflussen, da sie ihr bei der emotionellen Bewertung von Situationen oder Vorgängen vertrauen.

In manchen Gruppen bilden sich sogenannte „Führungsduale" heraus, wobei die eine Person die Arbeitsvorhaben und die andere die emotionellen Bewertungen übernimmt. (In großen Firmen gibt es daher neben dem Direktor, der für die Produktion verantwortlich ist, den „Frühstücksdirektor", der Besucher empfängt und sich um die „Public Relations", das heißt um die Beziehungen der Firma zur Öffentlichkeit kümmert.) Von Lehrern und Lehrerinnen wird erwartet, daß sie beide Funktionen ausfüllen. Dies ist sicher nicht leicht und erfordert einige Übung.

26. Gruppierungen von Schülern und Schülerinnen im Unterricht

26.1 Problemstellung

Seit Kinder in Klassen unterrichtet werden, stellen Fragen der Gruppierung der Lernenden in der Praxis und in der Forschung ein viel diskutiertes Problem dar. Ursprünglich war der Einzelunterricht in Europa die übliche Unterrichtsform. Im 17. Jahrhundert setzte sich Johan Amos COMENIUS in seinem berühmten Werk „Didactica magna" erstmals dafür ein, statt dessen eine größere Gruppe von Schülern gleichzeitig zu unterrichten.

Im 18. Jahrhundert dominierte das Fachklassensystem, d. h. die Lernenden wurden je nach Kenntnisstand in einem bestimmten Fach einer entsprechenden Klasse zugeteilt. Derselbe Schüler konnte daher in den einzelnen Fächern Klassen mit unterschiedlichem Niveau angehören. Der individuelle Leistungsstand konnte so in differenzierter Weise berücksichtigt werden. Dieses von FRANCKE entwickelte Prinzip führte in der Praxis allerdings dazu, daß Schüler unterschiedlichster Altersstufen gemeinsam unterrichtet wurden; war der Unterricht der einzelnen Klassen nicht aufeinander abgestimmt, so konnte keine sinnvolle Weiterführung auf individuellen Lernwegen erfolgen. Derartige Mißstände führten GRAFF 1817 dazu das Jahresklassensystem zu propagieren. An die Stelle des Kenntnisstandes trat mithin das Alter als neuer Gruppierungsgesichtspunkt.

Die Vorteile einer einfacheren Organisation wurden, wie nicht anders zu erwarten, mit einer geringeren Berücksichtigung des individuellen Leistungsstandes erkauft. HEBART setzte sich ausführlich mit den Problemen der Jahrgangsklasse auseinander und schlug drei Gruppen von Maßnahmen vor, um ihnen zu begegnen, die zum Teil durchaus modern wirken.

1. Zusätzliche Übungsstunden;
2. Einschieben einer zusätzlichen Übungsklasse nach dem dritten Unterrichtsjahr für Kinder mit schlechtem Lernerfolg;
3. Einführung von „Episoden" für Lernende mit abweichendem Lerntempo, die diese beschäftigen, ohne daß dadurch dem Rest der Klasse Informationen vorenthalten werden, die für den weiteren Erarbeitungsprozeß notwendig wären.

26.2 Gruppierungsformen

In dem von Yates (1966) herausgegebenen UNESCO-Bericht „Grouping in Education“ wurde eine Taxonomie der möglichen Gruppierungsformen erarbeitet und versucht, die Argumente für und gegen einen Gruppierungstypus einander gegenüberzustellen.

Zunächst wird zwischen „**Allokation**“, d. h. Zuweisung von Schülern und Schülerinnen zu unterschiedlichen Schulen und Schultypen aufgrund von Gesichtspunkten wie Wohnbezirk, Geschlecht, Religionszugehörigkeit, Alter, Nationalität, Sprache, sozioökonomischem Status, speziellen Bedürfnissen, Bedarf nach technischer Spezialausbildung, Begabung und Leistung als Grundlage auf der einen Seite und **Gruppierungsmaßnahmen innerhalb der Schule** differenziert. Schulinterne Gruppierungen können flexibel als „**setting**“ erfolgen oder zu rigiden „**streams**“ bzw. „**tracks**“ führen. Leistungsgruppen, Förder-, Lift- und Stützkurse, Interessensgruppen wären Beispiele für setting-Maßnahmen. Sobald sich Kurssysteme verfestigen, etwa in der Form, daß ein Gymnasial-, Real- oder Hauptschulzweig entsteht, handelt es sich um streaming-Prozeduren. Je nach Art und Anzahl der Gruppierungskriterien ist der diagnostische Aufwand unterschiedlich hoch.

Shane (1960) führte nicht weniger als 32 Gruppierungsformen auf. Yates faßte sie zu neun Gruppierungsparadigmen zusammen …

Tab. 20: Gruppierungsformen nach Yates

1. **Jahrgangsklassen**
   (Kriterium: Alter und Leistung)
2. **Spezialklassen**
   (Kriterium: Bedürfnisse der Lernenden nach besonderen Unterrichtsformen.)
3. **Tracking**
   (Kriterium: Fähigkeiten, Leistungen oder die Wünsche von Schülern und Schülerinnen und Eltern: Aufgrund einer Eingangsdiagnose oder nach einer gemeinsamen Eingangsphase werden die Lernenden verschiedenen Zweigen im Rahmen des Systems zugewiesen. Ein Beispiel für dieses System ist die differenzierte Oberstufe, obwohl dabei auch gewisse Züge eines setting-Systems verwirklicht werden.)
4. **Streaming und setting**
   (Kriterium: Homogene Leistungen)
5. **Klubs oder freie Aktivitätsgruppen**
   (Kriterium: Besondere Interessen der Lernenden neben dem regulären Unterrichtsangebot.)

6. **Geplante heterogene Gruppen** (Parallelklassen, ungegliederte Schulformen, multiple Gruppierungen zweier oder mehrerer Jahrgangsklassen, „Klassenfamilien", Gruppierungen nach Balancegesichtspunkten, um verschiedene ethnische, religiöse oder Sprachgruppen zu integrieren)
   (Kriterium: Unterschiedlichkeit in der Intelligenz, Herkunft, Interessen, eventuell auch Alter usw., um Kompensationsmöglichkeiten zu eröffnen.)
   Die Zusammenfassung mehrerer Altersgruppen in einer Klasse zu einer familienähnlichen Gruppe hat das Ziel, soziales Lernen zu fördern, indem ältere Schüler und Schülerinnen angeregt werden, den jüngeren zu helfen.
7. **Flexibel geplante Gruppen**
   (Kriterium: Passung zwischen Lernziel und Organisationsform)
   Je nach Lehrziel werden ad hoc größere oder kleinere Schülergruppen zusammengestellt. Individuelle Einzelarbeit wechselt mit Kleingruppenarbeit und Unterricht für die Gesamtgruppe. Beispiele für diese Gruppierungsformen wurden im Rahmen des Team-Teaching entwickelt
8. **Lehrer-Schüler- und Schüler-Lehrerpassung** („Teachability grouping" nach THELEN, 1963)
   (Kriterium: Kompatibilität, Homogenität und Kompensation)Bei dieser Gruppierungsform versucht man, die Schüler und Schülerinnen nach den Prinzipien Kompatibilität, Homogenität und Kompensation zu gruppendynamisch günstigen Einheiten zusammenzufassen. Auch die Zuweisung von Lernenden zu Lehrenden erfolgt nach diesen Kriterien. Sehr schüchterne, zurückgezogene Kinder sollte man zum Beispiel nicht mit sehr aggressiven Kindern zusammenarbeiten lassen, da es sonst zu leicht zu aggressiven Übergriffen kommt. Hier handelt es sich um nicht kompatible Gruppierungen.
   Bei dieser Gruppierungsform können auch sehr differenzierte gruppendynamische Gesichtspunkte, wie sie SLAVSON bereits 1943 ausführlich darstellte, als Kriterium verwendet werden: Für ein zurückgezogenes Kind kann zum Beispiel ein „Stütz-Ich" in Form eines freundlichen, hilfsbereiten, aktiven Kindes beigestellt werden; einer wenig aktiven Gruppe kann ein lebhaftes, ideenreiches Kind als „Instigator" zugeordnet werden. Es handelt sich dabei um Gruppierungsentscheidungen, die Lehrer und Lehrerinnen intuitiv auch bei der Zusammenstellung von Arbeitsgruppen, Sitznachbarschaften u. ä. treffen, um ein möglichst günstiges Arbeitsklima zu erzielen.

9. **Innere Differenzierung**
(Kriterium: Besondere Bedürfnisse der Lernenden)
Je nach Lern- bzw. Erziehungsziel werden Klassen flexibel in kleinere Einheiten unterteilt, die besondere Aufgabenstellungen erhalten. Prinzipiell können sämtliche oben aufgeführten Kriterien, entsprechend den jeweiligen pädagogischen Zielsetzungen die Grundlage für derartige Subgruppenbildungen darstellen.
Die Vielfalt der Gruppierungsmöglichkeiten, die in der pädagogischen Praxis zum Einsatz kommen, zeigt bereits, daß es keine „ideale" Lösung dieses Problems gibt. Umso wichtiger ist es, sich mit den Möglichkeiten der einzelnen Gruppierungsformen vertraut zu machen

In der erziehungswissenschaftlichen Forschung wurde sehr viel Zeit und Energie investiert, um die Überlegenheit eines Gruppierungsprinzips gegenüber einem anderen nachzuweisen. Die Ergebnisse sind außerordentlich widersprüchlich, und zwar nicht nur, weil die Regeln einer sorgfältigen Versuchsplanung oft nicht berücksichtigt wurden. Die Vorteile des einen Verfahrens sind sehr oft die Nachteile des anderen, wenn man den Vergleich hinsichtlich eines bestimmten Kriteriums vornimmt: Nach dem Kriterium „Organisationsaufwand" bedeutet jeder zusätzliche Differenzierungsgesichtspunkt z. B. eine Vergrößerung an diagnostischem und Entscheidungsaufwand; nach dem Kriterium „Berücksichtigung der Individualität des Lernenden" dagegen ist mit jedem sinnvollen Differenzierungskriterium eine Verbesserung der Anpassung des Unterrichts an die Bedürfnisse des einzelnen gegeben.

27. Disziplinstörungen

Die Diskussion über Disziplinstörungen, ihre Ursachen und Möglichkeiten der Intervention wird durch verschiedene Vor-Urteile belastet: Spätestens seit SPRANGERS (1958) Überlegungen zum „Geborenen Erzieher" findet man immer wieder die Meinung vertreten, daß sich wirksames Erzieherverhalten nicht erlernen ließe, sondern so etwas wie eine „Begabung" darstelle. Diese Auffassung hat leider oft zur Folge, daß man, falls man sich selbst zu den weniger Begabten rechnet, keine Veranlassung sieht, an diesem Zustand etwas zu ändern, da Begabung mit Unveränderbarkeit gleichgesetzt wird. Tatsächlich läßt sich wirksames Erzieherverhalten lernen.

27.1 Die klassischen Untersuchungen von LEWIN, LIPPITT & WHITE zum Erziehungsstil

Zu den Klassikern der Literatur zum Erziehungsstil zählen die Untersuchungen von LEWIN, LIPPITT & WHITE (1939). Sie zeigten, daß sich erzieherische Interventionen systematisch variieren lassen und, was noch wichtiger ist, daß sich dadurch Veränderungen im Verhalten der Schüler und Schülerinnen erzielen lassen.

In diesen Experimenten wurde elfjährigen Jungen die Aufgabe gegeben, Masken zu erzeugen. Die Gruppenleiter verwirklichten entweder einen „autoritären", einen „demokratischen" oder einen „laissez-faire"- (durch Nichteingreifen charakterisierten) Erziehungsstil. Als wichtigste Ergebnisse zeigte sich, daß der laissez-faire-Stil zur Desorganisation führt und die Arbeitsergebnisse schlecht sind, daß der demokratische Stil zu guten Arbeitsergebnissen und dem besten Gruppenklima führt, der autoritäre Stil zwar zu guten Arbeitsergebnissen, aber einem schlechten Gruppenklima Anlaß gibt, wobei besonders negativ ist, daß die Arbeit sofort eingestellt wird, wenn der Gruppenleiter den Raum verläßt.

In eigenen Untersuchungen haben wir diesen Versuchsplan nachgestellt und kamen bis auf eine Ausnahme zu ähnlichen Ergebnissen. Dieses abweichende Resultat war jedoch für die Bewertung der LEWINschen Resultate äußerst interessant: Im laissez-faire-Fall regierte nämlich nicht das Chaos, sondern die Jungen entwickelten rasch und zielsicher eine eigene Gruppenstruktur, indem einer aus der Gruppe die Leitungsaufgaben übernahm und die übrigen sich die Aufgaben in verantwortungsvoller Weise teilten. Hier war spontan eine demokratische Gruppenstruktur mit einem durch die Akzeptierung seiner Rolle als Gruppenleiter durch die Gruppenmitglieder implizit gewählten Gruppenführer entstanden. Das Beispiel zeigt, daß die Kooperationsbereitschaft der Gruppenmitglieder mindestens ebenso wichtig ist, wie das Führungsverhalten des Gruppenleiters.

27.2 Die Untersuchungen von Tausch & Tausch

Im deutschen Sprachraum wurden die Untersuchungen zum Erziehungsstil und seinen Auswirkungen vor allem durch die Forschergruppe um das Ehepaar Tausch vorangetrieben.

Die ersten, sehr exakt durchgeführten Arbeiten bauten auf dem Typenkonzept von Lewin auf, wobei allerdings eine weitere Differenzierung des autoritären Verhaltens vorgenommen wurde. Sie unterschieden zwischen dem „sehr autokratischen" Verhalten und dem „autokratischen" Verhalten. Auch das demokratische Verhalten erhielt einen neuen Namen. Es wurde in den Arbeiten von Tausch & Tausch als „sozialintegratives Verhalten" bezeichnet. Die den vier Typen zugeordneten Verhaltensformen werden von ihm wie folgt charakterisiert:

„**Typenkonzept sehr autokratisches Verhalten**: Verärgerung, Unfreundlichkeit, Verständnislosigkeit, Befehlen, Unhöflichkeit, Pessimismus, Erregung, als falsch beurteiltes Erzieherverhalten, Straferteilung, Strafandrohung.

Hierdurch beim Jugendlichen ausgelöste Vorgänge: Verschlechterung der Beziehung zu Erziehern, Unfreiheit des Handelns, negative gefühlsmäßige Erfahrungen, ablehnende Reaktionen, unmittelbare Angepaßtheit, Hinderung der seelischen Reifung, spätere Unangepaßtheiten.

Typenkonzept autokratisches Verhalten: Verärgerung, Befehlen, Unfreundlichkeit, Verständnislosigkeit, Erregung, Unhöflichkeit.

Bei Jugendlichen hierdurch ausgelöste Vorgänge: Unfreiheit des Handelns, Verschlechterung der Beziehung zu Erziehern, spätere Unangepaßtheit, negative gefühlsmäßige Erfahrungen, ablehnende Reaktionen, unmittelbare Angepaßtheit, Hinderung der seelischen Reifung.

Typenkonzept sozialintegratives Verhalten: Höflichkeit, Ruhe, Verständnis, Optimismus, Freundlichkeit, als richtig beurteiltes Erzieherverhalten.

Bei Jugendlichen hierdurch ausgelöste Vorgänge: Spätere Angepaßtheit, unmittelbare Angepaßtheit, positive gefühlsmäßige Erfahrungen, Förderung der seelischen Reifung, annehmende Reaktionen, Freiheit des Handelns.

Typenkonzept laissez-faire-Verhalten: Ruhe, Verständnis, Höflichkeit, als falsch beurteiltes Erzieherverhalten.

In Jugendlichen ausgelöste Vorgänge: Verbesserung der Beziehung zu Erziehern, Freiheit des Handelns, spätere Unangepaßtheit, positive gefühlsmäßige Erfahrungen, unmittelbare Unangepaßtheit" (TAUSCH & TAUSCH, 1971[6], S. 175).

Im einzelnen lassen sich diese typologischen Verhaltensformen nach zwei Hauptdimensionen einordnen: Maximale Lenkung, Dirigierung und Kontrolle versus minimale Lenkung, Dirigierung und Kontrolle auf der einen, Geringschätzung, emotionale Kälte und Abneigung versus Wertschätzung, emotionaler Wärme und Zuneigung auf der anderen Seite. Die eine Dimension wird als **Lenkungsdimension**, die andere als **emotionale Dimension** bezeichnet (a.a.O. S. 172).

Abb. 18: Typenkonzepte zur Klassifizierung des Lehrer-Erzieherverhaltens

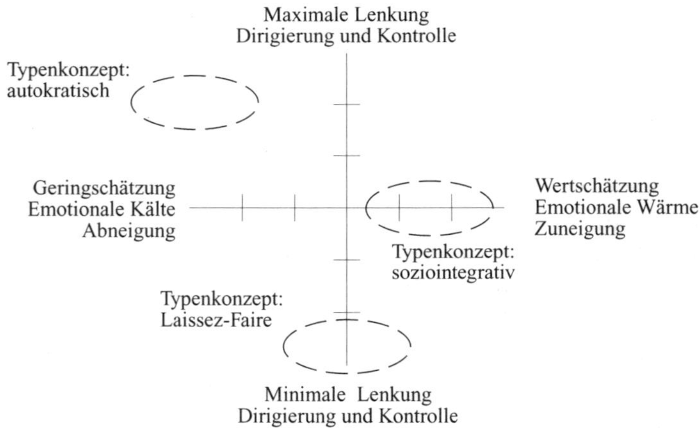

Die erste Kritik am Typenkonzept kam von TAUSCH & TAUSCH selbst, die feststellten, daß eine quasi „elementaristische" Verwirklichung z. B. des sozialintegrativen Stils nicht unbedingt zu einem wirksamen Erzieherverhalten und einer fruchtbaren Interaktion zwischen Lehrenden und Lernenden führen muß. Sie ersetzten daher dieses Konzept durch ein neues, vom humanistischen Therapiekonzept ROGERS (1961) abgeleitetes System, daß vier **Dimensionen** der Lehrer-Schüler-Interaktion umfaßt (vgl. Tab. 21).

„Eine Dimension ist eine Zusammenfassung ähnlicher, einander entsprechender Haltungen, Reaktionsweisen und komplexer Aktivitäten. Sie unterscheidet sich von den Haltungen, Reaktionsweisen und Aktivitäten anderer Dimensionen.

Jede Dimension ist definiert durch die Angabe von Haltungen, Reaktionsweisen und Aktivitäten. Mit Hilfe von Skalen können diese im alltäglichen Leben von Personen wahrgenommen werden und – wenn gewünscht – eingeschätzt, „gemessen‘ werden“ (TAUSCH & TAUSCH, 1977[8]).

Tab. 21: Dimensionen der Lehrer-Schüler-Interaktion nach ROGERS & TAUSCH

1. Achtung – Wärme – Rücksichtnahme	versus	Mißachtung – Kälte – Härte
2. Vollständiges einfühlendes Verstehen	versus	Kein einfühlendes Verstehen
3. Echtheit – Übereinstimmung – Aufrichtigkeit	versus	Fassadenhaftigkeit – Nichtüberein-stimmung– Unechtheit
4. Viele fördernde nichtdirigierende Tätigkeiten	versus	Keine fördernden nichtdirigierende Tätigkeiten

Vorteil dieser globaleren Betrachtungsweise ist, daß durch die Verwirklichung einer bestimmten Einstellung und der davon abgeleiteten Verhaltensweisen eine förderliche Interaktion zustande kommen kann. Nach wie vor wird aber nur die Lehrkraft, nicht jedoch das komplexe Zusammenspiel zwischen Lernenden und Lehrenden beachtet.

27.3 Techniken der Klassenführung nach KOUNIN

Die Wende bei der Suche nach wirksamen Variablen des Lehrerverhaltens brachten die Forschungsarbeiten von Jacob S. KOUNIN. Durch Videoaufzeichnungen und Analyse der beobachteten Verhaltenssequenzen und ihrer Auswirkungen auf das Schülerverhalten gelang es ihm, Variablen des Lehrerverhaltens zu entdecken, die von der Forschung zuvor nicht berücksichtigt worden waren, die sich aber als entscheidend für die Herstellung eines guten Arbeitsklimas in der Klasse erwiesen. Seine Forschungsarbeiten machten die Ergebnisse früherer Untersuchungen nicht überflüssig. Sie zeigten aber auf, weshalb Lehrer und Lehrerinnen, die sich bemühten, ein positives, nicht-direktives Verhalten in der Klasse zu verwirklichen, nur zum Teil erfolgreich waren.

Seinem Forscherteam blieb es vorbehalten, die Untersuchungen über Disziplinprobleme in eine ganz neue Richtung zu lenken. Ausschlaggebend dafür war ein persönliches Erlebnis KOUNINS. Er beschreibt es in seinem Buch unter dem Titel „Der Zwischenfall“ wie folgt:

> „Die vorliegende Untersuchungsreihe wurde ausgelöst durch einen unbeabsichtigt aufgetretenen Vorfall in meiner Klasse. Ich hielt gerade einen Vortrag über Mentalhygiene, der dem Verständnis der Psychodynamik menschlichen Verhaltens gewidmet war und die Absicht verfolgte, eine ‚verständnisvolle‘, diagnostische Haltung Menschen gegenüber zu schaffen. Während ich vortrug, ließ ich meine Augen im Raum umherwandern und bemerkte in der hinteren Reihe einen Studenten, der in eine Zeitung vertieft war und sie in voller Größe ausgebreitet vor sich hielt. Im Widerspruch zu dem, was ich in meinem Vortrag vertreten hatte, rügte ich ihn ärgerlich, ganz ohne Diagnose oder Verständnis (d. h. ich unterließ es, ihn psychologischer Tests zu unterziehen, ihn zu einer Beratung einzuladen, seine Eltern zu interviewen oder seinen Umgang zu ergründen).
>
> Die Maßregelung hatte Erfolg. Er hörte auf, Zeitung zu lesen; zumindest hielt er sie nicht mehr voll ausgebreitet in der Luft. Es schien indessen, als sei die größere beobachtbare Wirkung hiervon auf die anderen Mitglieder der Klasse ausgegangen. Seitenblicke zu anderen unterblieben, Flüstern verstummte, Augen wandten sich vom Fenster oder dem Lehrer ab und den Notizblöcken auf den Tischen zu. Lastendes Schweigen breitete sich aus, als ob die Studenten den Unterrichtsraum aus ihrem Bewußtsein verdrängt und sich in die Sicherheit ihrer Notizblöcke geflüchtet hätten. Ich glaube, daß, hätte ich genießt, sie dieses Geräusch in ihren Heften vermerkt hätten.
>
> Die Maßregelung war in meinem Plan für die Vorlesung an diesem Tag nicht vorgesehen, und die Reaktion der Studenten erfolgte ganz unerwartet. Sie lasen ja keine Zeitung während der Vorlesung, und sie waren nicht Ziel der Maßregelung. Warum waren sie anscheinend so betroffen von einer Maßnahme des Lehrers, die gar nicht gegen sie gerichtet war?
>
> Der beschriebene Zwischenfall führte zu einer Reihe von Untersuchungen, die Dr. Paul GUMP, Dr. James RYAN und ich durchführten. Wir begannen mit einigen Untersuchungen über das, was wir später den Wellen-Effekt[2] nannten: darüber, wie die Methode eines Lehrers, mit schlechtem Betragen eines Schülers umzugehen, andere Kinder beeinflußt, die Beiwohner des Vorfalles jedoch selbst nicht angesprochen sind“ (1976, S. 17).

Die erste Untersuchung wurde in vier Lehrveranstaltungen eines erziehungswissenschaftlichen Colleges durchgeführt. Dafür war folgende Versuchsanordnung vorgesehen: Je zwei Klassen wurden von einem Dozenten und von einem Professor unterrichtet. Jeder der Vortragenden sprach in einer Lehrerveranstaltung eine destruktive, in der anderen eine konstruktive Zurechtweisung aus. Am zweiten Unterrichtstag wurden Fragebogen verteilt, um die Einstellung der Studierenden zu ihren Dozenten zu messen. Außerdem sollten sie angeben, für wie schwerwiegend sie bestimmte Formen des Störverhaltens (einschließlich Zuspätkommen) hielten und was sie für die Ursachen rassischer Vorurteile (darüber sollte die Vorlesung handeln) hielten.

Am dritten Unterrichtstag kam ein Helfer der Experimentatoren, ein Student, am Ende der Vorlesung zu spät. Dies war der Anlaß für die konstruktive bzw. destruktive Zurechtweisung: Im konstruktiven Fall erhielt der Zuspätgekommene das Angebot, ihm bei der Beschaffung des versäumten Stoffes behilflich zu sein. Die destruktive Zurechtweisung bestand in dem Vermerk, daß „dies leider Konsequenzen haben wird für mein Urteil über Sie und ihre Leistungen".

Wenige Minuten nach dem Vorfall wurden die Fragebögen noch einmal verteilt. Nachdem sie ausgefüllt waren, wurden die Studierenden darüber aufgeklärt, daß es sich um ein abgesprochenes Ereignis gehandelt habe und ein weiterer Fragebogen ausgeteilt, um ihre Reaktion festzuhalten.

Das Experiment erbrachte interessante Unterschiede in der Bewertung der Lehrenden durch die Studierenden vor und nach dem Zwischenfall.

Tab. 22: Bewertung von tadelnden Lehrenden (Kounin a.a.O., S. 21)

Position des Lehrenden	**Form der Zurechtweisung**	**Beurteilungskategorie**	**Mittelwertsunterschiede**
Dozent	destruktiv konstruktiv	Kompetenz	sehr signifikant
Professor	destruktiv konstruktiv	Kompetenz	nicht signifikant
Dozent	destruktiv konstruktiv	Liebenswürdigkeit	signifikant
Professor	destruktiv konstruktiv	Liebenswürdigkeit	Tendenz (0,05)
Dozent	destruktiv konstruktiv	Vertrauenswürdigkeit	signifikant
Professor	destruktiv konstruktiv	Vertrauenswürdigkeit	nicht signifikant
Dozent	destruktiv konstruktiv	nichtautoritäre Einstellung	höchst signifikant
Professor	destruktiv konstruktiv	nichtautoritäre Einstellung	sehr signifikant
Dozent	destruktiv konstruktiv	Fairneß	sehr signifikant
Professor	destruktiv konstruktiv	Fairneß	sehr signifikant

Aus den Ergebnisse ist ersichtlich, daß auch Studierende, die selbst nicht getadelt worden waren, deutliche Auswirkungen der Zurechtweisung zeigten. Dieser Effekt wurde, wie oben ausgeführt, als „KOUNINscher **Wellen-Effekt**" bezeichnet. Es zeigte sich ein klarer Unterschied zwischen den Wirkungen einer konstruktiven und einer destruktiven Zurechtweisung.

Außerdem bestand ein Unterschied zwischen den Personen, die die Zurechtweisung ausgesprochen hatten. Der Professor wurde offenbar, anders als der Dozent, hinsichtlich Kompetenz und Vertrauenswürdigkeit ohne Berücksichtigung der Art der Zurechtweisung beurteilt. Bei beiden führte im Fall der destruktiven Zurechtweisung die Beurteilung hinsichtlich der Liebenswürdigkeit, Fairneß und der nichtautoritären Einstellung zu einer signifikant schlechteren Bewertung.

Die Untersuchungen wurden in der Folge in Vorschulklassen, in einem Ferienlager und bei Highschool-Schülern wiederholt. Es zeigte sich, daß auch die Situation nicht ohne Einfluß ist. In Ferienlagern gibt es andere Formen von unerwünschtem Verhalten, als im Klassenzimmer.

Untersucht wurden außerdem die Einflüsse der Art von Zurechtweisungsmethoden (Klarheit, Härte, Festigkeit) auf den Wellen-Effekt. Wellen-Effekte gab es in der High-school-Studie in folgenden Bereichen: Konformität, Aufmerksamkeit, Parteinahme für die Lehrenden oder die Störenden, emotionelles Unbehagen.

Das überraschende Ergebnis war, daß es **keine** Zusammenhänge zwischen der Art der Zurechtweisung und der Anzahl der Lernenden gab, die sich der Arbeit zuwandten, sich verwirrt oder unangenehm berührt fühlten oder Partei für den Lehrer oder den Störer ergriffen.

Die einzigen signifikanten Effekte waren die folgenden: Ärgerliche Zurechtweisung führte zu emotionellem Unbehagen, aber nicht zu einer überdauernden Unterlassung des unerwünschten Verhaltens. Einzig und allein bei jenen Schülern und Schülerinnen, die eine hohe Lernmotivation zeigten, führte die Festigkeit, mit der der Lehrer auftrat, zu einem besseren Betragen. Besonders enttäuschend: Bei Lernenden, die eine geringe Lernmotivation hatten, zeigte Festigkeit keine Wirkung. Gerade für diese hätte man sich eine Veränderung ihres Verhaltens erwartet. Ausführliche Untersuchungen zu diesen und ähnlichen Fragen erbrachten immer wieder ähnlich gelagerte Ergebnisse.

In einer weiteren großen Untersuchungsreihe versuchte KOUNIN einen neuen Zugriff. Er fertigte Videoaufnahmen von Lehrer-Schüler-Interaktionen an und analysierte sie. Dabei entdeckte er völlig neue Dimensionen des Lehrerverhaltens, die sich als äußerst wirksam für die Beeinflussung des Verhaltens der Schüler und Schülerinnen herausstellten. Sie sind in der folgenden Tabelle aufgeführt.

Tab. 23: Dimensionen des Lehrerverhaltens nach KOUNIN

Dabeisein (Withitness)
Der Lehrer oder die Lehrerin vermittelt den Lernenden verbal wie non-verbal den Eindruck, daß er alle Vorgänge in der Klasse jederzeit wahrnimmt, daß er auch „hinten Augen" hat.
Überlappen (Overlapping)
Der Lehrer oder die Lehrerin ist in der Lage, mehrere Dinge gleichzeitig zu tun.
Gruppenaktivierung (Group Alerting)
Dem Lehrer oder der Lehrerin gelingt es, nicht nur einzelne Lernende, sondern die gesamte Lerngruppe zu aktivieren.
Zügigkeit (Momentum)
Der Lehrer oder die Lehrerin muß wissen, was die einzelnen Schüler und Schülerinnen tun können und den Unterricht mit Schwung gestalten.
Ineinandergreifen (Smoothness) statt Sprunghaftigkeit (Jerkiness)
Der Lehrer oder die Lehrerin sorgt für einen glatten Unterrichtsablauf, wobei angefangene Tätigkeiten auch zu Ende geführt werden können.
Vermeidung von Sättigung (Satiation)
Der Lehrer oder die Lehrerin variiert die Unterrichtstätigkeit, so daß Langeweile vermieden wird.

Vor allem die drei Variablen „Dabeisein", „Überlappen" und „Gruppenaktivierung" erwiesen sich als außerordentlich wichtig für die Gestaltung des Unterrichts. Lehrende, die diese Verhaltensweisen verwirklichen, erzielen nicht nur einen störungsfreien Unterricht, sondern auch eine hohe Mitarbeit. (Es genügt ja nicht, daß die Lernenden Störverhalten unterlassen. Gewünscht wird vielmehr, daß sie sich auch aktiv am Unterrichtsgeschehen beteiligen und mitarbeiten.)

1979 führten RHEINBERG & HOSS eine große Untersuchung mit Hilfe eines von KRUG und KRÜPPER 1977 entwickelten Fragebogens zu den KOUNINschen Kategorien in 22 Hauptschulklassen durch. Ergänzt wurde die Befragung durch die Beobachtung von einzelnen Schülern und Schülerinnen im Zeitstichprobenverfahren: „Beobachtet wurden jeweils sechs Schüler einer Klasse im mündlichen Unterricht, und zwar dreimal zehn Minuten durch zwei Beobachter. Für jede Minute wurde registriert (1) wieviele der 6 Schüler mindestens einmal lerninkompatible Handlungen (Störungen) ausgeführt und (2) welche davon sich ausgebreitet hatten, d. h. andere Schüler zum Mitstören anregten. Daneben wurde (3) registriert, wieviele der 6 Schüler pro Minute mindestens einmal aktiv mitgearbeitet hatten (Melden, Beitrag liefern etc.) und (4) wieviele Beiträge davon andere Schüler zur Mitarbeit anregten (Meldungen, Antworten auf den Schülerbeitrag). Routinemäßig wurde auch noch die Bezugsnorm-Orientierung der Lehrerin oder des Lehrers bei der Notengebung mit der ‚Kleinen Beurteilungsaufgabe' erfaßt." (RHEINBERG & HOSS, 1979, S. 246)

In der folgenden Tabelle werden die Beziehungen zwischen Störungen, Mitarbeit und den erhobenen Variablen des KRUG/KÜPPER-Fragebogens sowie Strukturvariablen der Klasse und der Bezugsnorm-Orientierung dargestellt.

Tab. 24: Korrelation zwischen Störung/Mitarbeit und Lehrerverhalten, Strukturmerkmale der Klasse und Bezugsnormorientierung (RHEINBERG & HOSS, a.a.O., S. 247).

	(1) Störungs-häufigkeit (gesamt)	(2) davon ausgebreitete Störungen	(3) Mitarbeits-häufigkeit (gesamt)	(4) davon ausgebreitete Mitarbeit
a) **Lehrerverhalten aus Schülersicht (KRUG & KRÜPPER-Fragebogen)**				
Dabeisein	-.50*	-.74***	.08	.46*
Überlappen	-.42*	-.54**	.22	.34
Zügigkeit	-.20	-.07	.23	.22
Ineinandergreifen-	32	-.29	.34	.32
Gruppenaktivierung	-.68***	-.67***	.42*	.41*
Vermeidung von Sättigung	-.33	-.25	29	.36
Sanktionshärte	-.29	-.45*	-.12	.09
b) **Strukturmerkmale der Klasse**				
Klassenstärke (16–32)	-.22	-.26	.31	.22
Klassenstufe (5.–10.)	.31	.35	-.36	-.59**
c) **Bezugsnormorientierung des Lehrers**				
individuell	-.02	-.18	.32	.45*
sozial	.05	.07	-.09	-.23

*** p <.001; = höchst signifikant
** p <.01; = sehr signifikant
* <.05 = signifikant

Besonders deutlich ist die Wirkung der KOUNINschen Variablen auf die Störungshäufigkeit, die sich in ausgeprägten negativen Korrelationen ausdrückt und damit anzeigt, daß durch diese Verhaltensweisen Störverhalten entscheidend reduziert werden kann. Zwischen Mitarbeit und der Verwirklichung eines Lehrerverhaltens, daß durch Dabeisein und Gruppenaktivierung gekennzeichnet ist, bestehen dagegen signifikante, positive Korrelationen.

Interessant sind die Ergebnisse bei der Variablen „Sanktionshärte“: Zwar nehmen die Störungen bei höherer Sanktionshärte ab; es gibt jedoch keine Beziehungen zur ausgebreiteten Mitarbeit und sogar eine schwach negative Beziehung zur Mitarbeitshäufigkeit. Mit anderen Worten, die Schüler und Schülerinnen verhalten sich zwar ruhiger, aber auch die erwünschte, aktive Mitarbeit verschwindet. Ausgeprägte Effekte zeigten sich bei der Klassenstufe: In höheren Klassen wurde weniger mitgearbeitet. Der günstige Einfluß der individuellen Bezugsnorm konnte jedoch ebenfalls beobachtet werden.

27.4 Die Wirksamkeit der Kouninschen Dimensionen in Kinderkrippen

In einer Untersuchung von ROLLETT & POLSTER (1985) in Wiener Kinderkrippen wurden die Verhaltensweisen von Krippenerzieherinnen in der Kindergruppe mit Hilfe eines Kategorienschemas beurteilt, das aufgrund von Beobachtungen in der normalen Alltagssituation der Krippe entwickelt worden war. Die Kinder waren ein bis drei Jahre alt.

Die Ergebnisse waren auch hier eindeutig. Krippenerzieherinnen, die einen hohen Grad von Dabeisein entwickelten, gelang es weit besser, die Kinder zum Spielen (dies entspricht der Mitarbeit im Unterricht) anzuregen. Sie konnten mehr Verbalkontakte herstellen, was für die Entwicklung von Kleinkindern von größter Bedeutung ist. Es war weniger häufig notwendig, Grenzen zu setzen oder Aktivitäten zu behindern. Sie hatten es auch weniger notwendig, zu tadeln und zu fordern. Besonders interessant: Sie neigten signifikant weniger zu laissez-faire-Verhalten. Mit einer Ausnahme (Kategorie „Fordern“) sind alle Unterschiede signifikant bis sehr signifikant. Es handelt sich daher beim Dabeisein um eine äußerst wirkungsvolle Erziehervariable. Die Tabelle 25 bringt die Resultate für die Variable „Dabeisein“.

Die Ergebnisse demonstrieren, daß die Verwirklichung der KOUNINschen Kategorie des Dabeiseins bei Kindern zu günstigen Ergebnissen führt: Es wird mehr gespielt, kooperiert, gesprochen, erklärt und gelobt, aber weniger getadelt und befohlen. Die Kinder zeigen das erwünschte Verhalten „von selbst“, ohne von der Erzieherin dazu gezwungen zu werden.

Tab. 25:

	Mittelwerte bei hohem Ausmaß von „Dabeisein“	Mittelwerte bei geringem Ausmaß von „Dabeisein“
Spiel allgemein mit einzelnen Kindern	4,5	2,8
Spiel mehrere Kinder gleichzeitig	8,02	3,7
Spiel gesamt Kinder	6	2,7
Spielsumme	12,5	6,5
Verbalkontakt (neg.) allgemeine Häufigkeit	18,8	14,7
Loben allgemein	1,3	0,22
Loben aktivitätsrelevant	0,8	0,14
Beschreiben und Benennen von Wahrnehmungen der Kinder	7,2	4,7
Erklären	4,2	2,4
Vorschläge zum Gebrauch	2,5	0,9
Grenzen setzen	1,7	2,3
Aktivitäten behindern	1,3	2,2
Tadel	0,8	2,1
Fordern	2,5	2,9
Ersuchen	2,3	1,4
Laissez-Faire	0,1	2,5

Ähnlich günstige Resultate ergaben sich bei der Verwirklichung der Dimensionen „Überlappen“ und „Gruppenaktivierung“.

28. Lernschwierigkeiten: Diagnose- und Therapieansätze

Unter Lernschwierigkeiten versteht man **Störungen des Aneigungsprozesses bestimmter, vom Individuum bzw. der Gesellschaft erwünschter Kompetenzen.** Sie stellen den häufigsten Grund dar, der Eltern zum Aufsuchen einer Erziehungsberatungsstelle motiviert. Ein umfangreiches pädagogisches und psychologisches Schrifttum beschäftigt sich mit diesem Problembereich, wobei die Aufarbeitungen von einfachen Handlungsanweisungen für den Praktiker bis zu elaborierten Theorien reichen.

28.1 Interventionsformen bei Lernschwierigkeiten

Die Diagnostik von Lernschwierigkeiten verfolgt in der Regel den Zweck, die Störungen durch entsprechende Interventionen zu beheben. Diagnosen, die auf Veränderungen abzielen, sollten so angelegt sein, daß die gewonnenen Informationen die Entscheidung über die Ziele einer Behandlung und die Auswahl der optimalen Behandlungsstrategien ermöglichen.

In der Praxis der Therapie von Lernstörungen lassen sich zwei grundsätzlich unterschiedene Konzepte feststellen: In der psychotherapeutisch orientierten Literatur werden Lernschwierigkeiten in erster Linie als Symptome emotioneller Probleme bzw. als Auswirkungen von Interaktionskonflikten mit wichtigen Bezugspersonen aufgefaßt. Entsprechend richtet sich die Diagnostik auf die Erfassung der betreffenden Bereiche. Eine genaue Bestandsaufnahme der Leistungsdefizite findet in der Regel nicht statt. Sie erübrigt sich auch, da man davon ausgeht, daß mit der Behebung der dynamischen Konflikte die Lernschwierigkeiten verschwinden werden. Erfolge kann ein derartiges Vorgehen verzeichnen, wenn beispielsweise schwere Ängste, hervorgerufen durch eine gestörte Kommunikation innerhalb der Familie, die Auseinandersetzung mit schulischen Lernaufgaben blockieren. Voraussetzung ist allerdings, daß noch keine schwerwiegenden Kenntnislücken vorliegen.

Pädagogisch-psychologische Konzepte der Intervention versuchen dagegen, die Lernstörung durch spezifische, auf die Defizite bezogene Interventionsmaßnahmen zu beeinflussen. CRONBACH schrieb dazu bereits 1971: „Die beste Methode, die wir für die Erhöhung der Lernkapazität gefunden haben, besteht darin, nützliche Techniken, Begriffe und Gewohnheiten anstelle von unwirksamen zu lehren. Anstatt auf zufälliges Lernen als Ergebnis der allgemeinen Stimulation zu hoffen, lehren wir mit voller Absicht verbesserte Reaktionen“ (a.a.O. S. 269).

Wir haben oben auf die Schwächen des psychotherapeutischen Konzeptes der Behandlung von Lernschwierigkeiten hingewiesen. Konzepte, die die sozialen und familiären Rahmenbedingungen zu wenig beachten, greifen ebenfalls zu kurz: Auch das beste Legasthenikertrainingsprogramm wird erfolglos bleiben, wenn dem Kind wegen seiner emotionellen Belastungen die Motivation zur Mitarbeit fehlt. Wesentlich erfolgversprechender sind daher Diagnose- und Therapiemodelle, die nicht nur die isolierten Lernstörungen, sondern, falls erforderlich, die behindernden sozialen und anderen Rahmenbedingungen in den Interventionsplan einbeziehen.

Erfolgreiche Intervention setzt daher die Integration beider Ansätze voraus. Die Lerntherapie stellt ein derartiges Konzept dar (vgl. ROLLETT & BARTRAM, 1975; ROLLETT, 1977a, 1981, 1991c, 1994c).

28.2 Die Lerndiagnose

28.2.1 Diagnostische Informationsquellen

Die Lerndiagnose bildet die Informationsgrundlage für Entscheidungen bei der Planung von therapeutischen Veränderungen des „sachstrukturellen Entwicklungsstandes“ des Kindes. Der sachstrukturelle Entwicklungsstand bezeichnet zunächst „Kenntnisse und Fertigkeiten eines Schülers ..., die dieser zu einem gegebenen Zeitpunkt seiner Entwicklung im Hinblick auf den relevanten Sachbereich der gegebenen Unterrichtssituation besitzt“ (ROTH, 1971[7], S. 85). Hier soll der Begriff in einer erweiterten Fassung gebraucht werden, so daß auch Lehrziele außerhalb formalisierter Unterrichtssituationen einbezogen sind.

Die vollständige lerndiagnostische Abklärung einer Lernschwierigkeit umfaßt sowohl die Analyse der vorhandenen Kompetenzen bzw. Defizite in dem betreffenden Inhaltsbereich, als auch die relevanten Rahmenbedingungen (bisherige Lerngeschichte; relevante „critical-life-events“; familiäre Belastungen, störende Verhaltens- und Erlebnistendenzen u. a. m., vgl. z. B. KORNMANN, 1991).

Ein derartiges umfassendes diagnostisches Konzept erfordert die Bewertung und Integration von Informationen unterschiedlichster Qualität:

1. **Das diagnostische Explorationsgespräch**
   Unter Exploration ist ein diagnostisches Gespräch anhand eines Leitfadens oder in freier Form zu verstehen, das den Zweck hat, die Symptomatik nach

allen relevanten Aspekten abzuklären und die notwendigen Informationen aus der Vorgeschichte zu erheben (Anamnese).
Die erfragten Informationen lassen sich zwanglos in folgende Bereiche ordnen:

a) Erfassung des aktuellen Problems und der damit verbundenen Rahmenbedingungen (s. dazu Moog, 1991)
b) Problemanamnese (Erfassung der Vorgeschichte des Problems)
c) Individuelle Anamnese (Erfassung der individuellen Biographie)
d) Institutionenanamnese (Erfassung der Institutionen, die das Kind besuchte – Krankenhausaufenthalte, Krippen, Kindergarten, Schulen, Ferienlager – und seine Erfahrungen in diesem Zusammenhang)
e) Familienanamnese (Erfassung der familiären Bedingungen)
f) Beratungs- und Therapieanamnese (welche Beratungs- und therapeutischen Angebote wurden bereits in Anspruch genommen, welche Befunde liegen vor)

2. Die Beobachtung

Verhaltensbeobachtungen in freier Form oder mit Hilfe eines Beobachtungsschemas werden vor allem in der Pädagogischen Diagnostik häufig gebraucht.
Exakte Verhaltensbeobachtungen durch geschulte Beobachtungsprozesse können wesentliche Aufschlüsse über das zu verändernde Verhalten bringen. Man muß sich nur darüber klar sein, daß eine intensive Beobachterschulung eine unabdingbare Voraussetzung für den erfolgreichen Gebrauch von Beobachtungsverfahren sind.

3. Beurteilungen

Während bei Beobachtungen offenes Verhalten möglichst exakt festgehalten wird, werden bei der Beurteilung größere Verhaltenseinheiten zusammenfassend kategorisiert und bewertet. Beurteilungen können auch die aus den Verhaltensweisen erschlossenen, psychischen Begleiterscheinungen betreffen. Beurteilungen sind für Verfälschungen anfälliger, als Beobachtungen.
Werden Eindrucksurteile der Beteiligten bei der Abklärung einer Lernschwierigkeit mit herangezogen, so sollten sie jedenfalls durch objektivere Verfahren überprüft werden.

4. Lehrzielorientierte Tests

Um eine exakte Lerndiagnose des sachstrukturellen Entwicklungsstandes durchzuführen, sind lehrzielorientierte Testverfahren, die die lehrzielbezogenen Kompetenzen in einem bestimmten Inhaltsbereich erfassen, unerläßlich. Leider stehen kaum genügend Verfahren zur Verfügung. Manche Schulbuchautoren bieten allerdings lehrzielorientierte Tests für ihr Schulbuch an. Falls tatsächlich nach dem Schulbuch, auf das sie sich beziehen, unterrichtet wurde, stellen sie eine wertvolle Hilfe bei der inhaltlichen Bestimmung von Lernausfällen in dem behandelten Bereich dar.

5. **Standardisierte Tests**
   Standardisierte Testverfahren haben den Vorteil, daß sie den Vergleich der Leistungen des Klienten oder der Klientin mit einer Normstichprobe ermöglichen.

28.2.2 Schritte der lerndiagnostischen Abklärung

Es wäre wenig sinnvoll, würde man bei jeder Lernschwierigkeit den ganzen diagnostischen Apparat, der heute zur Verfügung steht, einsetzen. Es ist daher wesentlich, schon in der diagnostischen Phase eines Interventionsprogramms möglichst gezielt die relevanten Informationen herauszufiltern.

Ausgangspunkt der **lerndiagnostischen Abklärung** ist eine exakte, kriterienorientierte Erfassung des Lernzustandes des Klienten oder der Klientin. Ziel der Lerntherapie ist die Entwicklung differenzierter, auf den spezifischen Fall zugeschnittener Behandlungspläne zur Veränderung im Sinn bestimmter, durch die Betroffenen selbst bzw. ihre soziale Umwelt definierte Anforderungen. Entsprechend gliedert sich das diagnostisch-therapeutische Vorgehen in drei große Bereiche:

1. Feststellen der Lerndefizite durch Vergleich der Anforderungsmatrix mit der Verhaltensmatrix des Klienten bzw. der Klientin.
2. Feststellen von Rahmenbedingungen, die den Erarbeitungsprozeß behindern (neurotische Komplikationen, Interaktionskonflikte u. ä.).
3. Entwicklung eines integrierten Therapieplanes für beide Bereiche.

Lernschwierigkeiten können relativ eng umgrenzte Gebiete betreffen, sie können aber auch komplexe Ursachen haben.

28.3 Planung einer lerntherapeutischen Intervention

In der folgenden Tabelle sind die einzelnen Planungschritte einer lerntherapeutischen Intervention im Überblick dargestellt.

Tab. 26: Planungsschritte bei lerntherapeutischen Interventionen

1. Abstrakte Zielanalyse
- 1.1 Formulierung der Grobziele der Lerntherapie
- 1.2 Übersetzung in Feinziele (soweit für die Grobplanung erforderlich). Sie betreffen sowohl Verhaltensziele als auch die kognitiven und emotionalen Mediatoren des Verhaltens
- 1.3 Strukturanalyse der Beziehungen zwischen den einzelnen Elementen des zu lernenden Verhaltens als Grundlage für die Ablaufplanung der einzelnen lerntherapeutischen Schritte
- 1.4 Entwicklung der Zielmatrix

2. Lerndiagnose
- 2.1 Strukturanalyse der für die zu lernenden Verhaltensweisen relevanten Charakteristika des Lernenden:
  - 2.1.1 Persönlichkeitscharakteristika
  - 2.1.2 Lerngeschichte
  - 2.1.3 Soziale Beziehungen
  - 2.1.4 Reaktionen auf physische Umweltbedingungen
- 2.2 Entwicklung der Matrix der für den Lernbereich relevanten Verhaltensweisen des Individuums (bzw. der Mediatoren des Verhaltens)

3. Die konkrete Zielanalyse
- 3.1 Feststellen der Verhaltensdefizite durch Vergleich der Zielmatrix mit der Verhaltensmatrix des Individuums:
  - 3.1.1 In bezug auf den zu lernenden Sachbereich
  - 3.1.2 In bezug auf Störbedingungen des Lernvorganges

4. Ablaufplanung
- 4.1 Aufstellen einer Prioritätenliste der lerntherapeutischen Ziele
- 4.2 Festlegung eines Zeitplanes

5. Wahl geeigneter Methoden zur Ausformung der gewünschten Verhaltensweisen

6. Beginn der Intervention
wenn nötig Korrektur des Planes aufgrund behandlungsbegleitender Diagnostik

7. Abschlußdiagnostik

ROLLETT (1977 a) bringt einen Überblick über Lerndiagnosen und darauf aufbauenden lerntherapeutischen Zielsetzungen in der Grundschule.

28.4 Lerntherapie bei Störungen im sozialen und emotionalen Bereich

Lernausfälle im affektiven und sozialen Bereich bieten besonders interessante Probleme, da sie einerseits als Teil der Schulcurricula in die Kompetenz der Schule fallen, andererseits aber zu den Kernanliegen psychotherapeutischer Interventionen gehören.

In der Schule werden zur Realisierung sozial-emotionaler Lernziele meist folgende Verfahren verwandt: Diskussion mit einzelnen oder in Gruppen bzw. mit der ganzen Schulklasse, wobei der Anlaß entweder ein reales Erlebnis, eine Präsentation der Problematik durch den Lehrer oder die Lehrerin, ein entsprechender Lehrtext oder Lehrfilm sein kann, sowie Rollenspiele zu einschlägigen Themen. Die Resultate können nicht immer überzeugen, wenn das Ziel nicht nur abfragbares Wissen zu dem Sachverhalt ist, sondern Veränderungen der Einstellungen und Erlebnisweisen sowie der Handlungsbereitschaft bewirkt werden sollen.

Es handelt sich um höchst komplexe Bereiche, die langfristige und differenzierte Lernprozesse voraussetzen, wenn Defizite kompensiert werden sollen. So konnte BILSKY (1981) in einer faktorenanalytischen Untersuchung der Ergebnisse von 182 Items aus fünf Fragebogenverfahren zum prosozialen Verhalten fünf Faktoren isolieren: Toleranz, Interventionskompetenz in Gruppensituationen, diagnostische Kompetenz, Mitleid und soziale Verantwortung.

HALISCH & PLATZKÖSTER (1980) untersuchten 48 Achtjährige mit geringer Rollenübernahmefähigkeit hinsichtlich ihres prosozialen und helfenden Verhaltens. Zur Verbesserung der Bereitschaft zum Spenden und zur Hilfe für andere wurde einerseits ein Rollenübernahmetrainingsprogramm, andererseits Rollenspiele eingesetzt.

Das Rollenübernahmetraining förderte sowohl die Fähigkeit zur Rollenübernahme als auch die Bereitschaft zu spenden, senkte aber die Hilfsbereitschaft, wenn die Schüler oder Schülerinnen der Meinung waren, daß das Opfer seine Notlage selbst durch mangelnde Anstrengung herbeigeführt habe. Das Rollenspiel erhöhte nur die Bereitschaft zur Hilfe. Es ist daher notwendig, die Ziele der Intervention genau zu definieren, bevor man sich für ein bestimmtes Vorgehen entscheidet.

Ein weiterer Gesichtspunkt ist zu beachten: Es besteht ein bedeutender Unterschied in den einzusetzenden Maßnahmen je nachdem, ob das gewünschte Verhalten bereits im Repertoire der Person vorhanden ist oder nicht. Sind die gewünschten Kompetenzen ausgeformt, so müssen im Rahmen des Trainings- oder therapeutischen Programms nur die **Anlässe** für seine Realisierung gelernt und eine entsprechende Handlungsbereitschaft entwickelt werden.

Sind jedoch die Kompetenzen noch nicht vorhanden, so sind sehr zeitaufwendige Verfahren zu ihrem **Aufbau** einzusetzen. In einer Untersuchung von LEHNER (1989) über den Abbau von ausländerfeindlichen Vorurteilen bei sieben- und achtjährigen Kindern und ihre Beeinflussung durch Gruppendiskussionsverfahren und Rollenspiele stellte es sich z. B. heraus, daß die unterschiedliche Ausgangslage der Kinder den Trainingserfolg maßgeblich beeinflußte.

Der entscheidende Unterschied bei der Initiierung kognitiver im Gegensatz zu affektiven Lernprozessen ist in der Tatsache zu sehen, daß bei kognitiven Lernvorgängen die Auseinandersetzung mit der Sachinformation genügen kann. Bei der Realisierung affektiver Lernziele dagegen bleibt die bloße Information ohne aktuelle emotionelle Beteiligung der Lernenden wirkungslos. Wie MUSSEN & EISENBERG-BERG (1979) gezeigt haben, bringen z. B. „Predigten“ keinerlei Veränderungen prosozialer Einstellungen bzw. Verhaltensweisen mit sich. AICHHORN prägte in diesem Zusammenhang den Satz: „Erzogen wird aber nicht durch Worte, Reden, Ermahnen, Tadel oder Strafen, sondern durch Erlebnisse“ (1951[3], S. 141).

Persönlichkeitsverändernde Einflußnahmen, wie sie soziale und affektive Lernvorgänge darstellen, sind nur möglich, wenn von einem emotionell bedeutungsvollen Erlebnis ausgegangen wird. Hier sind zwei Vorgangsweisen möglich: Entweder greift man günstige Gefühlszustände des Klienten bzw. der Klientin auf, oder man schafft Situationen, die diese erzeugen: Lernvorgänge im sozialen und emotionalen Bereich lassen sich nur bis zu einem gewissen Grad vorherplanen.

Eine erfolgreiche Intervention muß daher folgende Komponenten beinhalten:

1. **Die Therapeut-Klient-Beziehung**
   Zwischen Therapeut(in) und Klient bzw. Klientin muß eine vertrauensvolle Beziehung aufgebaut werden.
2. **Die Milieukomponente**
   Die Umwelt (Elternhaus und Schule) ist einzubeziehen. Wenn dies erforderlich ist, sollte sie im Sinn der therapeutischen Lernziele verändert werden.
3. **Ausgehen von aktuellen Erlebnissen**
   Da die emotionale Beteiligung für die Realisierung von Lehr- und Therapiezielen aus dem sozialen und emotionalen Bereich unerläßlich sind, ist von aktuellen Erlebnisse auszugehen.
   Konfliktsituationen, die im Schulalltag üblicherweise als „Störung“ aufgefaßt werden, stellen z. B. bei einem derartigen Programm im Gegenteil den willkommenen Anlaß zur Weiterarbeit am Lernziel „Konfliktfähigkeit“ dar. In diesem Zusammenhang ist die bereits bei AICHHORN beschriebene Methode des **Affektkontrastes** zu nennen. Dabei wird eine vorhandene Stimmung in der Interaktion mit dem Therapeuten weiterentwickelt, um im entscheidenden Moment eine überraschende Wendung herbeizuführen.
   Dazu ein Beispiel: Eine Schülerin der 7. Schulstufe fühlte sich – fälschlich – von der Klasse abgelehnt. Die Lehrerin ließ darauf die Jugendliche ihre Gefühle des Zurückgesetzt- und Abgelehntseins deutlich vor der Klasse aussprechen und bat anschließend jedes einzelne Mitglied der Klasse, der

Betroffenen „etwas Nettes zu sagen, von dem es selbst fest überzeugt sei". Die Intervention war ein voller Erfolg: Die vielen positiven Rückmeldungen der Mitschüler und Mitschülerinnen halfen der Schülerin, ihre depressive Sicht ihrer Situation in der Klasse zu überwinden.

4. **Das Prinzip der zunehmenden Eigeninitiative**
   Dauerhafte Erfolge sind nur zu erzielen, wenn der Klient oder die Klientin nicht „Objekt" der therapeutischen Bemühungen ist, sondern im zunehmenden Maße selbständig die Initiative ergreift und die eigene Weiterentwicklung aktiv zu steuern beginnt.
5. **Berücksichtigung spezieller Charakteristika bzw. Anforderungsstrukturen des jeweiligen Inhaltsbereiches**
   Je nachdem, um welches Problemgebiet es sich handelt, sind die spezifischen Bedingungen des jeweiligen Inhaltsbereiches (z. B. defizitäre Kommunikationsstrategien, Erscheinungsformen der Prüfungsangst, Formen der Anstrengungsvermeidung etc.) zu beachten und im Therapieplan zu berücksichtigen.

28.5 Ein Anwendungsbeispiel: Intervention bei Prüfungsangst

Die Studie, über die hier kurz berichtet werden soll, hatte das Ziel, die Begleitumstände erhöhter Prüfungsangst bei Schülern und Schülerinnen des 4. Schuljahres zu untersuchen und ein Interventionsprogramm zu erarbeiten (vgl. BERGER, 1982). Theoretische Grundlage waren Untersuchungen von WINE 1971, der die sogenannte Aufmerksamkeitshypothese der Prüfungsangst vorlegte. Er ging davon aus, daß Prüfungsängstliche die ihnen zur Verfügung stehende Prüfungszeit nicht zur Lösung der Aufgaben nutzen, sondern verstärkt zu negativen, den Selbstwert herabsetzenden „aufgabenfremden Kognitionen". Nach LIEBERT & MORRIS (1967) lassen sich zwei Komponenten der Prüfungsangst unterscheiden: Selbstzweifel (worry) und Aufgeregtheit (emotionality) (vgl. auch HODAPP et al., 1982).

In einem Vorversuch wurden Schüler und Schülerinnen der vierten Grundschulklasse gebeten, die Gedanken, die ihnen während einer Klassenarbeit in Mathematik gekommen waren, zu notieren. Aus diesem Pool von Aussagen wurde ein Fragebogentest zur Erfassung der aufgabenfremden Kognitionen entwickelt. Im Rahmen einer Clusteranalyse der Items konnten zwei Subskalen identifiziert werden, die der Aufgeregtheit bzw. dem Selbstzweifel entsprachen. Eine dritte Subskala umfaßte positive aufgabenfremde Kognitionen, die im Sinn von Erfolgszuversicht zu interpretieren waren.

Für die Entwicklung des Interventionsprogramms wurden 46 Kinder mit hohen Werten für negative, aufgabenfremde Kognitionen (Aufgeregtheit und Selbstzweifel) und für manifeste bzw. Prüfungsangst (gemessen mit dem AFS von WIECZERKOWSKI u. a.) ausgewählt und je eine Versuchs- und Kontrollgruppe gebildet. Als Lernziel wurde der Aufbau einer neuen, emotionellen Einstellung zu Prüfungssituationen und der Abbau von Angst festgelegt. Die emotionell bedeutende Situation wurde geschaffen, indem als Rahmen der therapeutischen Intervention ein kombiniertes autogenes- und Gruppentraining gewählt wurde. Vorgespräche mit den Eltern sicherten deren positive Einstellung. Insgesamt wurden neun Gruppensitzungen durchgeführt.

Durch aktives Üben der Entspannungstrainings zu Hause und das Ersetzen der aufgabenfremden Kognitionen bei Prüfungssituationen durch die Formel „Es geht gut voran, weil ich die Sache kann“ konnten die Kinder auch nach Abschluß der Intervention das selbständige Bewältigen ihrer Ängste trainieren (zum Autogenen Training s. SEDLAK, 1990).

Nach einem halben Jahr zeigten die Kinder aus der Versuchsgruppe im Vergleich zu jenen der Kontrollgruppe eine beträchtliche, sehr signifikante Abnahme der manifesten und der Prüfungsangst sowie der aufgabenfremden Kognitionen bei Klassenarbeiten. Außerdem hatten sich die Schulleistungen in Mathematik verbessert.

Angstemotionen und die durch sie vermittelten aufgabenfremden Kognitionen können das Lernverhalten in nicht zu unterschätzender Weise beeinträchtigen. Eine Früherkennung und eine wirksame Intervention ist in solchen Fällen von entscheidender Bedeutung.

28.6 Resumée: Kompetenzentwicklung und Selbstbestimmung

Frustrierende emotionelle Erfahrungen können, wie diese Untersuchungen gezeigt haben, die Kompetenzentwicklung maßgeblich beeinträchtigen. Auf der anderen Seite stellen positive „Flow“-Erlebnisse im Sinn von CSIKSZENTMIHALYIS Konzeption die emotionale Grundlage jeder interessensgeleiteten Tätigkeit dar.

Höchstleistungen auf künstlerischem, intellektuellem, sportlichem, aber auch auf jedem anderen Gebiet kommen nur zustande, wenn die betreffenden Aktivitäten für das Kind so faszinierend geworden sind, daß sie gleichsam „Freizeitwert“ besitzen und daher um ihrer selbst willen durchgeführt werden. Zunehmend ist der oder die Heranwachsende dazu bereit, dafür auch Mühen auf sich zu nehmen.

Um eine solche Entwicklung der eigenen Kompetenzen in Gang zu setzen, sind neben einer freundlichen, verständnisvollen und fördernden Umwelt nicht nur entsprechende Anregungen, sondern genügend Freiraum notwendig, um sich mit den Interessensgebieten in selbstbestimmter Weise beschäftigen zu können.

Wenn es dem Elternhaus und der Schule gelingt, diese Lernbedingungen zu schaffen, können Kinder und Jugendliche jene Kompetenzen entwickeln, die ihnen einen kreativen Umgang mit den Herausforderungen des Lebens ermöglichen.

Literaturverzeichnis

Aebli, H. u. a. (1986). Sind Regeln des Problemlösens lehrbar? *Zeitschrift für Pädagogik, (32)5*, 617–638.

Aichhorn, A. (1951³, 1977⁹). *Verwahrloste Jugend. Die Psychoanalyse in der Fürsorgeerziehung.* Bern: Huber.

Ainsworth, M. D. S. (1982). The development of infant mother attachment. In J. Belsky (Ed.), *In the beginning: Readings on infancy* (pp. 135–143). New York: Guilford Press.

Ainsworth, M. D. S., Blehar, M. C., Waters, E. & Wall, S. N. (1978). *Patterns of attachment: A psychological study of the strange situation.* Hillsdale, N.J.: Erlbaum.

Allerbeck, K. & Rosenmayr, L. (1976). *Einführung in die Jugendsoziologie*. Heidelberg: Quelle & Meyer.

Allport, G. W. (1930). Change and decay in the visual memory image. *British Journal of Psychology*, *21,* 134–148.

Althof, W., Noam, G. & Oser, F. (Hrsg) (1996). *Die Psychologie der Moralentwicklung/Lawrence Kohlberg*. Frankfurt: Suhrkamp.

Ambros, H. (1982). *Anstrengungsvermeidungsverhalten bei Grundschülern in Abhängigkeit vom häuslichen Anregungs- und Leistungsdruckgehalt.* Unveröff. Dissertation, Universität Wien.

Amelang, M. & Bartussek, D. (1985², 1994³). *Differentielle Psychologie und Persönlichkeitsforschung*. Stuttgart: Kohlhammer.

Anderson, J. R., Reder, L. M. & Simon, H. A. (1996). Situated learning and education. *Educational Researcher, 4*, 5–11.

Atkinson, R. C. (1973). Entwurf einer Theorie des Lehrens. In B. Rollett & K. Weltner (Hrsg.), *Fortschritte und Ergebnisse der Bildungstechnologie 2* (S. 58–75). München: Ehrenwirth.

Ausubel, D. P. (1968). *Educational psychology: A cognitive view.* New York: Holt, Rinehart & Winston (Dt. (1978). Psychologie des Unterrichts. Weinheim: Beltz).

Ausubel, D. P. (1978). In defense of advance organizers: A reply to the critics. *Review of Educational Research, 48,* 251–257.

Bales, R. F. (1957). *Interaction process analysis.* Cambridge, Mass: Addison-Wesley.

Baltes, P. B. (1990). The many faces of human aging: Toward a psychological culture of old age. *Pschological Medicine, 21,* 837–854.

Bandura, A. (1976). *Lernen am Modell. Ansätze zu einer sozial-kognitiven Lerntheorie*. Stuttgart: Klett.

Bandura, A. (1977). Self-efficacy: Toward a unifying theory of behavioral change. *Psychological Review, 84,* 191–215.

Bandura, A. & McDonald, F. J. (1963). The influence of social reinforcement and the behavior of models in shaping children's moral judgements. *Journal of Abnormal and Social Psychology, 67,* 274–281.

Bandura, A. & Walters, R. H. (1963). *Social learning and personality development.* New York: Holt, Rinehart & Winston.

Barkey, P., Langfeldt, H. P. & Neumann, G. (1976). *Pädagogisch-psychologische Diagnostik am Beispiel von Lernschwierigkeiten.* Bern: Huber.

Bartram, M., Rollett, B. & Fritz, W. (1978). Zur Diagnose informeller Gruppierungen aufgrund taxometrischer Konzepte. In A. Knapp (Hrsg.), *Evaluation von Gruppenarbeit* (S. 66–79). Wiesbaden: Akademische Verlagsgesellschaft.

Bauer, H. & Vitouch, O. (1996). DC-EEG-Topographie und kognitive Funktionen. In M. Jirasko, J. Glück & B. Rollett (Hrsg.), *Perspektiven psychologischer Forschung in Österreich* (S. 57–62).Wien: WUV-Universitätsverlag.

Benussi, V. (1904). Zur Psychologie des Gestalterfassens. (Die Müller-Lyersche Figur). In A. Meinong (Hrsg.), *Untersuchungen zur Gegenstandstheorie und Psychologie. (Zum zehnjährigen Bestande des Psychologischen Laboratoriums der Universität Graz)* (S. 303–448). Leipzig: Barth.

Benussi, V. (1914). Gesetze der inadäquaten Gestaltauffassung. (Die Ergebnisse meiner bisherigen experimentellen Arbeiten zur Analyse der sogen. geometrisch-optischen Täuschungen [Vorstellungen außersinnlicher Provenienz]). *Archiv für die gesamte Psychologie, 32,* 396–419.

Bereiter, C. (1990). Aspects of an educational learning theory. *Review of Educational Research, 4,* 603–624.

Berger, U. (1982). *Aufgabenfremde Kognitionen bei Schülern der 4. Schulstufe.* Unveröff. Dissertation, Universität Wien.

Berkowitz, M. W. & Oser, F. (Hrsg.) (1985). *Moral education: Theory and application.* Hillsdale, NJ.: Erlbaum.

Berliner, D. C. (1986). In pursuit of the expert pedagogue. *Educational Researcher, (15)7,* 5–13.

Bernstein, B. (1972). *Studien zur sprachlichen Sozialisation.* Düsseldorf: Schwann.

Berscheid, E., Graziano, W., Monson, T. und Dermer, M. (1976). Outcome dependency: Attention, attribution and attraction. *Journal Pers. Soc. Psychol., 34,* 978–989.

Berscheid, E. und Walster, E. (1974). Physical attractiveness. In L. Berkowitz (Hrsg.), *Advances in experimental social psychology, Bd. 7.* New York: Academic Press.

Biehler, R. F. & Snowman, J. (1986). *Psychology applied to teaching.* Boston: Houghton Mifflin.

Bilsky, W. (1981). Prosozialität – Explorative Untersuchung zur dimensionsanalytischen Deskription des Forschungsbereiches Hilfsbereitschaft/Hilfeleistung. *Psychol. Pra.*

Bloom, B. S. (Hrsg.) (1956): *Taxonomy of educational objectives*. New York: McKay. (Dt. Übers. (1973). Taxonomie von Lernzielen im kognitiven Bereich. Weinheim: Beltz.)

Bloom, B. S. (1968). Learning for Mastery. *Evaluation Comment, (1)2.* University California: Center for the Study of Evaluation

Bloom, B. S., Engelhard, M. B., Furst, E. J., Hill, W. H. & Krathwohl, D. R. (1956). *Taxonomy of educational goals. Handbook 1: Cognitive domain* (p. 46, 784). New York: Longmans Green.

Borchert, J. & Masendorf, M. (1975). Zum Bedingungsverhältnis von Sozialstatus, Erziehungsstil der Mutter und des Lehrers und affektiven Schülervariablen. *Psychologie in Erziehung und Unterricht, 22,* 137–147.

Borg, I. (1981). *Anwendungsorientierte multidimensionale Skalierung*. Berlin: Springer.

Bortz, J. (1993[4]). *Statistik*. Berlin: Springer.

Bortz, J. & Döring, N. (1995[2]). *Forschungsmethoden und Evaluation*. Berlin: Springer.

Bower, B. H. & Hilgard, E. R. (1981). *Theories of learning*. New York: Prentice Hall.

Bowlby, J. (1982[2]). *Attachment and loss. Vol. I: Attachment*. New York: Basic.

Bransford, J. D., Franks, J. J., Vye, N. J. & Sherwood, R. D. (1989). New approaches to instruction: Because wisdom can't be told. In S. Vosniadou & A. Ortony (Eds.), *Similarity and analogical reasoning* (pp. 470–497). Cambridge/England: Cambridge University Press.

Brennan, R. L. (1973). Computerunterstützte Leistungsprüfung im Unterricht. In B. Rollett, & K. Weltner (Hrsg.), *Fortschritte und Ergebnisse der Bildungstechnologie 2* (S. 331–343). München: Ehrenwirth.

Bühler, Ch. (1962). *Psychologie im Leben unserer Zeit*. München-Zürich: Droemer, Knaur.

Burks, B. S., Jensen, D. W., Terman, L. M. (1930, 1961[2]). *Genetic studies of genius. Vol. III. The promise of youth. Follow-up studies of a thousand gifted children*. Stanford-CA: Stanford University Press.

Bush, R. R. & Mosteller, F. (1955). *Stochastic models for learning*. New York.

Carew, J. V. (1977). Die Vorhersage der Intelligenz auf der Grundlage kindlicher Alltagserfahrungen. In K. E. Grossman (Hrsg.), *Entwicklung der Lernfähigkeit in der sozialen Umwelt* (S. 108–144). München: Kindler.

Carraher, T. N., Carraher, D. W. & Schliemann, A. D. (1985). Mathematics in the streets and in the schools. *British Journal of Developmental Psychology, 3,* 21–29.

Carrol, J. B. (1973). Ein Modell schulischen Lernens. In W. Edelstein, & D. Hopf (Hrsg.), *Bedingungen des Bildungsprozesses* (S. 234–250). Stuttgart: Klett.

Chambers, B. & Abrami, Ph. (1991). The relationship between student team learning outcomes and achievement, causal attributions, and affect. *Journal of Educational Psychology, 1,* 140–146.

Chiurazzi, F., Gianni, A., Miele, F. & Ruffo, F. (1993). Das Dädalus-System: „Das Labyrinth unter der Asche". Pompei und das Alltagsleben in Hypermedia. In Ministero per i beni culturali e ambientali soprintendenza archeologica di Pompei & IBM (Hrsg.), *Pompeji wiederentdeckt* (S. 121–127). Rom: L'Erma" die Bretschneider.

Clark, D. C. (1971). Teaching concepts in the classroom: A set of teaching prescriptions derived from experimental research. *Journal of Educational Psychology Monographs, 62,* 253–278.

Clements, D. (1991). Enhancement of creativity in computer environments. *American Educational Research Journal, 1,* 173–187.

Cobb, P. (1994a). Constructivism in mathematics and science education. *Educational Researcher, 7,* 4.

Cobb, P. (1994b). Where is the mind? Constructivist and sociocultural perspectives on mathematical development. *Educational Researcher, 7,* 13–20.

Cobb, P., Yackel, E. & Wood, T. (1992). A constructivist alternative to the representational view of mind in mathematics education. *Journal of Research in Mathematics Education, 23,* 2–33.

Comenius, J. A. (o.J.). *Didactica magna,* 1627–1632.

Corno, L. & Snow, R. (1986). Adapting teaching to individual differences among learners. In M. Wittrock (Ed.), *Handbook of Research on Teaching* (pp. 605–629). New York: MacMillan.

Cronbach, L. J. (1971). *Einführung in die Pädagogische Psychologie.* Weinheim: Beltz. (Engl. (1954). Educational Psychology. New York: Brace & World).

Crowder, N. A. (1963). *On the differences between linear and intrinsic programming* (pp. 250–254). Phi Delta Kappan.

Csikszentmihalyi, M. (1990). *Flow – the psychology of optimal experience.* New York: Harper Perennial.

Darwin, C. (1859). *The origin of species by means of natural selection.* London: Murray.

Davidson, J. E. & Sternberg, R. J. (1984). The role of insight in intellectual giftedness. *Gifted Child Quarterly, 28*, 58–64.

DeCecco, J. P. (1969). *The psychology of language, thought and instruction.* London: Holt, Rinehart and Winston.

Degenhardt, A. (1971). Zur Veränderung des Selbstbildes von jungen Mädchen beim Eintritt in die Reifezeit. *Zeitschrift für Entwicklungspsychologie und Pädagogische Psychologie,* 1–13.

Deimann, P. & Kastner-Koller, U. (1997). *Wiener Entwicklungstest.* Göttingen: Hogrefe.

Dennis, W. & Dennis, M. G. (1940). The effect of cradling practices upon the onset of walking in Hopi children. *Journal of Genetic Psychology, 56,* 77–86.

Dicker, H. (1973). *Untersuchung zur Beurteilung von Mathematikaufgaben.* Unveröff. Diplomarbeit, Erziehungswissenschaftl. Hochschule Rheinland Pfalz.

Dion, K. K. (1972). Physical attractiveness and evaluation of childrens transgressions. *Journal Pers. Soc. Psychol. 24,* 207–213.

Dion, K. K. & Berscheid, E. (1971). *Physical attractiveness and sociometric choice in young children.* University of Minnesota.

Dion, K., Berscheid, E. & Walster, E. (1972). What is beautiful is good. *Journal Pers. Soc. Psychol., 24,* 285–290.

Dollase, R. (1979). *Sozial-emotionale Erziehung im Kindergarten und Vorklasse.* Hannover: Schroedel.

Döpfner, M. (1995). Hyperkinetische Störungen. In Petermann, F. (Hrsg.), *Lehrbuch der Klinischen Kinderpsychologie* (S. 165–217). Göttingen: Hogrefe.

Driver, R., Asoko, H., Leach, J., Mortimer, E. & Scott, P. (1994). Constructing scientific knowledge in the classroom. *Educational Researcher, 7,* 5–12.

Ebbinghaus, H. (1885, 1971). *Über das Gedächtnis.* Darmstadt: Wissenschaftliche Buchgesellschaft.

Eells, K. et al. (1930). Reliability of repeated grading of essay type examinations. *Journal of Educational Psychology, 21,* 48–52. (Dt.: In K. Ingenkamp (Hrsg.) (1971). Die Fragwürdigkeit der Zensurengebung (S. 117–122). Weinheim: Beltz)

Ehrenfels, C. von (1890). Über „Gestaltqualitäten". *Vierteljahresschrift für wissenschaftliche Philosophie 14*, 242–292. In R. Fabian (Hrsg.) (1988). C. von Ehrenfels, *Psychologie-Ethik-Erkenntnistheorie (Philosophische Schriften III)* (S. 128–167) München: Philosophia.

Einsiedler, W. & Bosch, E. (1986). Bedingungen und Auswirkungen des Phantasiespiels im Kindesalter. *Psychologie in Erziehung und Unterricht, 33*, 86–98.

Eisenberg, N. (1992). The caring child. Cambridge, MA: Harvard University Press.

Elashoff, J. D. & Snow, E. (1971). *A case study in statistical inference: Reconsideration of the Rosenthal-Jacobson data on teacher expectancy.* Stanford, CA: Stanford University Press. (Dt.: 1972. Pygmalion auf dem Prüfstand. München: Kösel).

Erikson, E. (1950). *Childhood and society.* New York: Norton.

Esser, U. & Förster, P. (1968). Über ein neues gruppenanalytisches Verfahren. *Jugendforschung, 6*, 101–106.

Estes, W. K. (1950). Toward a statistical theory of learning. *Psychological Review, 57,* 64–107, -92, 97, 335.

Estes, W. K. (1959). The statistical approach to learning theory. In S. Koch (Hrsg.), *Psychology. A study of a science. Study I. (2)* (pp. 380–491). New York.

Feldman, S. & Wentzel, K. (1990). Relations among family interaction patterns, classroom self-restraint, and academic achievement in preadolescent boys. *Journal of Educational Psychology, 4,* 813–819.

Festinger, L. (1961). The psychological effects of insufficient rewards. *American Psychologist, 16,* 1–11.

Finck, W. & Hogau, H. (1991). Zur Bedeutung von Risikofaktoren für den Lernerfolg. *Psychologie in Erziehung und Unterricht, 38*, 96–104.

Fisher, R. A. & Yates, F. (1948). *Statistical tables*. New York.

Fittkau, B. & Langer, H. (1974). Auswirkungen schriftlicher Ermutigungen unter Klassenarbeiten auf Angst und Leistungen der Schule. *Psychologie in Erziehung und Unterricht, 21,* 15–21.

Flavell, J. H. & Wellman, H. M. (1977). Metamemory. In R. V. Kail, & J. W. Hagen (Hrsg.), *Perspectives on the development of memory and cognition*. Hillsdale: Erlbaum.

Fleishman, E. A. & Hempel, W. E. jr. (1956). Factorial analysis of complex psychomotor performances and related skills. *Journal Appl. Psychology, 40*, 90–104.

Flynn, J. R. (1984). The mean IQ of Americans: Massive gains 1932 to 1978. *Psychological Bulletin, 95,* 29–51.

Freud, S. (1969). *Vorlesungen zur Einführung in die Psychoanalyse. Und neue Folge*. Studienausgabe Band I. Frankfurt: Fischer.

Freud, S. (1975). *Psychologie des Unbewußten*. Studienausgabe Band III. Frankfurt: Fischer.

Fricke, R. (1974). *Kriteriumsorientierte Leistungsmessung*. Stuttgart: Kohlhammer.

Gage, N. L. & Berliner, D. C. (1979², 1996⁵). *Pädagogische Psychologie*. Weinheim: Beltz.

Gage, N. L. & Berliner, D. C. (1984³). *Educational Psychology*. Boston: Houghton Mifflin.

Gagné, R. M. (1973). *Die Bedingung des menschlichen Lernens*. Hannover: Schroedel.

Gardner, H. (1983). *Frames of mind: The theory of multiple intelligences*. New York: Basic.

Gardner, H. (1993). Multiple intelligences. The theory in practice. New York: Basic Books.

Gardner, H. & Hatch, T. (1989). Multiple intelligences go to school: Educational implications of the theory of multiple intelligences. *Educational Researcher, (18)8,* 4–10.

Garner, R. (1990). When children and adults do not use learning strategies: Toward a theory of settings. *Review of Educational Research, 4,* 517–529.

Gerdes, H. (1997). Lernen mit Text und Hypertext. *Aktuelle Psychologische Forschung APF, Band 18.* Lengerich: Pabst.

Gesell, A. (1945). *The embryology of behavior*. New York: Harper & Row.

Gibson, E. J. (1940). A systematic application of the concepts of generalization and differentiation to verbal learning. *Psychological Review, 47,* 196–229.

Gilligan, C. (1982). *In a different voice. Psychological theory and women's development*. Cambridge, MA: Harvard University Press.

Glaser, R. (1978). *Advances in Instructional Psychology*. Hillsdale, NJ.: Erlbaum.

Glowalla, U., Hasebrook, J., Fezzardi, G. & Hafele, G. (1993). The hypermedia system MEM and its application in evaluating learning and relearning in higher education. In G. Strube & K. F. Wender (Eds.), *The cognitive psychology of knowledge* (pp. 367–385). Amsterdam: Elsevier.

Glueck, S. & Glueck, E. (1950). *Unravelling juvenile delinquency*. New York: Commonwealth Fund. (Dt.: (1972). Jugendliche Rechtsbrecher. Wege zur Vorbeugung. Stuttgart: Enke.)

Goleman, D. (1995, Paperback 1996). *Emotional Intelligence*. London: Bloomsbury. (Dt.: Goleman, D. (1995). EQ – Emotionale Intelligenz. München: Hanser.)

Graff, E. G. (1817). *Die für die Einführung eines erziehenden Unterrichts notwendige Umwandlung der Schulen*. Arensberg.

Greeno, J. G., Smith, D. R. & Moore, J. L. (1992). Transfer of situated learning. In D. Detterman & R. J. Sternberg (Eds.), *Transfer on trial: Intelligence, cognition, and instruction* (pp. 99–167). Norwood, NJ: Ablex.

Grell, J. & Grell, M. (1979). *Unterrichtsrezepte*. München: Urban & Schwarzenberg.

Grossmann, K. E. & Grossmann, K. (1991). Attachment quality as an organizer of emotional and behavioral responses in a longitudinal perspective. In C. M. Parkes, J. Stevenson-Hind & P. Morris (Eds.), *Attachment across the life cycle* (pp. 93–114). London, New York: Tavistock/Routledge.

Guilford, J. P. (1974). *Persönlichkeit*. Weinheim: Beltz.

Gump, H. P. (1977). *Das Schulhandbuch. Rechte und Pflichten der Lehrer, Eltern und Schüler*. Wien: Orac.

Guthrie, E. R. (1959). Association by contiguity. In S. Koch (Hrsg.), *Psychology, a study of a science*. New York.

Guttmann, G. (1982^3). *Lehrbuch der Neuropsychologie*. Bern: Huber

Hagen, J. W. u. a. (1975). Cognitive perspectives on the development of memory. In: H. W. Reese (Hrsg.), *Advances in child development and behavior*. New York: Academic Press.

Halisch, F. & Platzköster, A. (1980). Änderung des Hilfehandelns Achtjähriger: Effekte eines Interventionsprogramms zur Erhöhung der Rollenübernahmefähigkeit. *Zeitschrift für Entwicklungspsychologie und Pädagogische Psychologie, 12,* 323–328.

Hall, G. S. (1883). The contents of children's minds. *Princeton Review, 11,* 249–272.

Harnack, G. (1958). *Nervöse Verhaltensstörungen beim Schulkind. Eine medizinisch-soziologische Untersuchung*. Stuttgart: Thieme.

Havighurst, R. J. (1948, 1972^3). *Developmental tasks and education*. New York: Davis McKay.

Hayashi, T. & Yamauchi, K. (1964). The relation of childrens' need for achievement to their parents' home discipline in regard to independence and mastery. *Bulletin of Kyoto Kakugei University, 25*, 31–40.

Heckhausen, H. (1965). Wachsen und Lernen in der Genese von Persönlichkeitseigenschaften. In H. Heckhausen (Hrsg.), *Bericht über den 24. Kongreß der Deutschen Gesellschaft für Psychologie* (S. 126–132). Göttingen: Hogrefe.

Heckhausen, H. (1974). Motive und ihre Entstehung. In F. E. Weinert u. a. (Hrsg.), *Funkkolleg Pädagogische Psychologie, Band 1* (S. 133–171). Frankfurt: Fischer.

Heckhausen, H. (1980, 1989[2]). *Motivation und Handeln*. Berlin: Springer.

Heckhausen, H. & Roelofsen, I. (1962). Anfänge und Entwicklung der Leistungsmotivation: (I.) Im Wetteifer des Kleinkindes. *Psychologische Forschung, 25,* 313–397. (Auch in H. Heckhausen (1974). Motivationsanalyse. Berlin: Springer).

Hehlmann, W. (1971). *Wörterbuch der Pädagogik*. Stuttgart.

Heidbreder, E. (1965). Die Gewinnung von Begriffen: Terminologie und Methodologie. In C. F. Graumann (Hrsg.), *Denken.* Köln: Kiepenheuer & Witsch.

Heller, K. A. (1985). Identification and guidance of highly gifted children: Information about a longitudinal research project. *Journal of the AACD-international Relations Committee, 10,* 7–9.

Heller, K. A. (1986). Psychologische Probleme der Hochbegabtenforschung. *Zeitschrift für Entwicklungspsychologie und Pädagogische Psychologie 18(4),* 335–361.

Heller, K. A. (1989). Perspectives in the diagnosis of giftedness. *The German Journal of Psychology, 13(2),* 140–159.

Heller, K. A. (1990). Zielsetzung, Methode und Ergebnisse der Münchner Längsschnittstudie zur Hochbegabung. *Psychologie in Erziehung und Unterricht, 37,* 85–100.

Helmke A. & Mückusch, C. (1994). Handlungs- und Lageorientierung bei Grundschülern. *Zeitschrift für Pädagogische Psychologie, 8,* 63–72.

Helmke, A. & Rheinberg, F. (1996). Anstrengungsvermeidung – Morphologie eines Konstruktes. In C. Spiel, U. Kastner-Koller & P. Deimann (Hrsg.), *Motivation und Lernen aus der life-span-Perspektive* (S. 207–224). Münster: Waxmann.

Herbart, J. F. (1887). Pädagogisches Gutachten über Schulklassen. Königsberg, 1818. In Kehrbach (Hrsg.), *Herbart'sche Sämtliche Werke*. Band 4 (S. 519 ff). Langensalza.

Herbig, M. (1976). *Praxis lehrzielorientierter Tests*. Düsseldorf: Schwann.

Herkner, W. (1992). *Psychologie*. Wien: Springer.

Herrnstein, R. & Murray, C. (1994). *The bell curve*. New York: Free Press.

Hetzer, H. (1932). Kindheit und Armut. In A. Busemann (Hrsg.), *Handbuch der pädagogischen Milieukunde* (S. 174–192). Halle.

Hidi, S. (1990). Interest and its contribution as a mental resource for learning. *Review of Educational Research, 4*, 549–571.

Hinnersmann, H. (1993). Training des deduktiven Denkens. In K. J. Klauer (Hrsg.), *Kognitives Training* (S. 165–188). Göttingen: Hogrefe.

Hodapp, V., Laux, L. & Spielberger, Ch. D. (1982). *Theorie und Messung der emotionalen und kognitiven Komponente der Prüfungsangst.* Manuskript: Universität Mainz, University of South Florida.

Hofer, M. (1970^2). *Die Schülerpersönlichkeit im Urteil des Lehrers.* Weinheim.

Hoff Macan T., Shahani, C., Dipboye, R. & Peek Phillips, A. (1990). College students' time management: Correlations with academic performance and stress. *Journal of Educational Psychology, 4*, 760–768.

Hoffman, R. (1997). American cognitive psychology. In W. Bringmann, H. Lück, R. Miller & C. Early (Eds.), *A pictorial history of psychology* (pp. 594–598). Chicago: Quintessence.

Hoffman, L., Hall, G. & Shell, R. (1988^5). *Developmental psychology today.* New York: Random House.

Homans, G. D. (1960). *Theorie der sozialen Gruppe.* Köln: Opladen.

Hoover, St. & Feldhusen, J. (1990). The scientific hypothesis formulation ability of gifted ninth-grade students. *Journal of Educational Psychology, 4,* 838–848.

Horn, W. (1962). *Leistungsprüfsystem L-P-S.* Göttingen: Hogrefe.

Hoss, J.: s. Rheinberg, F. & Hoss, J.

Huber, H. P. (1973). *Psychometrische Einzelfalldiagnostik.* Weinheim: Beltz.

Hull, C. L. (1943). *Principles of behavior: An introduction to behavior theory.* New York: Appleton Century Crofts.

Hull, C. L. (1950). Behavior postulates and corollaries-1949. *Psychological Review, 57,* 173–180.

Hunt, J. McV. & Kirk, G. E. (1971). Social aspects of intelligence: Evidence and issues. In R. Cancro (Hrsg.), *Intelligence-genetic and environmental influences.* New York: Grune & Stratton.

Husarek, B.: s. Trudewind, C. & Husarek, B.

Hutt, C. (1979). Exploration and play. In B. Sutton-Smith (Hrsg.), *Play and learning* (pp. 175–194). New York: Gardner Press.

Ingenkamp, K. (Hrsg.) (1977). *Die Fragwürdigkeit der Zensurengebung. Texte und Untersuchungsberichte.* Weinheim: Beltz.

Inhelder, B. & Piaget, J. (1964). *The early growth of logic in the child.* New York: Harper and Row.

Iran-Nejad, A. (1990). Active and dynamic self-regulation of learning processes. *Review of Educational Research, 4,* 573–602.

Iran-Nejad, A., McKeachie, W. & Berliner, D. (1990). The multisource nature of learning: An introduction. *Review of Educational Research, 4,* 509–515.

Jacobson, M. J., Maouri, C. Mishra, P. & Kolar, C. (1996). Learning with hypertext learning environments. Theory, Design, and research. *Journal of Educational Multimedia and Hypermedia, 5,* 239–281.

Jensen, A. R. (1969). How much can we boost IQ and scholastic achievement? *Harvard Educational Review, 39,* 449–483.

Jirasko, M. (1985). *Mental Imagery: Visuelle Vorstellung und visuelle Vorstellungsfähigkeit.* Unveröff. Dissertation, Universität Wien.

Jirasko, M. & Sirsch, U. (1996). Anstrengungsvermeidung und elterliches Erziehungsverhalten. In C. Spiel, U. Kastner-Koller & P. Deimann (Hrsg.), *Motivation und Lernen aus der life-span-Perspektive* (S. 225–234). Münster: Waxmann.

Johnson, D. J. & Myklebust, H. R. (1971, 1980[3]). *Lernschwächen. Ihre Formen und ihre Behandlung.* Stuttgart: Hippokrates.

Johnson, L. V. & Bany, M. A. (1975). *Steuerung von Lerngruppen.* Weinheim: Beltz.

Judd, C. H. (1908). The relation of special training to general intelligence. *Educational Review, 36,* 28–42.

Kagan, D. (1990). Ways of evaluating teacher cognition: Inferences concerning the goldilocks principle. *Review of Educational Research, 3,* 419–469.

Kagan, J. (1966). Reflexion – impulsivity: The generality and dynamics of conceptual tempo. *Journal abnorm. Psychol., 71,* 17–24.

Kähler, G. (o.J.). Differenzierter PU als Lerntherapie – Dargestellt an einem Fallbeispiel. In W. Arlt & L. J. Issing (Hrsg.), *Ergebnisse und Probleme der Bildungstechnologie.*

Katona, G. (1940). Organizing and memorizing. New York: Columbia University Press.

Kaul, P. (1975). *Prozeßanalysen des Lernerfolgs. Untersuchungen zur Konkordanz von Lernziel und Sachstruktur.* Unveröff. Dissertation, Universität Kassel.

Keller, F. S. (1968). Good-bye teacher! *Journal of Appl. Behavioral Analysis, 1,* 79–84.

Kibler, R. J., Barker, L. L. & Miles, D. T. (1970). *Behavioral objectives and instruction* (37, pp. 52–53). Boston: Allyn and Bacon.

Klauer, K. J. (1969). *Lernen und Intelligenz. Der Einfluß von Trainingsmethoden auf die Intelligenzleistung schwachbegabter Kinder.* Weinheim: Beltz.

Klauer, K. J. (1987). Intellektuelles Training bei Vorschul- und Grundschulkindern. Überprüfung einer Intelligenztheorie mittels dreier Transferexperimente. *Erziehung und Unterricht.*

Klauer, K. J. (1989). *Denktraining für Kinder I. Ein Programm zur intellektuellen Förderung.* Göttingen: Hogrefe.

Klauer, K. J. (1991). *Denktraining für Kinder II.* Göttingen: Hogrefe.

Klauer, K. J. (1993a). *Training des induktiven Denkens.* In K. J. Klauer (Hrsg.). Kognitives Denktraining (S. 141–163). Göttingen: Hogrefe,.

Klauer, K. J. (1993b). *Kognitives Denktraining.* Göttingen: Hogrefe.

Klauer, K. J. (1996). Teaching inductive reasoning: Some theory and three experimental studies. *Learning and Instruction,* 1, 37–57.

Klix, F. (1971). *Information und Verhalten*. Bern: Huber.

Kohlberg, L. (1964). The development of moral character and ideology. In M. L. Hoffman (Hrsg.), *Review of child development research*. New York: Russel Sage.

Kohlberg, L. (1969). Stage and sequence: the cognitive-development approach to socialization. In D. A. Goslin (Hrsg.). *Handbook of socialization theory and research* (pp. 347–480). Chicago: Rand McNally. (Dt.: Stufe und Sequenz. In L. Kohlberg (Hrsg.), Zur kognitiven Entwicklung des Kindes (S. 7–255). Frankfurt: Suhrkamp.)

Kohlberg, L. (1995). *Die Psychologie der Moralentwicklung*. Frankfurt: Suhrkamp.

Köhler, W. (1917). *Intelligenzprüfungen am Athropoiden*. Berlin.

Kornmann, R. (1991). Förderungsdiagnostik bei ausländischen Kindern. *Psychologie in Erziehung und Unterricht,* 133–151.

Kounin, J. S. (1976). *Techniken der Klassenführung*. Stuttgart: Klett.

Krathwohl, D., Bloom, B. S. & Masia, B. (1964). *A taxonomy of educational objectives. Handbook II: The affective domain.* New York: McKay.

Krauth, J. & Lienert, G. A. (1973). *Die Konfigurationsfrequenzanalyse*. Freiburg, München.

Kreppner, K. (1993). Eltern-Kind-Beziehungen: Kleinkinder, Kinder und Jugendliche. In A. E. Auhagen & M. von Salisch (Hrsg.), *Zwischenmenschliche Beziehungen* (S. 81–104). Göttingen: Hogrefe.

Kretschmann, R. (1974). *Intelligenzfaktoren und „Neurotizismus" als intervenierende Variablen in der Schüler-Lehrer-Beziehung*. Ph. D. Theses, PH Ruhr Dortmund.

Krohne, H. & Hock, M. (1994). *Elterliche Erziehung und Angstentwicklung des Kindes.* Bern: Huber.

Krug, S. & Krüpper, R. **(1977).** *Ein Schülerfragebogen zur Erfassung Kouninscher Dimensionen im Lehrerverhalten*. Ruhruniversität Bochum.

Krüger, H. P. (1973). *Erlebte Interaktionshäufigkeiten als soziometrische Maße*. Inauguraldissertation, Universität Erlangen – Nürnberg.

Kuhl, J. (1981). Motivational and functional helplessness: The moderating effect of state versus action orientation. *Journal of Personality and Social Psychology, 40*, 155–170.

Kuhl, J. & Beckmann, J. (Eds.) (1994). *Volition and personality*. Seattle: Hogrefe & Huber.

Kulik, Ch. L., Kulik, A. & Bangert-Drowns, R. (1990). Effectiveness of Mastery Learning Programs: A meta-analysis. *Review of Educational Research, 2*, 265–299.

Lampert, M. (1992). Practices and problems in teaching authentic mathematics. In F. Oser, A. Dick & J. L. Patry (Eds.), *Effective and responsible teaching* (pp. 295–314). San Francisco: Jossey-Bass.

Lave, J. (1988). *Cognition in practice: Mind, mathematics, and culture in everyday life*. New York: Cambridge University Press.

Lave, J. & Wenger, E. (1991). *Situated learning: Legitimate peripheral participation*. Cambridge, MA: Cambridge Univ.Press.

Leavitt, H. J. (1951). Some effects of certain patterns on group performance. *Journal of Abnormal and Social Psychology.*

Lehner, M. L. (1989). *Vorurteile bei sieben- bis achtjährigen Kindern.* Unveröff. Dissertation Universität Wien.

Lehr, U. (1969). Die Akzeleration der Entwicklung als biologisches und sozialpsychologisches Problem. *Zeitschrift für Entwicklungspsychologie und Pädagogische Psychychologie, 1,* 55–70.

Lewin, K., Lippitt, R. & White, R. K. (1939). Patterns of aggressive behavior in experimentally created ‚social climates'. *Journal of Social Psychology, 10,* 271–299

Liberty, C., Ornstein, P. A., Naus, M. J.: siehe Ornstein, P. A., Naus, M. J., Liberty, C.

Liebert, R. M. & Morris, L. W. (1967). Cognitive and emotional components of test anxiety. A distinction and some initial data. *Psychological Reports,* 975–987.

Lippitt, R. & Gold, M. (1959). Classroom social structure as a mental health problem. *Journal Soc. Issues, 15,* 40–49.

Lompscher, J. (1972). *Theoretische und experimentelle Untersuchungen zur Entwicklung geistiger Fähigkeiten.* Berlin: Volk u. Wissen.

Luchins, A. S. (1965). Mechanisierung beim Problemlösen. In C. F. Graumann (Hrsg.), *Denken.* Köln: Kiepenheuer & Witsch.

Lukesch, H., Kischkel, K. H., Amann, A., Birner, S., Hirte, M., Kern, R., Moosburger, R., Müller, L., Schubert, B. & Schuller, H. (1994). *Jugendmedienstudie.* Regensburg: Roderer.

Lutte, G., Mönks, F. & Sarti, S. (1969). Das Bild der Eltern und die Familienwerte im jugendlichen Idealleben. *Zeitschrift für Entwicklungspsychologie und Pädagagogische Psychologie, 1,* 18–31.

MacKinnon, D. W. (1964). The creativity of architects. In C. W. Taylor (Ed.), *Widening horizons in creativity.* New York: Wiley.

Mager, R. F. (1962). *Preparing instructional objectives.* Palo Alto, CA: Fearon.

Mager, R. F. (1972). *Lernziele und Programmierter Unterricht.* Weinheim: Beltz.

Maier, N. R. F. (1931, 1949[2]). *Frustration, the study of behavior without a goal.* New York: McGraw-Hill.

Mandl, H. & Krapp, A. (1977). *Einschulungsdiagnostik. Eine Einführung in Probleme und Methoden der pädagogisch-psychologischen Diagnostik.* Weinheim: Beltz.

Mandl, H. & Krapp, A. (Hrsg.) (1978). *Schuleingangsdiagnose.* Göttingen: Hogrefe.

Marsh, H. (1990). The structure of academic self-concept: The Marsh/Shavelson Model. *Journal of Educational Psychology, 4,* 623–636.

Mayer, J. & Salovey, P. (1993). The intelligence of emotional intelligence. *Intelligence, 4,* 433–442.

Mayer, R. & Gallini, J. (1990). When is an illustration worth ten thousand words? *Journal of Educational Psychology, 4,* 715–726.

McCarthy, M. M. (1990). University-based policy centers: New actors in the Education policy arena. *Educational Researcher, (19)8*, 25.

McClelland, D. (1961). *The achieving society*. Princeton: Van Nostrand.

McClelland, D. (1965). Toward a theory of motive acquisition. *American Psychologist, 20,* 321–333.

McGuigan, F. J. & Peters, R. J. (1965). Assessing the effectiveness of programmed texts – methodology and some findings. *Journal programed Instruct., (3)I,* 23–34.

Meichenbaum, D. (1979). Kognitive Verhaltensmodifikation. München: Urban & Schwarzenberg.

Melton, A. W. (1964). *Categories of human learning*. New York.

Mettfessel, N. S., Michael, W. B. & Kirstner, D. A. (1969). Instrumentation of Bloom's and Krathwohl's taxonomies for the writing of educational objectives. *Psychology in the Schools, 6,* 227–231.

Meumann, E. (1907–1908, 1911–1914²). *Vorlesungen zur Einführung in die experimentelle Pädagogik.* 3 Bände.

Meyer, H. (1980). *Leitfaden zur Unterrichtsvorbereitung*. Königstein/Tr.: Scriptor.

Meyer, W. U. (1973). *Leistungsmotivation und Ursachenklärung von Erfolg und Mißerfolg*. Stuttgart: Klett.

Mikula, G. (1972). Untersuchungen zur Reliabilität soziometrischer Erhebungen. *Zeitschrift für Sozialpsychologie, 3*, 51–54.

Miller, G. A. (1956). The magical number seven plus or minus two: Some limits on our capacity for processing information. *Psychological Review,* 63–81.

Miller, N. E. & Dollard, J. (1941). *Social learning and imitation*. New Haven.

Miller, P. (1993). *Theorien der Entwicklungspsychologie*. Heidelberg: Spektrum.

Mittenecker, E. & Raab, E. (1973). Informationstheorie für Psychologen. Göttingen: Hogrefe.

Mönks, F. (1983). Beiträge zur Begabtenforschung im Kindes- und Jugendalter. *Archiv f.d. ges. Psychologie*, 362–382.

Mönks, F. (1990). Hochbegabtenförderung als Aufgabe der Pädagogischen Psychologie. *Psychologie in Erziehung und Unterricht, 37*, 243–250.

Mönks, F., Boxtel, H. W. van, Roelofts, J. J. & Sanders, M. P. (1986). The identification of gifted children in secondary education and a description of their situation. In K. A. Heller & J. Feldhusen (Eds.), *Identifying and nurturing the gifted.* (pp. 39–65). Bern-Toronto, Huber.

Moog, W. (1991). Zur Analyse individueller Lernwege – Diagnostische Dialoge mit Kindern. *Psychologie in Erziehung und Unterricht, 38*, 123–132.

Moreno, J. L. (1964). *Die Grundlagen der Soziometrie*. Köln: Westdeutscher Verlag.

Mowrer, O. H. (1960). *Learning theory and behavior*. New York.

Mussen, P. H. (1993⁴). *Lehrbuch der Kinderpsychologie*. Stuttgart: Klett.

Mussen, P. H., Conger, J. J. & Kagan, J. (1976). *Lehrbuch der Kinderpsychologie.* Stuttgart: Klett.

Mussen, P. H. & Eisenberg-Berg, N. (1979). *Helfen, Schenken, Anteilnehmen.* Stuttgart: Klett.

Muth, J. (1976). Die Auseinandersetzung von Herbart und Graff um das Jahresklassensystem. *Pädagogische Rundschau, 30,* 715–727.

Nickel, H. (1975). *Entwicklungspsychologie des Kindes- und Jugendalters, Band 1.* Bern: Huber.

Oden, M. H. (1968). The fulfillment of promise: 40–year follow-up of the Terman gifted group. *Genetic Psychology Monographs, 77,* 3–93.

Oerter, R. (1970). *Struktur und Wandel von Werthaltungen.* München: Oldenbourg.

Oerter, R. (1995^3). Kultur, Ökologie und Entwicklung. In R. Oerter & L. Montada (Hrsg.), *Entwicklungspsychologie* (S. 84–127). Weinheim: Beltz.

Oerter, R. & Montada, L. (1995^3). *Entwicklungspsychologie.* Weinheim: Beltz.

Oevermann, U. (1966). Soziale Schichtung und Begabung. *Zeitschrift für Pädagogik, 6,* 166–186.

Oevermann, U. (1970). Schichtungsspezifische Formen des Sprachverhaltens und ihr Einfluß auf die kognitiven Prozesse. In B. Bernstein u.a. (Hrsg), *Lernen und soziale Struktur* (S. 138–197). Amsterdam: De Munter.

Olechowski, R. & Sretenovic, K. (Hrsg.) (1983). *Schule ohne Angst? Eine empirische Interventionsstudie zur Verminderung der Schulangst.* Wien: Jugend & Volk.

Ornstein, P. A., Naus, M. J. & Liberty, C. (1975). Rehearsal and organizational processes in children's memory. *Child Development, 46,* 818–830.

Oser, F. & Althof, W. (1992). *Moralische Selbstbestimmung.* Stuttgart: Klett-Cotta.

Oser, F., Dick, A. & Patry, J. L. (1992). *Effective and responsible teaching.* San Francisco: Jossey-Bass.

Oser, F. & Patry, J. L. (1990). Choreographien unterrichtlichen Lernens. Basismodelle des Unterrichts. *Bericht zur Erziehungswissenschaft 89.* Pädagogisches Institut der Universität Freiburg.

Oswald, F., Klement, K. & Boyer, L. (Hrsg.) (1994). *Begabungen entdecken – Begabte fördern.* Wien: Jugend & Volk.

Parsons, T. (1951). *The social system.* Glencoe, Ill.: The Free Press.

Patry, J. L. & Gastager, A. (1996). *Die Umsetzung psychologischer Erkenntnisse im Unterricht.* Posterpräsentation am 26.9.1996 im Rahmen des 40. Kongresses der Deutschen Gesellschft für Psychologie „Wissen und Handeln“ in München.

Patry, J. L. & Oser, F. (1994). Untersuchungen zu den Basismodellen des Unterrichts: Erste Ergebnisse. In R. Olechowski & B. Rollett (Hrsg.), *Theorie und Praxis. Aspekte empirisch-pädagogischer Forschung.* (S. 147–154). Bern: Lang.

Pawlow, I. P. (1927). *Conditioned reflexes.* London: Oxford University Press.

Pawlow, I. P. (1953). *Gesammelte Werke.* Band. 3. Berlin.

Petermann, F. & Petermann, U. (1993[6]). *Training mit aggressiven Kindern. Einzeltraining, Kindergruppen, Elternberatung.* Weinheim: Psychologie Verlags Union.

Petermann, F. & Warschburger, P. (1994[2]). Verhaltenstherapie mit aggressiven Kinder und Jugendlichen. In F. Petermann (Hrsg.), *Verhaltenstherapie mit Kindern und Jugendlichen* (S. 64–93). München: Röttger.

Petermann, F. & Warschburger, P. (1995). Aggression. In Petermann, F. (Hrsg.), *Lehrbuch der Klinischen Kinderpsychologie* (S. 127–163). Göttingen: Hogrefe.

Petersen, P. & Petersen, E. (1965). *Die Pädagogische Tatsachenforschung* Paderborn.

Phye, G. (1990). Inductive problem solving: Schema inducement and memory-based transfer. *Journal of Educational Psychology, 4,* 826–831.

Piaget, J. (1948). Psychologie der Intelligenz. Zürich: Rascher. (1976. Freiburg: Walter, Olten).

Piaget, J. (1954). *Das moralische Urteil beim Kinde.* Zürich: Rascher.

Piaget, J. (1980). The psychogenesis of knowledge and its epistemological significance. In M. Piattelli-Palmarini (Ed.), *Language and learning.* Cambridge, MA: Harvard University Press.

Piaget, J. & Inhelder, B. (1966). *Die Psychologie des Kindes.* Freiburg: Walter.

Plomin, R. (1989). Environment and genese: Determinants of behavior. *American Psychologist, 44 (29),* 105–111.

Plomin, R. (1994). *Genetics and experience. The interplay between nature and nurture.* Thousand Oaks: Sage.

Pollmann, T. (1993). *Beruf oder Berufung.* Frankfurt: Lang.

Preyer, W. (1881). *Die Seele des Kindes.* Leipzig: Grieben.

Redl, F. & Wineman, D. (1979). *Kinder, die hassen. Auflösung und Zusammenbruch der Selbstkontrolle.* München: Piper.

Renzulli, J. S.: (1979). *What makes giftedness? A reexamination of the definition of the gifted and the talented.* Ventura, CA.: Office of the Superintendent of Ventura County Schools.

Renzulli, J. S. & Delisle, J. R. (1982[5]). Gifted persons. In H. E. Mitzel (Hrsg.), *Encyclopedia of Educational Research* (pp. 723–730). New York: The Free Press.

Resnick, L. B. (1994). Situated rationalism: Biological and social preparation for learning. In L. Hirschfeld & S. Gelman (Eds.), *Mapping the mind: Domain specificity in cognition and culture* (pp. 474–493). Cambridge, NY: Cambridge University Press.

Reulecke, W., & Rollett, B. (1976). Pädagogische Diagnostik und lernzielorientierte Tests. In K. Pawlik (Hrsg.), Diagnose der Diagnostik (179 ff). Stuttgart: Klett.

Reynolds, R. & Shopard, Ch., Lapan, R., Kreek, C. & Goetz, E. (1990). Differences in the use of selective attention by more successful and less successful tenth-grade readers. *Journal of Educational Psychology, 4,* 749–759.

Rheinberg, F. (1980). *Leistungsberwertung und Motivation.* Göttingen: Verlag für Psychologie.

Rheinberg, F. (1995). *Motivation.* Stuttgart: Kohlhammer.

Rheinberg, F. & Hoss, J. (1979). Störungen und Mitarbeit im Unterricht. *Zeitschrift für Entwicklungspsychologie und Pädagogische Psychologie, 3,* 244–249.

Rheinberg, F., Schmalt, H. D. & Wasser, I. (1978). Ein Lehrerunterschied, der etwas ausmacht. *Zeitschrift für Entwicklungspsychologie und Pädagogische Psychologie, 10,* 3–7.

Riedl, R. (1985). *Die Spaltung des Weltbildes. Biologische Grundlagen des Erklärens und Verstehens.* Berlin: Parey.

Roe, A. (1952). *The making of a scientist.* New York: Dodd, Mead.

Rogers, C. R. (1961). *On becoming a person.* Boston: Houghton Mifflin.

Rollett, B. (1970). *Der Anstrengungsvermeidungstest (AVT-Versuchsfassung).* Rodenkirchen: Ritter.

Rollett, B. (1976a). *Einführung in die hierarchische Clusteranalyse.* Stuttgart: Klett.

Rollett, B. (1976b). Kriterienorientierte Prozeßdiagnostik im Behandlungskontext. In K. Pawlik (Hrsg.), *Diagnose der Diagnostik* (S. 131–148). Stuttgart: Klett.

Rollett, B. (1977a). Lerndiagnose und Lerntherapie in der Grundschule. In H. Mandl & A. Krapp (Hrsg.), *Schuleingangsdiagnose – Neue Modelle, Annahmen und Befunde* (S. 134–142). Göttingen: Hogrefe.

Rollett, B. (1977b). Forschungsplanung – Versuchsplan – Design. In L. Roth (Hrsg.), *Forschungsmethoden der Erziehungswissenschaft* (S. 91–115). Stuttgart: Kohlhammer.

Rollett, B. (1981). Lerntherapie. In H. Schiefele & A. Krapp (Hrsg.), *Handlexikon zur Pädagogischen Psychologie* (S. 243–245). München: Ehrenwirth.

Rollett, B. (1983). Beurteilungsprobleme in der Gesamtschule und ihre Konsequenzen für die Lerntherapie. In R. Olechowski (Hrsg.), *Der Beitrag der empirischen Erziehungswissenschaft zur Praxisverbesserung von Schule, Unterricht und Erziehung* (S. 121–132). Braunschweig.

Rollett, B. (1985). Achievement Motivation Versus Effort Avoidance Motivation. In J. T. Spence & C. E. Izard (Eds.), *Motivation, emotion and personality* (S. 77–85). Amsterdam: North Holland.

Rollett, B. (1986). Hautpflege und Persönlichkeit. *Ärztliche Kosmetologie-Medical Cosmetology, 16,* 329–336.

Rollett, B. (1987a). Diagnosis and intervention in education and therapy. In K. Hurrelman, F. X. Kaufmann & F. Lösel (Eds.), *Social intervention: Changes and constraints* (S. 241–252). Berlin, New York: De Gruyter.

Rollett, B. (1987b). Schuleingangsphase zur Erzeugung von Schullust. In R. Olechowski (Hrsg), *Fördernde Leistungsbeurteilung* (S. 116–124). Wien: Jugend u. Volk.

Rollett, B. (1989a). *Neue Forschungen zum Problem der Entwicklung der Begabung. Bertha-Benz-Vorlesung am 22. 1. 1988 an der Universität Mannheim* (S. 5–49). Ladenburg: Gottlieb Daimler- und Karl Benz-Stiftung.

Rollett, B. (1989²b). Norm-versus kriterienorientierte Diagnostik. In F. Petermann (Hrsg.), *Einzelfallanalyse* (S. 129–145). München: Oldenbourg.

Rollett, B. (1991a). Das integrierte Schulpraktkum für Mathematik (ISPM). *Erziehung und Unterricht, 6,* 470–474.

Rollett, B. (1991b). Pädagogische Intervention, Anamnese, Gutachten, Therapieformen. In L. Roth (Hrsg.), *Pädagogik: Handbuch für Studium und Praxis* (S. 880–892). München: Ehrenwirth.

Rollett, B. (1991c). Elterliches Erzieherverhalten und Kindesentwicklung. In U. Schmidt-Denter (Hrsg.), *Entwicklung und Erziehung im ökopsychologischen Kontext* (S. 81–93.) München: Reinhardt.

Rollett, B. (1993). Die integrativen Leistungen des Gehirns und Konzentration: Theoretische Grundlagen und Interventionsprogramme. In K. J. Klauer (Hrsg.), *Kognitives Training* (S. 257–272). Göttingen: Hogrefe.

Rollett, B. (1994a). Anstrengungsvermeidung in Schule und Beruf. In G. Gittler, M. Jirasko, U. Kastner-Koller, C. Korunka & A. Al-Roubaie (Hrsg.), *Die Seele ist ein weites Land* (S. 81–92). Wien: WUV-Universitätsverlag.

Rollett, B. (1994b). Frühförderung vielfältiger Begabungen: Kleinstkind- und Kindergartenalter. In F. Oswald, K. Klement & L. Boyer (Hrsg.), *Begabungen entdecken – Begabte fördern* (S. 143–157). Wien: Jugend & Volk.

Rollett, B. (1994c). Die Lerntherapie als Integrationsfeld von Psychologie und Pädagogik: Ein neues pädagogisch-psychologisches Berufsfeld. In R. Olechowski & B. Rollett (Hrsg.), *Theorie und Praxis – Aspekte empirisch-pädagogischer Forschung – quantiative und qualitative Methoden* (S. 126–137). Frankfurt: Lang.

Rollett, B. (1996a). Problem Solving and the mathematically gifted student: A psychological perspective. In A. Posamentier, W. Schulz (Eds.), *The art of problem solving. A resource for the mathematics teacher* (pp. 431–444). Thousand Oaks, CA: Corwin Press.

Rollett, B. (1996b). *Anstrengungsvermeidung im Betrieb: Auswirkungen von Antiflow.* Vortragsmanuskript, Management Club Wien, 19.11.1996.

Rollett, B. & Bartram, M. (1974): Konstruktion eines Prüfverfahrens der Anstrengungsvermeidung als Prognoseinstrument für den Lernerfolg. In L. Eckensberger & U. Eckensberger (Hrsg.), *Bericht über den 28. Kongreß d. DGfPs Saarbrücken, 1972.* (S. 95–104). Göttingen: Hogrefe.

Rollett, B. & Bartram, M. (1975). Lerndiagnose und Lerntherapie. In H. W. Krohne (Hrsg.), *Fortschritte der Pädagogischen Psychologie* (S. 80–119). München: Reinhardt.

Rollett, B. & Bartram, M. (Hrsg.) (1976). *Einführung in die hierarchische Clusteranalyse*. Stuttgart: Klett.

Rollett, B. & Bartram, M. (1977, 1981², 1997³). *Anstrengungsvermeidungstest.* Braunschweig: Westermann.

Rollett, B. & Polster, R. (1985). Dimension der Kind-Erzieher-Beziehung bei 1–3jährigen und ihre Bedeutung für den Aufbau der Gruppenfähigkeit bei Kleinkindern. In Jugendamt der Stadt Wien (Hrsg.), *Familienergänzende Betreuung für 1–3jährige Kinder* (S. 38–50). Wien: Jugend & Volk.

Rollett, B. & Werneck, H. (1993). *Die Bedeutung von Rollenauffassung junger Eltern für den Übergang zur Elternschaft*. Forschungsbericht, Abt. für Entwicklungspsychologie und Pädagogische Psychologie Universität Wien.

Rollett, B. & Werneck, H. (1994). Veränderungen in der Partnerschaft beim Übergang zur Elternschaft. In J. Janig (Hrsg.), *Psychologische Forschung in Österreich. Bericht über die 1. Wissenschaftliche Tagung der Österreichischen Gesellschaft für Psychologie* (S. 183–186). Klagenfurt: Universitätsverlag Carinthia.

Rosen, B. C. & D'Andrade, R. (1959). The psychosocial origins of achievement motivation. *Sociometry, 22,* 185–218. (Dt.: In C. F. Graumann & H. Heckhausen (Hrsg.) (1974). Reader zum Funk-Kolleg Pädagogische Psychologie 1: Entwicklung und Sozialisation (S. 106–122). Frankfurt: Fischer).

Rosenthal, R. (1987). Pygmalion effects: Existence, magnitude, and social importance. *Educational Researcher, 9*, 37–41.

Rosenthal, R. & Jacobson, L. (1968). *Pygmalion in the classroom*. New York: Holt, Rinehart & Winston. (Dt. (1974). Pygmalion im Klassenzimmer. Weinheim: Beltz).

Rost, D. & Wild, K. (1994). Cheating and achievement-avoidance at school: Components and assessment. *The British Journal of Educational Psychology, 64,* 119–132.

Roth, H. (Hrsg.) (1971[7]). *Begabung und Lernen*. Stuttgart: Klett.

Rotter, J. B. (1966). Generalized expectancies for internal versus external control of reinforcement. *Psychological Monographs*.

Salovey, P. & Mayer, J. (1989). Emotional Intelligence. *Imagination, Cognition and Personality, 3*, 185–211.

Saxe, G. B. (1988). Candy selling and math learning. *Educational Researcher, 6,* 14–21.

Scandura, J. M. (1973). *Structural learning I. Theory and research*. New York.

Schenk-Danzinger, L. (1980). *Möglichkeiten und Grenzen kompensatorischer Erziehung.* Wien – München: Jugend & Volk.

Schenk-Danzinger, L. (1984). *Legasthenie.* München: Reinhardt.

Schenk-Danzinger, L. (1985). *Entwicklungspsychologie*. Wien: ÖBV.

Schiefele, U. (1996). *Motivation und Lernen mit Texten*. Göttingen: Hogrefe.

Schmidt, H. D. (1970, 1977). *Allgemeine Entwicklungspsychologie*. Berlin: BEB Deutscher Verlag der Wissenschaften.

Schönpflug, W. (1980). Anstrengungsvermeidung – Aus der Nähe betrachtet. In K. R. Silbereisen (Hrsg.), *Bericht über die 4. Tagung Entwicklungspsychologie* (S. 357–360). Berlin.

Schönpflug, W. (1983). Coping efficiency and situational demands. In G. R. Hockey (Hrsg.), *Stress and fatigue in human performance* (pp. 299–330). London: Wiley.

Schrettenbrunner, H. (1976a). Zielsetzungen und Beispiele für didaktische Übungen. In L. Bauer & W. Hausmann (Hrsg.), *Fachdidaktisches Studium in der Lehrerausbildung* (S. 235–245). München.

Schrettenbrunner, H. (1976b). Lernweganalysen zum Thema „Distanz" anhand eines computerunterstützten Geographieprogramms. In H. Schrettenbrunner u. a. (Hrsg.), *Quantitative Didaktik der Geographie, Tl. 1. Der Erdkundeunterricht, H. 24* (S. 46–67). Stuttgart.

Schulte, D. (1976). *Diagnostik in der Verhaltenstherapie*. München: Urban & Schwarzenberg.

Schweinhart, L. J. & Weikart, D. P. (1987). Evidence of problem prevention by early childhood education. In K. Hurrelmann, F. X. Kaufmann & F. Lösel (Eds.), *Social intervention: Potential and constraints* (pp. 83–101). Berlin: de Gruyter.

Secord, P. F. & Backman, C. W. (1976). *Sozialpsychologie*. Frankfurt: Fachbuchhandlung für Psychologie.

Sedlak, F. (1990). *Autogenes Training mehr als Entspannung*. München: Reinhardt.

Seifert, K. H. & Stangl, W. (1986). Der Fragebogen – Einstellungen zur Berufswahl und beruflichen Arbeit. *Diagnostica, 32*, 153–164.

Shane, H. G. (1960). Grouping in the elementary school. *Phi Delta Kappan, CLI, 7*, 313–319.

Shuell, Th. (1990). Phases of meaningful learning. *Review of Educational Research, 4,* 531–547.

Siegel, A. W. & White, S. H. (1975). The development of spatial representations of large-scale environments. In H. W. Reese (Hrsg.), *Advances in child development and behavior* (pp. 10–48). New York.

Skinner, B. F. (1953). *Science and human behavior*. New York: Macmillan.

Skinner, B. F. (1954). The science of learning and the art of teaching. *Harvard Educational Review, 24,* 86–97.

Slavson, S. R. (1943). *An introduction to group therapy*. New York: The Commonwealth Fund.

Snyder, M., Tanke E., Berscheid E. (1977). Social perception and interpersonal behavior: On the self-fulfilling nature of social stereotypes. *Journal of Personality and Social Psychology, 35,* 656–666.

Sorohan, L. J. (1962). *The grade placement of map skills according to the mental ages of elementary school children*. Doctoral Diss. Ohio State University.

Spektrum der Wissenschaft (Hrsg.) (1980, 1988⁹). *Gehirn und Nervensystem*. Heidelberg: Spektrum der Wissenschaft.

Spitz, R. (1957). *Nein und Ja – Die Ursprünge der menschlichen Kommunikation*. Stuttgart: Klett.

Spranger, E. (1958, 1962[3]). *Der geborene Erzieher*. Heidelberg: Quelle und Meyer.

Stapf, A. & Stapf, K. H. (1988). Kindliche Hochbegabung in entwicklungspsychologischer Sicht. *Psychologie in Erziehung und Unterricht, 35,* 1–17.

Stern, W. (1914). *Psychologie der frühen Kindheit bis zum 6. Lebensjahr*. Leipzig: Quelle & Meyer.

Sternberg, R. J. (1985). *Beyond IQ. A triarchic theory of human intelligence*. Cambridge-London: Cambridge University Press.

Sternberg, R. J. (1996). Myths, countermyths, and truth about intelligence. *Educational Researcher, 2,* 11–16.

Stevens, S. S. (1951). Mathematics, measurement and psychophysics. In S. S. Stevens (Hrsg.), *Handbook of Experimental Psychology*. New York.

Tal, Z. & Babad, E. (1990). The teacher's pet phenomenon: Rate of occurrence, correlates, and psychological vosts. *Journal of Educational Psychology, 4,* 637–645.

Tausch, R. & Tausch, A. (1971[6]). *Erziehungspsychologie*. Göttingen: Hogrefe.

Tausch, R. & Tausch, A. M. (1977[8]). *Erziehungspsychologie. Begegnung von Person zu Person*. Göttingen: Hogrefe.

Tausch, R., Tausch, A. & Fenner, H.-J. (1969). Zur intraindividuellen Konstanz einiger Sprachmerkmale des sozialen Verhaltens von Lehrern der Gymnasien. *Zeitschrift für Experimentelle und Angewandte Psychologie, 16,* 184–193.

Tausch, A., Tausch, R. & Fittkau, B. (1967). Merkmalszusammenhänge der verbalen Interaktion und kritische Überprüfung typologischer Verhaltenskonzepte. *Zeitschrift für Experimentelle und Angewandte Psychologie, 14,* 522–541.

Terman, L. M. et al. (1925, 1968[2]). *Genetic studies of genius: Vol. I: Mental and physical traits of a thousand gifted children*. Stanford, CA: Stanford University Press.

Terman, L. M. & Oden, M. H. (1959, 1960, 1967). *Genetic studies of genius. Vol. V. The gifted group at midlife. Thirty-five years follow-up of the superior child*. Stanford, CA: Stanford University Press.

Terman, L. M. & Oden, M. H. (1974, 1976[5]). *Genetic studies of genius. Vol. IV. The gifted child grows up. Twenty-five years follow-up of a superior group*. Stanford, CA: Stanford University Press.

Thelen, H. A. (1963). Grouping for Teachability. *Theory into practice, 2,* 81–90.

The Solid British Hot Band (1971). *Mister Monday and other songs for the teaching in English*. Harlow: Longman Group.

Thomas, A, Chess, S. & Birch, H. G. (1968). *Temperament and behavior disorders in children*. New York: New York University Press.

Thomas, A, Chess, S. & Birch, H. G. (1970). The origin of personality. *Scientific American, 223,* 102–109.

Thorndike, E. L. (1898): Animal intelligence. *Psychological Review Monographs Suppl., 2,* 8.

Thorndike, R. (1924). Mental discipline in high school studies. *Journal of Educational Psychology, 15,* 1–22, 83–98.

Thurstone, L. L. (1938). Primary mental abilities. *Psychometrical Monographs, I.*

Tobin, K. (1986). Effects of teacher wait time on discourse characteristics in mathematics and language art classes. *American Educational Research Journal (23)2,* 191–200.

Tolman, E. C. (1948). Cognitive maps in rats and man. *Psychological Review,* 55.

Tomic, W. & Klauer, K. J. (1996). On the effects of training inductive reasoning: How far does it transfer and how long do the effects persist? *European Journal of Psychology of Education, 3*, 283–299.

Torshen, K. P. (1977). *The mastery approach to competency – based education.* New York: Academic Press.

Trautner, H. (1972). Der Einfluß von Reifen und Lernen auf die Elternzentriertheit von Mädchen zwischen 10 und 14 Jahren. *Zeitschrift für Entwicklungspsychologie und Pädagogische Psychologie, 4*, 92–104.

Trautner, H. (1977). *Lehrbuch der Entwicklungspsychologie Band 1.* Göttingen: Hogrefe.

Trautner, H. (1991). *Lehrbuch der Entwicklungspsychologie. Band 2: Theorien und Befunde.* Göttingen: Hogrefe.

Trincker, D. (1977). *Taschenbuch der Physiologie, Bd. III/2: Animalische Physiologie III: Zentralnervensystem II und Sinnesorgane.* Stuttgart: Fischer.

Trudewind, C. (1982). The development of achievement motivation and individual differences: Ecological determinants. In W. Hartrup (Hrsg.), *Review of Child Development Research* (S. 669–774). Chicago: The University of Chicago Press.

Trudewind, C. & Husarek, B. (1979). Mutter-Kind-Interaktion bei der Hausaufgabenanfertigung und die Leistungsmotiventwicklung im Grundschulalter – Analyse einer ökologischen Schlüsselsituation. In H. Walter & R. Oerter (Hrsg.), *Ökologie und Entwicklung* (S. 229–246). Donauwörth: Auer.

Trudewind, C. & Kohne, W. (1982). Bezugsnorm-Orientierung der Lehrer und Motiventwicklung. Zusammenhänge mit Schulleistung, Intelligenz und Merkmalen der häuslichen Umwelt in der Grundschulzeit. *Jahrbuch für Empirische Erziehungswissenschaft 1982 – Schulleistungsbewertung* (S. 115–141). Düsseldorf: Schwann.

Tyler, R. W. (1964). Some persistent questions in the defining of objectives. In Lindvall (Hrsg.), *Defining educational objectives* (pp. 77–83). Pittsburgh: University of Pittsburgh Press.

Urban, K. K. (1993). Offenheit – eine „Zauberformel" für die angemessene Förderung von Begabungen?! In F. Oswald & K. Klement (Hrsg.), *Begabungen – Herausforderung für Bildung und Gesellschaft* (S. 43–52). Wien: Jugend & Volk.

Vitouch, P. (1986). *Fernsehen. Wirkung auf/Nutzen für die Rezipienten. Ein medienpsychologischer Ansatz.* Habilitationsschrift, Universität Wien.

Voeks, V. W. (1950). Normalization and clarification of a theory of learning. *Journal Psychol., 30,* 341–362.

Wächter, U. (1979). *Der Einfluß von Konkretheit der Reizbeschreibung und Instruktion zu Augenbewegungen auf die Klarheit visueller Vorstellungen.* Unveröff. Diplomarbeit, Ruhr-Universität Bochum.

Wagner, I. (1976). *Aufmerksamkeitstraining mit impulsiven Kindern.* Stuttgart: Klett.

Walker, H. M. & Lev, J. (1953). *Statistical Inference.* New York.

Walster, E., Aronson, V., Abrahams, D. & Rottmann, L. (1966). Importance of physical attractiveness in dating behavior. *Journal Pers. Soc. Psychology , 4,* 508–516.

Walter, J. (1982). *Lernbedingungen und Lernen Erwachsener in HSA- und FOR-Lehrgängen des zweiten Bildungswegs.* Köln: Böhlau.

Ward, J. H. (1963). Hierarchical grouping to optimize an objective function. *Journal Amer. Stat. Ass., 58* , 236–244.

Ward, S., Byrnes, J. & Overton, W. (1990). Organization of knowledge and conditional reasoning. *Journal of Educational Psychology, 4,* 832–837.

Watson, J. B. (1919). *Psychology from the standpoint of a behaviorist.* Philadelphia: Lippingcott. (Dt. (1929). Der Behaviorismus. Stuttgart: Deutsche Verlagsanstalt).

Watters, C. (1996). Extending the multimedia class hierarchy for hypermedia application. *The New Review of Hypermedia and Multimedia Applications and Research, 2,* 1–16.

Watzlawick, P. u. a. (1969). *Menschliche Kommunikation.* Bern: Huber.

Webb, J. T., Meckstroth, E. A. & Tolan, St. S. (1985). *Hochbegabte Kinder – ihre Eltern, ihre Lehrer. Ein Ratgeber.* Bern: Huber.

Weed, K., Bouchard Ryan, E. & Day, J. (1990). Metamemory and attributions as mediators of strategy use and recall. *Journal of Educational Psychology, 4,* 849–855.

Weidenmann, B. u. a. (Hrsg.) (1986). *Pädagogische Psychologie. Ein Lehrbuch.* München: Urban & Schwarzenberg.

Weiner, B. (1990). History of motivational research in education. *Journal of Educational Psychology, 4,* 616–622.

Weiner, B., Fritze, I., Kukla, A. Rest, S. & Rosenbaum, R. M. (1971). *Perceiving the causes of success and failure.* New York.

Weiner, B. & Peter, N. V. (1973). A cognitive-developmental analysis of moral and achievement judgements. *Developmental Psychology, 9,* 290–309.

Weinert, F. E. (1974, 1981[8]). Einführung in das Problemgebiet der Pädagogischen Psychologie. In F. E. Weinert (Hrsg.), *Funk-Kolleg Pädagogische Psychologie, Band 1* (S. 29–63). Frankfurt: Fischer.

Weinert, F. E. (1977). Pädagogisch-psychologische Beratung als Vermittlung zwischen subjektiven und wissenschaftlichen Verhaltenstheorien. In W. Arnold (Hrsg.), *Bildungsberatung, Band 2* (S. 7–34). Braunschweig: Westermann.

Weinert, F. E., Graumann, C. F., Heckhausen, H. u. a. (Hrsg.) (1974, 1981[8]). *Funk-Kolleg Pädagogische Psychologie, Band 1 und 2.* Frankfurt: Fischer.

Weiss, R. (1965). Zensur und Zeugnis. Linz: Haslinger.

Weiss, R. H. (1975). *Prognose von Schulerfolg, Bewährungskontrollen von Bildungsempfehlungen.* Vortrag, 2. Bundeskonferenz für Schulpsychologie und Bildungsberatung. Freiburg.

Weltner, K. & Warnkross, K. (1969). Über den Einfluß von Schülerexperimenten, Demonstrationsunterricht und informierenden Unterricht auf Lernerfolg und Einstellung der Schüler. *Die Deutsche Schule, 61,* 553–563.

Wentzel, K. (1991). Social competence at school: Relation between social responsibility and academic achievement. *Review of Educational Research, 1,* 1–24.

Wertheimer, M. (1964). *Produktives Denken.* Frankfurt: Kramer.

Westphalen, J. (1986). *Und keiner wollte ihn haben.* Wien.

Wieczerkowski, M. et al. (1974). *Angstfragebogen für Schüler (AFS).* Braunschweig: Westermann.

Wiesinger, A. (1986). *Zusammenhang zwischen gesellschaftlichen Wertpräferenzen und den Geschlechtsbildern von Mädchen und Burschen.* Unveröff. Diplomarbeit, Universität Wien.

Wild, K. P. & Schiefele, U. (1994). Aufmerksamkeit als Mediator des Einflusses von Interesse auf die Lernleistung. *Sprache & Kognition, 13(3),* 138–145.

Wine, J. D. (1971). Test anxiety and direction of attention. *Psychological Bulletin, 76,* 92–104.

Wineburg, S. (1987). The self-fulfillment of the self-fulfilling prophecy. *Educational Researcher, 9,* 28–37.

Winterbottom, M. (1958). The relation of need for achievement to learning experiences in independence and mastery. In J. W. Atkinson (Hrsg.), *Motives in fantasy, action and society* (pp. 453–478). Princeton, NJ: Van Nostrand.

Witkin, H. A., Goodenaugh, D. R. & Karp, S. (1967). Stability of cognitive style from childhood to young adulthood. *Journal of Personality and Social Psychology, 7,* 291–300.

Wodehouse, P. G. (1974). *The little nugget.* London: Pinguin Books.

Wohlwill, J. F. (1977). *Strategien entwicklungspsychologischer Forschung.* Stuttgart: Klett.

Woodrow, H. (1946). The ability to learn. *Psychological Review, 33*, 147–158.

Woodworth, R. S. (1958). *Dynamics of behavior.* New York.

Wundt, W. (1911). *Einführung in die Psychologie.* Leipzig: Voigtländer.

Wygotsky, L. S. (1974^5). *Denken und Sprechen.* Frankfurt: Fischer.

Wygotsky, L. S. (1978). *Mind in society: The development of higher psychological processes.* (M. Cole, V. John-Steiner, S. Scribner & E. Souberman, Eds.). Cambridge, Mass.: Harvard University Press.

Yates, A. (1966). *Grouping in education.* New York: Wiley.

Ziegenspeck, J. (1973). *Zeugnis und Zensur in der Schule.* Hannover: Schroedel.

Zimbardo, P. (1992^5, 1995^6). *Psychologie.* Berlin: Springer.

Sachverzeichnis

Marco Jirasko, Judith Glück, Brigitta Rollett (Hg.)

Perspektiven psychologischer Forschung in Österreich

In über 60 Beiträgen stellen Psychologen aus ganz Österreich neueste Forschungsergebnisse vor. Die Bandbreite der Themen reicht von Sozialbeziehungen im Kindergarten bis zum Gesundheitsverhalten älterer Menschen, von der Bedeutung rechtsextremer Computerspiele im Alltag Jugendlicher bis zum Verhalten von Touristen in der Stadt, von Grundlagenforschung bis zu stark anwendungsorientierten Beiträgen. Insgesamt bietet dieser Band einen umfassenden Überblick über die Vielfalt der aktuellen Forschungstätigkeit österreichischer Psychologen.

Dr. Marco Jirasko und Mag. Judith Glück sind Universitätsassistenten an der Abteilung für Entwicklungspsychologie und Pädagogische Psychologie des Instituts für Psychologie der Universität Wien, Dr. Brigitta Rollett ist Universitätsprofessorin für Entwicklungspsychologie und Pädagogische Psychologie an der Universität Wien.

WUV 1996, 310 Seiten, broschiert,
öS 298,– / DM 41,– / sFr 38,–
ISBN 3-85114-305-1

WUV-Universitätsverlag

Isca Salzberger-Wittenberg,
Gianna Henry-Williams, Elsie Osborne

Die Pädagogik der Gefühle

Emotionale Erfahrungen beim Lernen und Lehren

Dieses Buch beleuchtet die Beziehung zwischen Lernenden und Lehrenden auf allen Ebenen des Bildungssystems, von der Grundschule bis zur Universität. Es sensibilisiert die Leser für die emotionalen Faktoren, die beim Lernen und Unterrichten ins Spiel kommen, und will zu einem besseren Verständnis der Wechselbeziehung zwischen Lernenden und Lehrenden beitragen. Die Verfasserinnen gehen den Hoffnungen und Ängsten nach, die Lehrer bei ihrer Arbeit begleiten, und zeigen auf, wie diese sie in ihrer Rolle als Förderer der Entwicklung ihrer Schüler und Studenten beeinflussen können. Anhand der Arbeit mit Lehrergruppen an der Tavistock Clinic wird hier demonstriert, wie psychoanalytische Erkenntnisse zu einem besseren Verständnis der Beziehung zwischen Lernenden und Lehrenden beitragen und die Lehrenden dabei unterstützen können, Streßsituationen zu meistern und größere Erfüllung in ihrem Beruf zu finden.

Isca Salzberger-Wittenberg und Gianna Henry-Williams sind seit vielen Jahren als Psychotherapeutinnen in ausbildender Funktion an der Abteilung für Jugendliche der Tavistock Clinic in London tätig.

Elsie Osborne war Erziehungspsychologin und Ausbildnerin an der Tavistock Clinic.

WUV 1997, 198 Seiten, broschiert,
öS 298,– / DM 41,– / sFr 38,–
ISBN 3-85114-303-5

WUV-Universitätsverlag